아픔은
치료했지만
흉터는
남았습니다

아픔은 치료했지만
흉터는 남았습니다

당신의 몸과 마음이 아플 때,
현대 의학이 놓치고 있는 것들

지은이 김준혁

1판 발행 2021년 2월 22일

펴낸곳 계단
출판등록 제 25100-2011-283호
주소 (04085) 서울시 마포구 토정로4길 40-10, 2층
전화 02-712-7373
팩스 02-6280-7342
이메일 paper.stairs1@gmail.com

값은 뒤표지에 있습니다.

ISBN 978-89-98243-14-2 03330

이 도서는 한국출판문화산업진흥원의 '2020년 출판콘텐츠 창작 지원 사업'의
일환으로 국민체육진흥기금을 지원받아 제작되었습니다.

당신의 몸과 마음이 아플 때,
현대 의학이 놓치고 있는 것들

김준혁 지음

아픔은
치료했지만
흉터는
남았습니다

계단

환자가 되어본 사람이라면 누구나 현대 의학의 경이로운 치료 능력이 고맙고 감탄스러우면서도, 그 의료 시스템 내에서 종종 너덜너덜해진 몸과 마음을 경험한 적도 있을 것이다. 말하자면, 의학은 뛰어난 치료자이지만 훌륭한 치유자는 못 되는 것 같다. 이 책은 현대 의학의 역사 속 여러 인물들의 모순적인 역할과 단일하지 않은 정체성, 그 영향력의 복잡성을 보여줌으로써 우리 시대 의료 시스템과 의학이라는 학문, 의사라는 존재를 한 걸음 깊이 이해하도록 돕는다. 의학의 역사를 써 내려간 사람들은 왜 누군가를 치료했으면서도 스스로는 치유 받지 못했고, 누군가를 치유했지만 자신은 치료 받지 못했을까? 우생학의 창시자나 코카인 중독자는 어떻게 어떤 집단이나 스스로를 차별하고 파괴하면서, 동시에 누군가를 살리는데 필수적인 기술과 제도를 만들었을까? 나는 '환자'로서 처음으로 의학이라는 존재와 솔직한 대화를 나누는 기분이 들었다. 아마도 치료와 치유의 시간이 하나가 된다면 그 출발은 지금 같은 마음에서일 것이다.

_ 김원영(변호사, 『실격당한 자들을 위한 변론』 저자)

현재의 시각으로 끊임없이 재해석되어야 하는 것이 역사라면, 이 책에서 들려주는 이야기들은 하나같이 의학사에서 새로운 중요성을 지니는 사건으로 부각되어야 마땅하다. 미래 의학은 생로병사를 넘어 인간과 사회의 모든 측면에 관여할 것으로 전망지만, 그로 인해 일어날 변화에 대해 우리는 거의 준비되어 있지 않다. 이 책은 비교적 가까운 과거에 일어났던 사건들을 통해 현대 의학이 놓치고 있는 단면들을 세심하게 보여준다. 유려한 글솜씨와 친절한 설명으로 읽기 어렵지 않지만, 어느 것 하나 허투루 넘길 수 없는 묵직한 메시지가 담겨 있다. 의료와 사회의 문제를 생각하는 사람이라면 반드시 읽어야 할 책이며, 교양서로는 물론 더 깊은 공부를 위한 인문의학 개론서로서도 손색이 없다.

_ 강병철 (소아과 전문의, 도서출판 꿈꿀자유 대표)

　　의사와 과학자는 사회적으로 그 재능을 인정받고 있는 사람들이다. 하지만 이들은 어쩔 수 없이 그들을 필요로 하는 사람들이 있다는 현실 때문에 자신들이 가치를 갖게 된다는 것을 자주 잊는다. 이런 점에서 김준혁은 의사와 과학자는 단지 환자의 질병을 다루는 데 그치지 않고, 그 '인간다움'까지 함께 보듬어야 한다는 메시지를 전한다. 그런데 이런 일이 단지 의료 분야에서만 일어나는 일일까? 어느 분야에서든 소통하지 못하는 재능은 '기술자'로만 남을 수밖에 없다. 어떤 재능이 하나의 이름으로 우리에게 '또렷이' 기억되고 있다면, 그것은 소통하는 재능이 남긴 '인간다움' 때문일 것이다. 우리가 김준혁의 메시지를 소중히 품어야 하는 이유다.

_ 김만권 (경희대 학술연구교수, 참여사회연구소 소장)

일러두기

- 책은 『　』, 소설과 글, 기사는 「　」, 신문과 잡지는《　》,
  그림과 영화는〈　〉로 구분했다.
- 출처가 없는 인용은 저자가 직접 번역했다.

들어가며

이 책은 현대 의학에 여러 영향을 미쳤지만 많이 알려지지 않은 사람들을 소개하고 있습니다. 여기에 나오는 인물들은 평범한 사람은 아니지만, 그렇다고 위인이라고 할 만한 사람이냐 하면 꼭 그런 것도 아닙니다. 보통 의학사 하면 위대한 발견이나 훌륭한 행동을 한 사람을 소개하는데, 여기에서 찾아본 사람들은 그렇지만은 않습니다. 모델 마투슈카는 유방암 수술 흉터를 유명 잡지의 표지에 게재해 여성의 권리 운동에 큰 힘을 실었지만, 그저 사진 한 장 남긴 것뿐이라는 생각도 듭니다. '장티푸스 메리'로 알려진 메리 맬런의 삶은 격리로 고통스러웠고 우리에게 감염병 앞에서 어떻게 행동해야 하느냐는 질문을 던지지만, 맬런이 어떤 업적을 남겼다고 보긴 어렵습니다.

물론 이미 위인으로 널리 알려져 있는 사람도 등장합니다. 그 경우엔 인물의 잘 알려지지 않은 면모를 드러내고자 했습니다. 소독 개념을 발견했으나 비극적 결말을 맞았다고 알려진 이그나츠 제멜바이스를 끌어내린 사람은 다름 아닌 자신이었다거나, 탁월한 과학자였던 프랜시스 골턴에게 우생학자라고 비난의 돌을 던질 때, 그 돌이 비난하는 사람 또한 겨냥하는 양날의 검임을 확인하는 것이지요.

현대 의학에서 문제를 일으켜 온 사람들의 이야기는 배송이 잘 되지 않은 편지*라고 할 수 있습니다. 목적지에 가닿기엔 문제가 있고, 어디로 가야 할 지 짐작이 되지 않는 사건의 주인공들이라 할 수 있습니다. 하지만 이런 사건들은 현재 우리가 경험하고 있는 현대 의학의 지형을 지금의 모습으로 만드는 데 영향을 미쳤습니다. 1988년 올림픽 두 달 전 수은 중독으로 죽은 문송면은 산업 보건의 문제를 전국에 알렸습니다. 의약품을 지인들과 힘 있는 부자들에게 먼저 나눠준 프레더릭 밴팅의 이야기는 의료자원을 어떻게 나눌지에 관해 질문을 던집니다. 마거릿 생어는 여성에게 아이를 낳지 않을 권리를 부여하기 위해 평생을 바쳤지만, 골라 낳는 세상을 추구한 것은 아니냐는 비난을 받았습니다. 피 한 방울과 숫자 몇 개로 건강을 팔고 싶었던 엘리자베스 홈스도 있지요.

이들이 일으켜 온 사건으로 우리가 '현대 의학'이라고 부르는 것은 움직이고 있습니다. 이들은 흉터와 균열을 보여줬고, 현대 의학

---

* 책 말미 '나가며'에 '편지'에 관한 부연 설명을 적어 놓았다.

은 그걸 치료하고 재건하며 발전했습니다. 결코 세계 어딘가의 실험실에서 밝혀진 놀라운 연구 결과나 어느 병원에서 이뤄진 대단한 임상 시험의 성공만이 현대 의학을 이끌고 있는 것이 아니라는 것이죠. 하지만 이들의 이름이 낯설거나 이들을 현대 의학과 연결 짓기 어려운 이유는, 이들의 이름이 적힌 편지가 잘 가닿지 않기 때문일 겁니다. 어찌 보면 이 책이 다루고 있는 내용은 현대 의학이 놓치고 있는 단면의 모음일지도 모르겠습니다.

하지만 이 실패에서 새로운 가능성이 나타날 겁니다. 예컨대 헨리에타 랙스가 남긴 신체의 권리에 관한 질문은 의료윤리에서 논란이 되고 있는 환자 정보의 소유권 문제와 맞닿아 있습니다. 숨기고 감추는 데 급급했던 보건 정책에 맞서 에이즈 유행 사실을 알린 왕슈핑의 용기는 보건의료 정책이나 정보가 얼마나 그리고 어떻게 공개돼야 하는지에 관한 실마리를 제공합니다. 자신의 장애 경험을 당당하게 밝힌 낸시 메이어스의 글은 다양한 사람이 더불어 사는 것이 무엇인지에 관한 속깊은 관점과 해석을 보여줍니다. 여자라는 것을 숨기고 평생을 남자 의사로 살았던 제임스 배리가 보여주는 성별, 더 나아가 정체성에 관한 문제의식도 잊을 수 없습니다. 그렇게 이 책에 담긴 이야기를 편지 다발로 만들어, 이런 소식을 접하지 못했던 분들에게 띄웁니다. 이 잘못 전달된 편지가 새로운 미래를 낳기를 꿈꾸며.

1부

의사는
왜 소통하지
못하는가

의사는 왜 소통에 실패할까
의사는 어떻게 만들어지는가
의사의 실력은 누가 평가하는가
의사는 누구를 먼저 치료할까
의사는 남의 아픔을 잘 느낄까
의사는 왜 웃지 않을까

현대 의학은 어디에서 왔을까요? 그리스 신화처럼 신이 인간에게 건네준 것은 아닐 겁니다. 현대 의학을 서양 의학과 같은 것으로 생각하는 경우가 많습니다. 그러나 서양 의학이 고대부터 현재까지 서양에서 활용된 의학 지식과 실천 전부를 가리킨다면, 현대 의학은 그 범위가 훨씬 좁습니다. 절대 왕권 시대에 전문직이 될 수 있는 바탕을 마련한 의사들은 18세기 프랑스의 임상의학, 독일의 실험의학을 중심으로 급격한 발전을 이루어 냅니다. 이런 성과는 20세기 미국으로 건너가 대학 및 교육 병원 제도와 결합하면서 현재 우리가 경험하는 현대 의학의 토대를 만들었습니다.

현대 의학은 마법과 같은 결과물을 낳았습니다. 항생제, 혈액 투석, 인공호흡기, 장기이식, 항암제 등은 이전에 결코 살릴 수 없던 사람들을 살려냈습니다. 흔히 생명은 신에게 달려 있다며 생사는 어쩔 수 없다고 말하지만, 과거와 비교하면 우리는 지금 인간의 생사를 좌우하고 있다고 해도 과언이 아닙니다. 그러나 이 과정에서 현대 의학은 여러 비판에 휩싸였습니다. 가장 큰 문제 중 하나로 지적되고, 또 흔히 들을 수 있는 비판이 의료인이 환자, 그리고 사회와 소통하지 못한다는 것입니다. 의료인은 종종 환자의 말을 잘 듣지 못하고, 사회의 요구도 곧잘 무시합니다. 자신들의 생각을 환자와 사회에 전하는 데에도 자주 실패합니다. 물론 그 반대의 경우도 적지 않습니다.

현대 의학이 이런 불통不通의 이미지를 갖게 된 원인을 살펴보면, 의사와 환자 개개인의 문제보다 제도와 문화의 영향이 더 중요함을 알게 됩니다. 여기에선 이런 제도와 문화가 확립되는 과정에서 좋은 의미로든 혹은 나쁜 의미로든 도드라진 모습을 보인 사람들을 소개합니다. 더하여, 이를 벗어나려는 방법을 제시한 사람도 함께.

산욕열을 발견했으나 자신의 성격적 과오로 침몰한 제멜바이스, 뛰어난 외과의로 현대 외과학을 열었으나 '레지던트'라는 가혹한 시스템을 설계한 할스테드, 현재의 '표준적' 의과대학 제도를 정립한 플렉스너, 인슐린을 발견하여 당뇨병으로 죽어가던 수많은 사람에게 빛이 되었으나 한정된 의학 자원을 어떻게 나눠줄 것인가라는 질문에서 나쁜 예시가 된 밴팅은 현대 의학의 초창기를, 그 아름다움과 한계를 여실히 드러내는 인물입니다.

한편, 의사-시인 윌리엄스는 진료가 시를 만드는 장면을, 거꾸로 시인의 능력이 진료의 날카로움을 더할 수 있음을, 광대 의사 '패치' 아담스는 웃음으로도 의학적 소통이 가능함을 보여 주었습니다. 이들을 통해 현대 의학의 현재와 그것이 놓치고 있는 빈자리를 함께 그려 보고자 합니다.

의사는 왜
소통에 실패할까

_ 이그나츠 제멜바이스

'미치광이 과학자'라는 말을 들어 보셨을 겁니다. 〈슈퍼맨〉에 등장하는 악당 렉스 루터처럼 세계를 정복하려는 과학자가 대표적이죠. 아니면 『프랑켄슈타인』에서 괴물을 만들어 낸 프랑켄슈타인 박사도 많이 알려져 있습니다. 완전히 광인이라면 과학자라는 자신의 역할을 제대로 해낼 수 없을 테니, '미치광이'라는 표현은 보통 지적 능력이 아니라 그가 지닌 목적이나 세계관을 가리킨다고 보는 게 맞을 겁니다. 사실 범위를 넓히다 보면 실험에 몰두하다 달걀 대신 시계를 삶았다는 아이작 뉴턴까지 포함시킬 수 있는 개념이기도 합니다. 뉴턴을 분열증적 정신 세계를 보인 대표적

과학자로 꼽는 정신과 의사도 있으니까요.

이 분류에 넣을 수 있는 과학자가 여럿 있겠지만, 미국의 발명가 니콜라 테슬라도 그에 빠지지 않을 인물일 겁니다. 동시대에 활약한 토머스 에디슨과 전기 공급 방식을 놓고 직류 대 교류로 싸웠죠. 당시에는 에디슨이 기간망을 선점하여 직류 전송 방식을 구현했지만, 현재 전 세계는 테슬라가 주장한 교류 전송 방식을 이용하고 있다는 건 많이 알려져 있습니다. 그는 당시 지식 수준으로 볼 때 괴상한 발명품을 여럿 내놓았고 그 덕에 유명세를 날렸습니다. 라디오 발전에 큰 영향을 미친 테슬라 코일이 대표적인 작품입니다.[1] 전자현미경, 수력 발전소, 형광등, 라디오, 무선 조종 보트, 자동차 속도계, 레이더 등을 발명했거나 그 전 단계 기술을 내놓아 과학기술 발전에 중요한 돌파구를 제시했습니다. 하지만 테슬라는 괴팍한 성정과 유별한 행적으로도 유명했다고 합니다. 잘생긴 외모에 언변은 뛰어났지만, 타협을 모르는 성격 탓에 주변 사람들, 심지어 투자자와도 말싸움을 했다고 합니다. 무선 통신 센터를 건설하려다 투자를 받지 못한 그는 1943년 뉴욕에서 외로이 숨을 거둡니다.[2]

테슬라가 보여준 두 가지 모습, 당대의 한계를 뛰어넘는 탁월한 과학적 능력과 타협을 모르고 주위 모두와 불화하는 성격은 미치광이 과학자의 두 요소입니다. 하지만 공학자였던 테슬라와 달리 미치광이 과학자를 정형화한 『프랑켄슈타인』이나 『지킬 박사와 하이드 씨』, H. G. 웰스의 『모로 박사의 섬』에 등장하는 인물은 모두 생물학자입니다. 프랑켄슈타인 박사는 죽은 사람의 몸을 조합해 새로운 생명을 불어넣었고, 지킬 박사는 화학 약물을 통해 인격을 분리했으며, 모로 박사는 동물을 인간으로 바꿔 놓았습니다. 이들의 작업은 의학과 생물학의 중간 그 어딘가에 있다고 할 수 있을 것입니다. 의학사를 살펴보면 실제로 이런 인물이 있었음을 알게 됩니다. 테슬라처럼 놀라운 과학적 통찰력을 지닌 의학자이자 생물학자였던 사람 말입니다. 그 이름은 이그나츠 제멜바이스Ignaz Semmelweis, 1818~1865입니다.

자신의 잘못을 인정하지 않았던 의사

우선 제멜바이스의 생애를 간단히 알아보겠습니다. 제멜바이스는 1850년대 오스트리아 빈에서 활동했던 산과 의사*였습니다. 당시 빈 의과대학은 앞서 나갈 수 있는 조건을 모두 갖추고 있었습니다.[3] 합스부르크 제국의 중심지였다는 물적 조건에 더해, 훌륭한 세 명의 의사가 이곳에 모여 있었습니다. 병리 해부학 교수 카를 폰 로키탄스키는 조직에 나타난 병리학적 변화가 외부로 드러난 것이 임상 증상이라고 주장했습니다. 이 이론은 이미 병리 해부학

---

*   현재 우리가 흔히 산부인과라고 부르는 분야는 산과産科와 부인과婦人科라는 두 분야가 합쳐진 것이다. 산과는 출산 과정을, 부인과는 여성의 생식 기관에 발생하는 질병을 돌보는 분야다.

이라는 분야를 탄생시킨 조반니 모르가니가 주장해서 지금은 당연하게 받아들이지만, 당시엔 아직 생소한 이론에 불과했고 대부분은 체액 불균형이 질병을 초래하며 기관에 나타난 것은 그 증상이라고 생각했습니다. 그는 환자의 침상 앞에서는 해부학을, 부검실에서는 질병을 생각하라고 가르쳤다고 합니다.

다음은 임상 의학자 요제프 슈코다가 있었습니다. 청진법과 청진기를 개발한 프랑스의 르네 라에네크처럼 중시한 것과 함께, 슈코다는 청진 부위가 지닌 물리적 특성에도 주목했습니다. 그가 개발한 방법은 프랑스에서 건너온 방법보다 정확하고 쉽게 배울 수 있었다고 합니다. 효과 없는 치료법은 쳐다보지도 않을 정도로 퉁명스러웠던 그는 로키탄스키와 함께 임상에서 진단을 내리기 위한 임상 추론법을 개발하면서 빈 의학계를 주도했습니다. 마지막으로 페르디난트 폰 헤브라는 위 두 사람에게 배운 방법들을 토대로 현대 피부과학을 정립한 사람 중 하나입니다. 이들이 선도한 덕분에 빈 의과대학은 18세기 말까지 유럽 의학을 이끄는 중심지 중 하나로 우뚝 설 수 있었습니다.

이 글의 주인공 제멜바이스 또한 이들에게 배우고 또 함께 공부한 사이였습니다. 1837년 빈 대학에 입학한 그는 1844년 산과를 선택하면서 로키탄스키로부터 여자 시신을 해부해도 좋다는 허락을 받아냅니다. 1847년까지 산과학 교수 요한 클라인의 조수로 일하던 그는 로키탄스키와 슈코다에게 받은 영향을 토대로 해부학과 임상 증상을 연결 짓기 시작합니다.

당시 산모는 산욕열産褥熱이라는 병으로 사망하는 일이 종종 있었습니다. 출산 과정에서 여성은 흔히 생식 기관에 큰 상처를 입게 되는데, 이 부분이 감염되어 패혈증으로 이어지는 것이죠. 지금은 이 질병으로 사망하는 사람이 없지만, 당시만 해도 많은 산모가 안타깝게 목숨을 잃어야 했습니다. 히포크라테스 전통에 따라 생각하던 사람들은 이 병이 아이를 낳는 방에 스며든 나쁜 공기miasma 때문이라고 여겼습니다. 하지만 제멜바이스는 여기에 의문을 제기합니다.

빈 종합병원에는 두 개의 산과가 있었습니다. 제1산과는 산과 의사와 학생들이 출산 과정을 맡았고, 제2산과는 조산사*가 담당했습니다. 숫자가 정확하게 계수되었던 것은 아니었지만 제1산과에서 산욕열이 많이 발생한다는 소문이 있었고, 이에 제1산과로 가지 않겠다고 버티는 산모도 있었다고 합니다. 병원에서 산욕열은 무서운 병으로 맹위를 떨쳤지만, 집에서 출산하는 경우 산욕열은 그리 많이 발생하지 않았습니다. 그러한 데다가 산욕열에 걸려 사망한 산모들은 흔히 자궁경부와 자궁에 큰 상처를 입고 있었고요. 나쁜 공기 때문이라고 생각하던 의사들은 기후 조건에 따라 공기가 이동하는 양상이 다를 테니 계절에 따라 사망자 수가 차이가 날 것으로 생각했지만 그렇지도 않았습니다. 병실을 청소한 다

---

* 조산사는 출산 과정을 보조하고 임산부와 신생아에 대한 보건과 양호 지도를 담당한다. 현재 우리나라에서는 의료법에 규정된 의료인으로, 간호사 면허를 취득한 후 조산의 수습 과정을 거쳐 면허를 취득하도록 되어 있다.

음에는 한동안 산욕열이 나타나지 않기도 했습니다.

제멜바이스는 이 문제에 집중했고, 산욕열로 사망한 환자의 수를 세기 시작합니다. 1861년 제멜바이스가 출판한 책 『산욕열의 원인, 개념, 예방』에는 1841년부터 1846년까지 제1산과와 제2산과에서 출산한 산모 수와 사망한 산모 수가 실려 있습니다. 6년 동안 제1산과에서 전체의 10퍼센트에 가까운 산모가 사망할 동안 제2산과에서는 3.4퍼센트 만이 사망했습니다. 어떤 요인이 제1산과의 사망률을 높이고 있다는 것은 확실해 보였습니다. 제멜바이스는 그것의 정체가 무엇인지는 알지 못했습니다.

이때 병원에서 존경받던 법의 병리학* 교수 야콥 콜레츠카가 부검 과정에서 상처를 입은 후에 사망합니다. 제멜바이스는 콜레츠카 교수를 죽음으로 몰고 간 것과 산욕열이 같은 원인에서 비롯된 건 아닐까 라는 생각을 합니다. 제멜바이스가 자신의 책에 기록한 내용을 살펴보면, "그(콜레츠카 교수)는 양측성 흉막염, 심막염, 복막염, 수막염으로 사망했다. 그가 사망하기 며칠 전, 한쪽 눈에 전이 조직**이 형성되었다. 베네치아에서 온 예술품도 흥미로웠

---

* 지금은 법의학forensic medicine 으로 불리는 분야로, 부검을 통해 사망 원인을 밝히거나 시신의 신원을 밝히는 등의 역할을 밑고 있다.
** 현재 전이轉移, metastasis라는 표현은 암세포가 원래 발생한 조직이 아닌 다른 조직에서 관찰되는 경우를 가리킨다. 세균이라는 개념이 없던 18세기에는 염증 조직 또한 전이한다고 생각했다. 제멜바이스가 말하는 전이는 사실 세균 감염이 전신으로 퍼져 나가는 증상이었다.

지만, 콜레츠카가 사망했다는 소식은 나를 뒤흔들었다. 흥분한 상태에서 나는 콜레츠카를 죽음으로 몰고 간 병이 산모 수백 명을 죽게 만든 것과 같다는 것을 분명히 알 수 있었다. 산모들에게 림프샘염, 복막염, 심막염, 흉막염, 수막염이 나타났으며 다수에서 전이가 나타났다."⁴ 제멜바이스는 콜레츠카 교수와 산욕열로 사망한 산모가 같은 증상을 보였다는 것, 또 콜레츠카 교수가 부검 과정에서 상처를 입었고 그것이 사망으로 이어졌다는 데에 착안합니다. 그는 질병을 일으키는 원인이 '시체 물질'이라는 결론을 내리고, 이 물질이 (콜레츠카 교수의 경우) 도구나 (산모의 경우) 의사와 학생의 손을 통해 환자 상처로 옮겨져 병이 발생했다고 추정합니다. 따라서 의사와 학생들이 소독약으로 손만 잘 씻으면 산욕열을 충분히 예방할 수 있다고 주장을 하게 됩니다.

아직 루이 파스퇴르와 로베르트 코흐가 세균이 질병을 일으키는 원인이며 이에 맞서 약을 개발할 수 있다는 사실이 밝혀지기 이전이었기에, 제멜바이스가 내놓은 주장은 놀라운 것이었습니다. 물론 당시 제멜바이스 혼자서만 그런 결론에 도달했던 것은 아닙니다. 미국의 시인이자 의사인 올리버 웬델 홈스*가 1843년에 이미 「산욕열의 전염성」이란 논문에서 의사를 통해 환자에서 환자

---

* Oliver Wendell Holmes Sr.(1809~1984)를 말한다. 아들도 이름이 올리버 웬델 홈스Oliver Wendell Holmes Jr.(1841~1935)로 같다. 아들 홈스는 20세기 초 30년간 미국의 대법관을 역임했고 명판결로 유명하다.

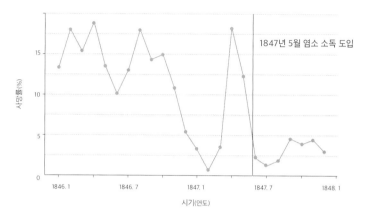

1846~1847년 제1산과 전체 산모 사망률

차아염소산 용액으로 손을 씻은 후 제1산과의 사망률은 현저히 낮아졌다. 차아염소산
용액은 락스의 주성분이다.

(Semmelweis I, *The Etiology, Concept, and Prophylaxis of Childbed Fever*, Table 3 and 4)

사이로 산욕열이 옮겨진다고 주장했습니다.[5] 홈스는 산욕열을 옮길 수 있으므로 출산을 도울 예정인 의사는 산욕열에 걸려 사망한 시신을 부검하면 안 되고, 만약 부검했다면 전신을 씻고 옷을 전부 갈아입은 다음 24시간이 경과한 후에 출산 과정에 입회하라고 조언했습니다. 진료실에서 산욕열이 한 건이라도 발생하면 의사는 몇 주 동안 산과를 쉬어야 하며 질병 발생 위험을 줄이기 위해 모든 노력을 기울여야 할 의무가 있다고 주장하기도 했습니다. 하지만 제멜바이스는 홈스의 논문을 알지 못했으며, 세 가지 요인, 즉 '시체 물질', 전달 매체(손), 신체에 발생한 상처가 있어야 병이

발생한다는 것을 명확하게 밝힌 사람은 제멜바이스가 처음이었습니다.[3]

제멜바이스는 손에서 시체 냄새가 사라질 때까지 염소 용액으로 손을 씻는 규칙을 만들었습니다. 1848년 제1산과의 사망률은 1.2퍼센트로 내려가 제2산과의 사망률 1.3퍼센트와 비슷한 수준이 되었습니다. 이론과 결과가 분명했기에 다른 의사들도 제멜바이스가 요구한 내용을 받아들이지 않을 수 없었습니다. 하지만 이 생각을 받아들이면 산욕열이 산과 의사 자신들로부터 기인한 잘못이라는 것을 인정해야 했습니다. 의사인 자신들이 산모 수백 명을 사망에 이르게 했다는 사실을 받아들여야 했던 겁니다. 산과를 이끌던 클라인 교수의 저항이 제일 컸던 모양입니다. 그는 조교 임기가 끝난 제멜바이스를 다시 임용하지 않았습니다.

앞에 언급한 사실과, 그의 학설을 받아들이지 않았던 당시의 학계, 그리고 정신질환으로 비참한 최후를 맞은 그를 보고, 사람들은 제멜바이스에게 부당한 압력에 의해 희생당한 사람이라는 이미지를 덧붙입니다. 그를 의학적 권위에 맞서 싸운 투사 중 한 사람으로 그린 책도 있습니다.[6] 인정받지 못한 천재가 주위의 시샘과 질투, 압력에 의해 그 공을 인정받지 못하고 외로이 죽었지만, 나중에 재발견되어 역사에 이름을 남기는 서사시의 주인공이 된 사람쯤으로 여겨지는 것입니다. 하지만 실상은 이와 좀 다릅니다. 그를 무너뜨린 것은 주변의 압력이 아니라 바로 제멜바이스 자기 자신이었습니다.

의사-과학자의 한계

앞에서 언급한 세 사람, 로키탄스키, 슈코다, 헤브라는 제멜바이스를 지원하고 후원했습니다.[3] 빈 의과대학 교수들 중 여러 명이 제멜바이스가 내놓은 학설을 지지했고요. 헤브라와 로키탄스키가 먼저 제멜바이스의 이론을 인용했습니다. 슈코다는 연설에서 제멜바이스와 그의 이론에 관해 언급하고요. 결국 세 사람이 보인 열정적 도움을 통해 당시 과학적 논의를 이끌던 빈 의학회에서 강연할 수 있었고 제멜바이스는 강연에서 승리를 거둡니다. 그는 이론을 보편적인 것으로 만들기 위해 한 걸음만 더 내디디면 되는 상황이었습니다. 하지만 알 수 없는 이유로 제멜바이스는 자기 주장을 책이나 논문 형태로 발표하는 것을 거부합니다. 당시 영향력을 키우고 있던 사람들 다수가 그를 편들었는데도 말입니다.

이 글을 쓰면서 참고했던 『닥터스』의 저자 셔윈 눌랜드는 '제멜바이스가 이방인이자 산과 의사로 자부심이 약했기 때문에 그런 행동을 하지 않았을까'라는 견해를 제시합니다. 독일어가 서툰 헝가리인, 아직 선택 과목이었던 산과의 위상이 자기 스스로를 "잘못된 환경에, 잘못된 사회 계급 출신에, 잘못된 사투리로 말하고, 제대로 된 대학 일자리에서 거절당한 서투르고 품위 없는 이방인"으로 여기게 했다는 겁니다.[3] 결국 열등감에 가득 차 있던 인물이 자신에게 기회가 왔음에도 그것을 차버린 셈이라는 것입니다.

하지만 '그의 태도 때문은 아니었을까'라는 생각이 들게 하는 자료들이 있습니다. 제멜바이스는 주변 산과 의사가 손을 씻지 않으면 그를 가차 없이 살인자로 몰아가며 공격했습니다. 다른 과에서 그의 학설만 들은 동료들은 지지를 보냈겠지만, 아무리 옳다 해도 다른 산과 의사들이 그의 태도를 받아들이긴 어려웠던 모양입니다. 나중에 그가 산과 교수들에게 보낸 서신은 살인자라며 비난하는 욕으로 가득합니다. 그가 1861년에 보낸 공개 편지에 이런 구절이 있습니다. "교수님은 이 대학살의 조력자였습니다. 이 살인을 멈춰야 합니다. 그리고 살인을 멈추기 위해 저는 계속 지켜볼 것입니다."[3]

게다가 그가 자료를 서면으로 발표하지 않았기에 제멜바이스의 강연은 개요만 전달되었고, 구체적 내용이 없는 과격한 주장은 멀리서 보는 사람에게는 받아들이기 어려웠던 것이 당연했는지도 모르겠습니다. 이런 사정은 지금도 마찬가지죠. 그 전에 연구 업적도 없던 학자가 논문도 없이 어떤 내용을 주장했다는 소문과 주변에서 그를 지지한다는 이야기만 돌아다닌다면, 그 사람이 주장하는 바를 받아들여야 할까요? 이런 와중에 페슈트 대학* 로쿠스 병원 산과 과장 자리를 맡게 된 제멜바이스는 그를 지원하던 모두에게 아무런 인사도, 소식도 없이 빈에서 사라집니다. 배신감을 느낀 로키탄스키와 슈코다가 제멜바이스와 연을 끊은 것은 당연한 일

---

* 현재 헝가리의 수도 부다페스트의 동부 지역으로, 1873년 부더Buda, 오부더Óbuda, 페슈트Pest라는 세 지역이 통합되면서 부다페스트가 되었다.

인지도 모릅니다.

게다가 1861년에야 출간된 그의 책은 두서가 없고 지루합니다. 자신은 '온화한 기질'의 소유자로 양심 때문에 어쩔 수 없이 전면에 나섰다고 말하지만, 반대편에 대해서는 가차 없이 공격하고 욕을 퍼붓습니다. 지금은 1983년 코델 카터가 완역한 영어 번역본이 있지만, 1941년 제멜바이스 책을 번역하려고 손댄 프랭크 머피는 이렇게 적습니다. "그 책의 문제는 장황하고 지루한 데다 주장은 논리적이지 않고 요점 없이 오락가락한다는 것이다. 저자는 독선적인 데다 호전적이다."[3] 1865년에 정신병원에 입원까지 하게 되는 제멜바이스의 증상이 이미 책에 드러난 것인지도 모르겠지만, 그가 책에서 그리고 일대기에서 보인 태도로 미루어 볼 때 그의 이야기를 듣지 않는 사람들이 많았던 것은 사실인 듯합니다.

또, 통계도 하나의 이유로 들 수 있습니다. 현재 통계학은 의학적 관찰을 기술하는 핵심 언어로 누구라도 통계의 유의성을 받아들이고 이해합니다. 그러나 1850년대의 통계학은 아직 물리학과 확률 이론을 벗어나지 못했습니다. 통계학을 사회 현상에 적용하려 했던 아돌프 케틀레의 시도가 의학을 비롯한 다른 여러 분야로 퍼지기 위해서는 프랜시스 골턴이 유전학에 통계를 적용한 결과를 발표할 때까지, 더 나아가 관련 연구가 시대를 뒤흔들 때까지 기다려야 했습니다.[7] 지금처럼 모집단 분포와 통계 검정이 이론화된 것은 20세기 이후의 일이었고요.

이런 상황에서 출생 수, 사망자 수, 비율만을 적은 제멜바이스의 표가 강력한 증거로 사용되기는 어려웠을 겁니다. 아직 p값을 통한 유의성 검정도 이뤄지지 않던 시절, 한쪽에서 사망자 비율이 높은 것은 사태의 원인이 아니라 결과로 받아들여졌기에 그는 자신의 견해를 명료하게 표현할 필요가 있었습니다(그가 남긴 자료를 바탕으로 통계적 유의성을 검정한 논문은 2008년 발표됩니다[8]). 그래프로 시각화하는 방법이라도 발전했다면 또 모르지만, 그런 방법이 나오는 건 후대의 일입니다. 당시 의학계에서 진보적인 주장으로 유명했던 루돌프 피르호*도 제멜바이스의 이론을 받아들이지 않았던 데에는 이런 속사정이 있었던 거겠죠. 단지 과거의 권위가 문제였다면 피르호 같은 인물은 제멜바이스의 이론을 쌍수를 들고 환영했을 테니까요.

이렇게 제멜바이스의 비극은 의사가 지녀야 할 미덕 하나를 반어법으로 보여줍니다. 이론과 실험에 파묻혀 다른 것에는 전혀 무관심한 '미치광이 과학자'와 달리, 의사는 자기 생각을 잘 표현하고 전달할 수 있어야 한다는 것을 말입니다. 최근 의료 계열 모든 학과가 커뮤니케이션 교육을 강조하고 있는 상황이 바로 연상됩니다. 이것은 의사가 환자에게 제대로 그리고 잘 설명하지 못하면서 여러 문제가 발생하게 된다는 인식이 만들어낸 당연한 결과입

---

* 질병의 원인이 사회 구조와 환경에도 있다고 주장하며 사회 의학과 의료 정의의 초석을 놓은 독일의 의사. 현대 의학이 히포크라테스 전통에 기반한 체액설에서 벗어 벗어나는 데 크게 이바지하여 '현대 병리학의 아버지'로 불린다.

니다. 그렇다면 제멜바이스가 주는 교훈은 커뮤니케이션 교육을 강화해야 한다는 것일까요? 일견 그런 부분도 있긴 하지요. 하지만 그의 일화가 제시하는 것은 단순히 개인 대 개인의 커뮤니케이션 스킬 그 이상입니다.

우리는 의사 집단이 사회와 소통에 실패하는 장면을 자주 봅니다. 그것은 의사 집단이 지니는 어떤 특수성에서 기인하는 것일 텐데, 권위적 전문가 집단이 지니는 내적 한계 때문이라고 말하는 것은 지나친 일반화입니다. 법률가 집단이나 교수 집단 또한 비슷한 권위를 가진 전문가 집단이고 이들 또한 여러 비난을 받을지언정, 이들이 사회와 소통에 실패하는 일을 자주 보긴 쉽지 않으니까요. 그래서 저는 독특한 '의사-과학자'의 주체화 과정에서 그 이유를 찾아봐야 한다고 생각합니다.

과학을 통해 의술이 존립할 수 있는 근거를 스스로 마련한 의사-과학자 집단은 다른 집단과 소통할 필요를 느끼지 않습니다. 자신이 찾은 근거와 자료는 내부적으로 반박될 수 있을지언정, 외부에서 들어오는 비판은 별다른 영향을 미치지 못하며 미쳐서도 안 된다고 생각합니다. 바깥의 소리는 허튼소리일 뿐입니다. 자신을 명료하게 드러낼 필요나 다른 집단을 설득하려고 하는 자세는 부차적인 요소일 뿐입니다. 진실을 다루는 과학자는 말투나 태도 같은 겉모습에 휘둘리면 안 된다는 경구도 함께 떠올리면서요. 이런 언급 자체가 완전히 틀린 것은 아닐 겁니다. 하지만 의사 집단에서 이런 말과 자세는 이상한 방식으로 작용하고 있는 것 같습니다. 우리는 그 모습에서 자신의 발견을 정연한 글로 발표할 필요를 느끼지 못했던 제멜바이스를 떠올립니다. 과학자에게는 이런 자세가 허용될지도 모르겠습니다. 그들이 진리 탐구의 대상으로 삼는 것은 인간을 넘어 자연 그 자체니까요. 하지만 인간을 대상으로 하는 의사에겐 적절하지 않습니다. 적용 대상인 개별 사람들과 사회 전체가 그 학문에 대해 어떤 견해를 말할 수 있어야 하는 상황에서라면 더더욱 말입니다.

결국 제멜바이스가 남긴 생각은 파스퇴르의 논문을 꼼꼼히 읽고 석탄산 소독을 실시하며 자기 생각을 차분하게 전달해 반대하던 외과 의사들을 설득해낸 조지프 리스터의 손에 의해 실현됩니다. 하지만 리스터는 소독 개념을 제멜바이스로부터 배우지 않았습니다. 이렇다 보니 제멜바이스의 위치는 기묘합니다. 제멜바이스가 세균 감염 이론과 소독 방법을 일찍 발견한 것은 맞지만, 그가 실제 진료 과정에 남긴 성취는 별로 없습니다. 그가 남을 공격하지 않았다면 혹은 자신의 생각을 온전히 전달할 수 있었다면 더 많은 생명을 구할 수 있지 않았을까 하는 아쉬움이 남는 대목입니다. 그리고 이런 아쉬움을 우리 세대가 후대까지 계속 반복해야 할 필요는 없을 겁니다.

의사는 어떻게
만들어지는가

_ 윌리엄 할스테드

삶에서 가장 힘들었던 때가 언제냐고 묻는다면, 저는 수련의 때라고 답하겠습니다. 수련의란 인턴과 레지던트를 합쳐 부르는 명칭입니다. 학생 때는 익히 들었던 인턴 과정의 고됨을 염려했지만, 처음 해보는 일이라 어쩔 수 없는 서투름이나 바쁜 일정으로 부족한 수면 시간 같은 육체적인 어려움은 지나고 나니 그렇게 기억에 남진 않습니다. 오히려 나름 보람 있는 시간이었다고 생각합니다. 그 대신, 제가 여전히 고된 시간으로 떠올리는, 그래서 전문의 자격증을 취득하고도 남들과는 조금 다른 선택을 하도록 이끌었던 것은 레지던트 기간이었습니다.

의학 드라마에서 곧잘 주인공으로 등장하는 사람이 레지던트이므로 그 이름만으로 멋진 상상을 하시는 분도 많을지 모르겠습니다. 물론 레지던트 기간이 지니는 특별함이 있습니다. 아직 진료가 일상이 되지 않아 세상에 도전할 치기가 남아 있지만, 학생이나 인턴과는 달리 전문 분야에서 어느 정도 지식과 기술을 쌓은 레지던트야말로 극적 주인공으로는 적격입니다. 하지만 제 경험은 그렇게 멋지거나 순탄하지 않았고, 모든 순간이 '왜?'라는 질문으로 가득했습니다. '왜 이렇게 해야 하지', '왜 이렇게 결정하지', '왜 이렇게 움직이지' 등의 끊이지 않는 물음이 가득한데, 충분한 근거나 설명은 없고, 그렇게 해온 것이고, 그래서 그렇게 해야 한다는 온갖 결정들이 이미 내려져 있는 시간과 공간에서 하루종일 머물러야 했기 때문이었습니다.

누군가는 이렇게 많은 것이 이미 결정돼 있는 이유를 의학이 도제식 교육으로 이뤄지기 때문으로 말합니다. 의학은 오랫동안 도제식으로 기술을 전수해왔고, 현재도 그런 전통이 이어지고 있다고 보는 사람들이 있습니다. 하지만 의학에 중세 유럽의 길드에서 행해지던 '도제' 제도가 들어온 것은 얼마 되지 않았습니다. 기원전 400년대 고대 그리스의 히포크라테스 시절 의학에는 이미 스승과 제자가 있었고, '의료윤리의 대명사'라고 알려진 히포크라테스 선서는 원래 동업자 간의 행동 규칙을 규정한 문서라는 점에서 이미 고대부터 도제 관계가 있었다고 생각할 수 있습니다. 하지만 이렇게 보면 도제식 아닌 교육은 없다고 할 수 있지 않을까요?

　도제는 장인의 집에 기거하며 일하고 기술을 습득하는 사람을 말합니다. 장인의 집에 함께 살기에 도제의 생활에 대한 지도와 감독도 자연스레 이뤄졌습니다. 이런 제도가 의학에 들어온 것은 기껏해야 18세기부터였습니다. 당시의 의학 교육은 두 층으로 나뉘는데, 대학 교육과 실전 교육이었습니다. 대학에서 교육을 수행하던 사람들은 실험실 교육과 병원 실습을 통해 의료 전문직이라는 지식 체계와 배타성을 구축해 갑니다. 한편 실전에서 교육을 수행하던 사람들도 있었습니다. 이미 명망 있던 의사들, 하지만 학교에 속하지 않은 사람들이 학생을 도제로 받아서 의사로 길러냈지요. 미국에서 의학 교육의 모형이 정립되던 시기, 두 접근법은 서로 충돌과 반목을 거듭하고 있었습니다. 대학과 도제 교육은 서로 배타적인 것으로 여겨졌지요. 그때 '레지던트'라는 의사 교육 과정을 만들어 대학과 도제 교육을 결합한 곳이 바로 존스홉킨스 병원이었고, 그곳에서 근무하던 불세출의 외과 의사 윌리엄 할스테드 William Stewart Halsted, 1852~1922와 지금까지도 존경받는 내과 의사 윌리엄 오슬러가 바로 그 시스템 탄생의 주역입니다.

　할스테드는 존스홉킨스 병원을 이끌던 네 명의 대가 중 한 사람이었습니다. 미국에서 여전히 명의의 대명사이자 '현대 의학의 아버지'이며 의학 교육을 정립했다고 알려진 윌리엄 오슬러, 다양한 의료 기구를 발명해 여전히 수술실에서 그 이름을 들을 수 있는 산부인과 의사 하워드 켈리, 의과학적 접근법을 병원에 자리잡게 한 병리학자 윌리엄 웰치가 존스홉킨스의 '4대 의사^{Big Four}'였지요. 이들 각각은 모두 미국 의학의 발전에 거대한 족적을 남겼습니다.

할스테드는 레지던트 제도를 만든 것 외에도 무균적 수술 기법과 마취법을 적극적으로 도입하고 유방암 수술을 위한 근치유방절제술^{根治乳房切除術}*을 개발하는 등 외과 수술에서 여러 업적을 남겼습니다. 그는 이후 '현대 외과학의 아버지'라고 불리게 됩니다. 하지만 빛이 강할수록 그림자도 깊다고 했던가요. 그는 코카인에 매우 심하게 중독되었습니다. 코카인에 처음 손댄 것은 마취 실험 때문이었지만, 점차 코카인 없이는 살 수 없는 몸이 되었습니다. 그가 코카인 중독으로 죽지 않았던 것은 마약을 모르핀으로 갈아탔기 때문입니다.

그의 차림이나 태도, 생활 방식과 그가 남긴 제도 사이에 어떤 유사성을 발견하는 것은 이상한 일이 아닐지도 모르겠습니다. 결국 한 사람이 만든 것은 그의 의식적 혹은 무의식적 행위의 반영일 수밖에 없으니까요. 그의 놀라운 수술 실력과 업적, 그리고 그 뒤에 숨겨진 마약 중독자로서의 모습은 제가 레지던트 과정을 바라볼 때 느끼는 감정과 크게 다르지 않습니다. 레지던트 제도가 지닌 명암, 특히 어두운 부분은 할스테드 개인의 잘못이 결코 아닙니다. 하지만 그의 삶을 생각해 보는 것은 현재를 고민하는 통

---

* 유방암 치료를 위해 유방과 하부 흉근, 겨드랑이의 림프절까지 모두 절제하는 수술법이다.

로가 될 수 있을 겁니다. 레지던트 과정이 있었기에 의학은 지식과 경험을 빠르게 후대에 전달하고 널리 퍼트릴 수 있었지만, 그 뒤 수많은 레지던트들의 병원 생활은 그들의 인생에 지울 수 없는 얼룩을 남겼습니다. 이번에는 할스테드의 이야기를, 그리고 그의 유산에 관한 이야기를 해보려 합니다.

"외과학은 할스테드 이전과 이후로 나뉜다"

미국 뉴욕에서 태어난 윌리엄 할스테드는 부유한 가정에서 자랐습니다. 도매 수입업자였던 할아버지와 아버지가 뉴욕 병원의 운영 위원이었는데, 그런 연 때문이었는지 할스테드는 점차 의학에 관심을 가지게 되었고 1874년 뉴욕 의과대학에 입학합니다.[1] 앞에서도 말했지만 미국은 당시 대학에서 이뤄지는 의학 교육을 점점 강화하고 있었고, 교수진은 대부분 독일이나 프랑스로 유학을 다녀온 사람들이었습니다. 당시엔 독일의 실험 의학과 프랑스 파리의 병원 의학이 선도적인 의료이자 의술로 자리매김하고 있던 시기였습니다. 의과대학의 교수들을 통해 과학적 접근의 중요성을 받아들인 할스테드는 오스트리아 빈과 독일 여러 도시의 유명한 상의와 진료소를 찾아 배우며 당시 급속하게 발전하던 독일 외과학에 눈뜨게 됩니다.

19세기 중엽의 외과학을 대표하던 것은 빠른 절단이었습니다.

이제 막 전신 마취가 활용되기 시작했고 영국의 외과 의사 조지프 리스터가 석탄산을 이용한 손 소독법을 보급하던 때, 당시의 외과학은 과학보다는 손기술의 영역에 속했습니다. 환자의 손상 부위를 얼마나 빠르게 절단해낼 수 있는지, 그리하여 고통과 출혈을 얼마나 최소화할 수 있는지가 외과 진료의 성공을 가늠하던 시절이었던 겁니다. 효과적인 지혈법이나 국소 마취와 같이 현대 외과학의 중요한 발견은 아직 할스테드의 손을 기다리고 있었습니다. 독일 외과학은 과학적 접근과 실험을 통한 발견을 특히 강조했습니다. 유학 과정에서 할스테드가 매혹됐던 것은 바로 이런 분위기였습니다.

1880년 미국으로 돌아온 할스테드는 뉴욕시에서 유명한 외과 의사로 이름을 날리며 여러 병원에서 일하게 됩니다. 그는 놀라운 수술 실적으로 명성을 높이며 다양한 실험을 이어갔습니다. 1884년, 아직 코카인의 효능과 중독성이 밝혀지지 않았지만 할스테드는 약물을 자기 몸에 주사하여 국소 마취 실험을 진행하고 코카인의 효과를 확신합니다. 1885년 그는 환자에게 코카인을 주입하여 국소 마취 상태에서 수천 건의 수술을 진행했다고 보고합니다.[2] 그는 혈액의 흐름을 감소시키면 그 부위의 국소마취가 더 오래 지속하는 것을 관찰하고, 해당 부위를 고무 밴드로 묶고 수술하는 기법도 개발해 활용합니다. 그는 척추 마취에도 성공하고, 뒤이어 마취제를 주입한 부분에만 마취가 이뤄지는 국소 마취에서 한 걸음 더 나아가, 신경이 갈라져 나가는 신경절에 마취제를 주입해서 해당 신경이 뻗는 모든 부위를 마취하는 차단 마취 기법을 개발하기도 했습니다.

하지만 이런 마취 기법을 실험하고 연구하는 과정에서 할스테드와 그의 동료들은 코카인에 중독되었고, 결국 1886년과 그 이듬해에 그는 중독 치료를 위해 병원에 입원합니다. 당시 그가 의사로서 명성을 잃지 않을 수 있었던 것은 사회가 아직 마약 중독에 대해 제대로 알지 못했기 때문입니다. 그래도 더이상 뉴욕에서 일할 수 없었던 그는 빠르게 성장하던 볼티모어로 떠나게 됩니다. 그리고 그곳에서 그는 1889년 개원한 존스홉킨스 병원에 합류하게 되고, 외과 과장에서 곧장 외과학 교수로 승진합니다.[3]

먼저 존스홉킨스 병원에 관해 말씀드릴 필요가 있습니다. 존스홉킨스는 볼티모어의 명망 있는 상인이자 투자가였습니다. 그는 세상을 뜨면서 당시 기준으로 미국 역사상 최고 금액인 700만 달러를 기부하여 존스홉킨스 대학과 존스홉킨스 병원을 설립합니다. 그는 존스홉킨스 병원에서 "최고의 성품과 기술을 지닌 내과와 외과 의사"가 나오기를 소망했습니다.[4] 그의 유지를 받들고자 했던 위원회는 당대의 명의를 뽑아 존스홉킨스 병원을 미국 의학의 산실로 만듭니다. 위원회가 선택한 의사가 앞서 말한 '4대 의사'였고, 할스테드도 그중 한 사람으로 존스홉킨스 병원에 합류하게 됩니다. 그 명성에 설맞게 할스테드는 미국 외과학을 다시 쓰기 시작하죠. 그는 적절한 마취, 정확한 절개, 무균 환경, 출혈의 최소화라는 네 가지 목표를 추구합니다.[5] 메이요 클리닉를 만든 윌리엄 메이요는 할스테드의 수술을 보면서 이렇게 말했다고 합니다. "세상에! 아래쪽을 수술하고 있는데 위에서 이미 상처 회복이 일어나는 것을 보는 것은 난생처음이야."[4]

말씀드린 것처럼 할스테드는 존스홉킨스 의과대학의 외과부를 이끌면서 외과학 레지던트 과정을 만듭니다.[6] 그가 전범으로 삼은 것은 18세기 네덜란드의 레이던 대학교에서 헤르만 부르하버가 운영하던 독일의 의학 교육법이었다고 합니다. 하지만 할스테드는 여러 면에서 독특한 교육 방식을 제도화했습니다. 이들 레지던트는 상당히 긴 훈련 기간을 거쳐야 했고, 책임의 등급이 나뉘어 있었습니다. 피라미드 형태의 승진 체제 하에서 병실에서 일하고, 매우 제한적인 생활 규칙을 따라야 했지요. 도제처럼 그들은 병원에서 생활하며 (그렇기에 레지던트resident, 즉 거주자라고 불렸습니다) 일 년 중 하루도 쉬지 않고 대기 상태였습니다. 급여는 거의 없었고 결혼은 당연히 미뤄야 했습니다.

이 방식은 미국 전역으로 퍼져나갔고, 제2차 세계 대전 후에는 의학 훈련의 기본 시스템으로 자리잡게 되었습니다. 외과 의사가 많이 필요했지만, 과학과 기술이 너무나도 빠르게 발전하면서 충분한 훈련 없이 외과 의사를 배출할 수는 없었습니다. 레지던트 시스템은 외과 의사를 훈련하는 가장 적절한 방법으로 받아들여 졌습니다. 할스테드의 레지던트 시스템은 미국 전역으로, 더 나아가 전 세계로 보급되었고 내과를 비롯한 의료 계열의 다른 분과에서도 레지던트 과정을 받아들이게 됩니다.

할스테드는 지치지 않는 의사였고 다른 의사 또한 자신의 방식을 따라야 한다고 생각했던 것 같습니다. 상당 기간 레지던트 과정은 쉼 없이 돌아갔으며, 할스테드의 진료도 그에 못지않았습니다. 할스테드의 코카인 중독은 그의 탐구심에서 우연히 생겨난 부작용이었고 중독에 관한 연구가 충분치 않았던 당시 그에게 다른 해결책은 없었습니다. 하지만 이미 여러 세대가 지난 이후에 이런 상황을 되새기는 저는 한번 생각해 봅니다. 그에게 코카인은 오로지 약물 중독 때문에 필요했을까요? 그의 팽팽한 정신줄이 육체에게도 그에 걸맞은 가속과 긴장을 요구했던 것은 아닐까요? 그리하여 코카인은 중독의 갈망을 채워주는 약물이면서 동시에 맑은 정신과 쓰러지지 않는 육체를 유지하는 데 필요한 일종의 가속제였던 것은 아닐까요?

사람이 죽고서야 바뀐 레지던트 규정

이런 생각을 떠올리는 이유는 1984년 미국에서 레지던트 수련 규정을 낳게 한 리비 자이언 사건 때문입니다. 그해 3월 뉴욕 병원 응급실에 18세 대학생 자이언이 고열과 탈수로 들어옵니다. 그를 진료한 의사는 1년 차 레지던트였고, 일종의 바이러스 증후군이라고 진단했습니다. 레지던트는 담당 의사에게 전화로 보고했고 자이언은 입원했습니다. 여러 약이 처방되었는데, 그 중 진통제인 메페리딘이 문제였습니다. 자이언은 항우울제인 페넬진을 먹고 있었는데, 두 약을 함께 쓰면 안 되기 때문입니다. 밤에 병동을 담당한 의사는 인턴이었는데 그는 쉬지도 못한 채 18시간 이상을 전화로 떨어지는 여러 오더를 처리하느라 정신이 없었습니다. 자이언의 상태가 밤새 계속 달라졌지만 어느 누구도 알아채지 못했습니다. 아침이 되자 증세가 심해진 자이언은 심장마비를 일으켰고 결국 사망했습니다.

원래는 의료 과오 혹은 의료 과실 소송으로 끝날 사례였지만, 자이언은 《뉴욕 타임스》의 칼럼니스트이자 전 연방 검사 시드니 자이언의 딸이었습니다. 아버지는 사설 탐정을 고용해 이 문제를 조사했고 그 과정에서 딸이 치료 과정에서 발생한 실수들이 겹쳐 사망했다는 것을 알게 됩니다. 아버지는 병원과 의사를 상대로 소송을 제기했습니다. 형사 소송에서는 의사와 병원의 고의적 과실이 인정되지 않고 결국 레지던트 교육 과정에 문제가 있다는 것을 밝히는 것으로 정리되었지만, 민사 소송에서는 병원과 담당 의사가 자이언 가족에게 37만 5000달러를 지급하라고 판결했습니다. 이후 의료계에서는 레지던트의 연속 근무 시간을 제한하는 것을 핵심으로 하는 제안서를 발표하게 됩니다. 주당 80시간 이내 근무, 연속 근무 24시간 이내, 충분한 휴식 시간 없이 대기 금지 등을 내용으로 하는 벨 규제Bell regulations가 발표된 것이죠.[7] 이는 레지던트 과정에 있는 자가 장시간 연속적인 긴장 상태에 있을 경우 실수를 저지를 가능성이 훨씬 커지게 되고, 이런 실수는 결국 환자에게 피해를 주게 된다는 인식이 법률로 구체화된 것입니다.

2016년 12월부터 국내에서도 「전공의의 수련환경 개선 및 지위 향상을 위한 법률(약칭 '전공의법')」이 시행되면서 주당 최대 근무시간을 80시간 이내로 제한했습니다. 법의 규제가 아직 미흡하다는 의견과 외국과는 달리 재정과 인력이 부족한 국내 병원 환경에서 이런 접근은 시행 자체가 어렵다는 의견이 팽팽하게 갈리고 있는 상황입니다.[8] 여기엔 시행 과도기라는 표현이 적절할 겁니다. 말 그대로 제도를 개선하는 과정에서 나타나는 혼란입니다. 하지만 레지던트 제도가 처음부터 이런 방식으로 만들어지지 않았더라면 이런 비용과 고통은 훨씬 줄지 않았을까요? 여러 차례 언론에 보도가 되었지만, 레지던트 제도는 위계로 인한 폭력과 과도한 근무로 오랫동안 상당한 문제를 노출해 왔습니다. 이런 설정을 레지던트 제도에 부여한 것은 할스테드였습니다. 말씀드린 것처럼 어떤 사람이 만든 제도가 그의 삶을 반영한다면, 그 시작이 되었던 할스테드의 삶을 여기에 겹쳐볼 필요가 있을 겁니다.

의사들이 정신질환에 코카인을 처방하기 시작한 것은 코카나무 잎에서 코카인을 분리해낼 수 있게 된 1855년 이후입니다. 프로이트 또한 코카인에 관심을 가졌지요. 그는 아편 중독자인 친구에게 코카인을 처방해 주었고, 아편 중독 증세가 호전되는 것을 보고 놀라워했다고 합니다.[9] 이런 코카인은 행복감의 증가와 흥분 효과를 가져오는 신경 자극제입니다. 휴식을 몰랐던 할스테드의 모습과 그가 코카인을 자가투여하던 시기는 일치합니다. 이후 코카인 금단 증상 때문에 할스테드는 모르핀을 투여하기 시작했는데, 이후 그의 성격은 판이하게 달라졌다고 합니다. 이전에는 뉴욕 시내를 흥분해서 돌아다녔는데, 모르핀을 맞고부터는 은둔자와 비슷한 삶을 살았다고 하니까요.[5]

물론 그가 중독자였다는 점에서 의학의 그늘진 모습을 생각해 볼 수도 있습니다. 치료자가 사실은 중독자였다는 식으로 말이죠. 의료윤리에서는 의료인이 약물 중독이 되면 의료 업무를 수행하지 말 것을 권하고 있으며, 동료들은 약물을 오남용하는 의료인을 신고할 의무가 있다고 말합니다. 하지만 할스테드의 이야기는 단지 중독자가 의료 업무를 하는 게 문제라는 식으로 끝낼 일은 아닙니다. 그의 중독이 그의 업적을 가릴까요? "외과학은 할스테드 이전과 할스테드 이후로 나뉜다"는데, 그가 중독으로 경력을 망쳤다면 모르겠지만 그는 약물을 달고 살았어도 여전히 놀라운 수술 실력과 업무 능력을 유지했습니다. 오히려 제가 생각해보고자 하는 것은 그가 자신을 정립해 가던 시기에 코카인이 그에게 미친 영향입니다. 좀 더 나아가서 그것은 20세기 이후 현대 의학의 훈련 과정을 특징 짓고 있는 어떤 정서가 아닌가 하는 의심도 떨칠 수 없습니다. 그 정서는 아마, 언제나 항상 끊임없이 긴장을 유지해야 한다는 일종의 정언명령이라고 표현해 볼 수도 있을 겁니다.

쉴틈 없는 긴장, 쉬지 못하는 의사

왜 저는 그렇게 레지던트 기간을 힘들게 보냈을까요? 의과의 다른 친구처럼 잦은 당직이나 오랜 근무 시간에 시달렸던 것도 아닙니다. 열심히 진료하고 응급실 당직도 서야 했기에 나름 바쁜 레지던트 기간을 보내긴 했지만, 사실 시간상으로 그렇게 매여 있지는 않았습니다. 당직 이래 봐야 가끔 서는 거였고, 근무 시간은 주당 80시간보다 훨씬 적었으니까요. 하지만 끊이지 않는 긴장이 그 시간을 채우고 있었습니다. 지식도, 실력도 더 발전할 것을 요구받는 것은 당연합니다. 하지만 그 과정에서 신경을 항상 곤두세우고 있어야 하는 것은 물리적인 피로와는 별도로 진을 빼게 만드는 일이었습니다. 누군가에겐 그런 긴장이 높은 생산성으로 이어지기도 하겠지요. 하지만 저는 진료하면서 진이 빠졌고 치의학이라는 학문 자체에 지쳤어요. 환자 보는 게 싫다는 생각이 머리에 박혔습니다. 긴장의 원인을 찾고 싶었고, 그 탐색은 이 모든 제도와 기준을 의심하는 것으로 이어졌습니다. 결국 철학과 윤리를 공부하는 길을 선택하게 되었으니 결과적으로 나쁜 일은 아니라고 말할 수 있을까요?

사실 지금 생각해 보면 저는 그저 다른 누군가를 비난하고 싶었던 것 같습니다. 지금 이런 문제의 원인은 예전 누군가의 잘못이라고 말입니다. 하지만 레지던트 제도의 기원을 거슬러 올라가 보니 그곳에는 할스테드라는 당대의 걸출한 의사가 있었고, 제도는 그의 성격과 삶을 그대로 옮겨놓은 것 같았습니다. 그 삶을 잘못이라고 말할 수는 없겠죠. 하지만 저는 그런 제도가, 그런 환경이, 그런 구조가 당연한 게 아니라는 걸 말하는 것만으로도 변화의 좋은 출발점을 마련할 수 있으리라 생각합니다. 당연한 게 아니라면 얼마든지 바꿀 수 있을 테니까요.

글을 쓰는 중에 의과대학 교수들이 노동조합을 설립하려 한다는 기사를 보았습니다.[10] 의과대학 교수들이 진료, 교육, 연구 셋 다에 치이다 못해 어느 하나도 제대로 할 수 없다며 환경에 대해 성토하고 근로자로서 권리를 주장하기 시작했다는 내용입니다. 전공의도 교수도 모두 지쳐 있는 상황이라면 제도의 문제일 겁니다. 실수를 줄이고 더 나은 진료를 제공하기 위해서, 그리고 환자와 의료인이 더 기쁜 마음으로 만나기 위해서 우리는 제도의 변화를 꿈꿔야 합니다. 그것은 아마도 의료인에게 날 선 긴장을 당연히 요구하는 대신 다른 기준으로 세워진 시스템으로 나아가는 첫걸음일 겁니다. 상호 존중 그리고 연대가 그에 합당한 마음가짐일 테고요.

의사의 실력은
누가 평가하는가

_ 에이브러햄 플렉스너

혁신이라는 말이 언젠가부터 일상에 녹아든 것 같습니다. 특히 IT 분야에서는 혁신이라는 단어를 빼놓고는 아예 말을 꺼내기가 어려울 정도입니다. IT가 혁신을 제공하면, 우리는 혁신을 따라 한 단계 높은 과학기술을 누리게 됩니다. 비슷한 말로 개혁이 있습니다. 개혁이 합법적인 경로를 통해 점진적으로 고치는 것을 의미한다면, 혁신은 단절을 통해 구조와 내용을 한꺼번에 바꾸는 것을 말한다고 할 수 있습니다.[1]

서두부터 혁신과 개혁을 살핀 것은 이 두 단어가 많이 언급되는 영역 중 하나를 생각해 보고 싶었기 때문입니다. 바로 의학교육*입니다. 교육학이야 익숙하시겠지만, 의학교육이라는 용어는 생소할 것 같다는 생각도 듭니다. 굳이 교육학 앞에 의학을 붙여 구분하는 이유는, 졸업생이 나아가게 되는 진로가 다양하게 나뉘는 여타의 전공과 달리 의학 계열을 졸업한 학생은 바로 전문직 직업인으로 편입하게 되는 특수성 때문입니다.

전문직은 여러 특성이 있지만, 가장 중요한 것은 사회와 맺고 있는 관계에서 찾을 수 있습니다. 전문 지식을 생산하고 활용할 권리를 부여받은 전문가에게 사회는 의무 또한 부여합니다. 의무 중에는 직종 내부를 관리할 책임도 포함됩니다. 전문 지식이 있는 전문직의 업무를 해당 영역 외부에서 판단하기 쉽지 않기에 과거 전문직이 분화되어 나오던 때부터 사회는 해당 전문 직종에 자율적 규제를 요구했습니다. 물론 세상이 바뀌면서 많은 정보가 공개되고 또 공유되는 상황에서 이런 관리가 여전히 유효한가에 대해 고민이 필요한 것은 사실입니다. 그러나 전문직은 여전히 자신을 규제할 책무를 요청받고 있으며, 규제에 활용되는 가장 대표적인 프레임은 역시 교육입니다.

이런 배경에서 의학교육은 의학 계열 전공자를 양성하는 교과과정 개선에 주력했습니다. 외국의 경우에는 이와 관련한 오랜 전통이 있습니다. 국내 또한 서구에서 의학이 전파되는 단계 그리고

---

* 의학 교육medical education은 의과대학에서 이뤄지는 의학의 교육 행위를, 의학교육 pedagogy of medical education은 이를 이론적으로 접근하고 분석하는 학문을 가리킨다.

한의학이 일제강점기에 받은 철저한 억압을 지나 제도권으로 재편입되는 과정에서 '의학 교육을 어떻게 할 것인가'는 것은 매우 중요한 화두였습니다. 그러나 이런 교육 방법에 대한 논의가 학문으로 정립된 것은 1990년대 후반이었고, 이때부터 '의학 교육 개혁'이 본격적으로 대두되었습니다. 예를 들어 의학전문대학원 제도가 제시된 것은 1996년 '대통령자문교육개혁위원회'에서였고, 1998년 생긴 서울대학교 의과대학 의학교육실은 교수들에게 '개혁안'을 제시했습니다.[2] 2013년 OECD에서 발간한 보건의료 개혁에 관한 보고서는 어쩌면 당연히도 '교육 개혁'이라는 표현을 사용하고 있습니다.[3]

　그러나 최근 들어 '의학 교육 혁신'이라는 표현을 자주 접하게 됩니다. 예를 들면 한국의과대학·의학전문대학원장협회[KAMC]는 'KAMC 의학교육혁신상'을 수여합니다. 연세대학교 의과대학 의학교육학교실은 교실 20주년을 정리하면서 이를 『도전과 혁신-의학교육학과 20년』이라는 소책자로 정리한 바 있습니다.[4] 2018년 강원대학교 의학전문대학원은 '의학교육혁신센터'를 출범시켰고요.

　기존에는 점진적인 변화를 중시하다 최근에는 급진적인 변화를 강조하게 되었구나 하는 흐름의 변화로 볼 수도 있을 겁니다. 하지만 저는 한 번 더 생각해 보게 됩니다. 왜 '굳이 혁신일까'하고 말입니다. 사용되는 단어 이면에 놓인 생각을 살펴보는 것도 하나의 방법일 겁니다. 고려대 신지영 교수가 『언어의 줄다리기』에서 말한 것처럼, "내 생각이 바뀌고 우리의 생각이 바뀌게 되면 지금까지 배웠던 언어 표현으로는 변화한 내 생각 혹은 우리의 생각을 담을 수 없음을 자각하게" 돼서라고도 생각해 볼 수 있을 겁니다.[5] 의학 교육 개혁이 의학 교육 혁신으로 바뀐 것에는 어떤 생각의 변화가 있었던 걸까요? 이를 살펴보기 위해서는 '의학 교육 개혁'이라는 말이 가장 먼저 나왔던 시공간으로 돌아갈 필요가 있습니다. 20세기 초 미국으로 말입니다.

의과대학의 탄생

20세기 초 미국과 캐나다에는 155개의 의과대학이 있었습니다. '별로 많지 않네'하고 생각하실지도 모르겠습니다. 그러나 2013년 기준 의사 학위MD, Doctor of Medicine를 수여하는 대학은 미국에 141개, 캐나다에 17개입니다.[6] 이미 백 년 전에 현재와 비슷한 숫자의 의과대학이 있었던 이유는 당시 의과대학 설립을 규제하지 않았던 탓도 있지만, 무엇보다 설립자의 필요와 학습자의 수요가 맞아떨어졌기 때문입니다. 앞에서도 본 것처럼, 미국이 아직 유럽의 변방이던 19세기 말에 신대륙의 의학 교육은 크게 두 가지 방식으로 실시되었습니다. 하나는, 특정 지역에서 명망을 떨치던 의사가 제자를 받아 가르치는 도제 교육인데, 이는 점차 사설 학원으로 발전해 갔습니다. 다른 하나는, 유럽에서 신학문을 배워 온 유학파들이 설립한 의과대학으로, 그들은 대학을 자신들이 배워온 지식과 경험을 전파하는 수단인 동시에 진료의 발판으로 삼으려 했습니다. 당시 의사가 수입을 얻던 방식이 대학이나 공공 병원에서 저소득층 환자를 진료하여 지역에서 신뢰를 쌓은 뒤 고소득층을 대상으로 개인 진료실을 차리는 것이었던 탓도 있었고, 학생을 상대로 한 교육 자체도 훌륭한 수입원이었으니까요.

19세기 말이 되자 의과대학과 사설 교육기관 둘 다 크게 늘어 지역 의사회는 이를 불편하게 생각합니다. 의사 수가 증가하면 문제가 될 거라고 여겼던 겁니다. 이에 의료권을 독점하고 의사 수를 조절하기 위해 미국의사협회가 설립됩니다.[7] 미국의사협회는 의과대학을 규제할 효과적인 수단으로 대학 평가라는 방법을 선택하고, 1904년 의학교육위원회를 발족합니다. 의학교육위원회는 자체적으로 의과대학을 평가했지만 이를 대외적으로 발표하진 못했다고 합니다. 의사협회가 이익단체의 형태를 띠고 있었기에 사람들의 신뢰를 얻지 못하리라고 판단했던 모양입니다. 그래서 이들은 제삼자에 의한 객관적인 입증 자료를 마련하기 위해 1908년 카네기 교육진흥재단에 북미 지역 의과대학에 대한 실태조사를 의뢰하게 됩니다. 그리고 이 역할을 맡았던 사람이 바로 미국 교육개혁가 에이브러햄 플렉스너Abraham Flexner, 1866~1959입니다. 플렉스너는 이미 미국 내 대학교에 대한 평가 작업을 수행한 바가 있었고, 또 외부인이라 객관적이고 공정한 판단을 내릴 수 있을 거라는 점에서 적임자로 여겨졌던 것 같습니다.

그는 미국과 캐나다에 있는 의과대학을 직접 찾아다니며 보고서를 작성합니다. 그리고 그 결과물로 1910년 『플렉스너 보고서: 미국과 캐나다의 의학 교육』을 발표하게 됩니다.[8] 플렉스너는 1893년 설립한 존스홉킨스 의과대학을 이상적인 교육기관으로 두고 이에 미치지 못한 다른 의과대학을 비판합니다. 그는 대학의 시설과 학생들 입학 기준, 교수진의 수를 중점적으로 파악했지만, 교육 방법이나 교수진의 수준에는 큰 관심을 보이지 않았습니다. 바로 이 보고서를 기초로 의과대학의 입학 기준과 표준 교육 모형이 탄생하게 됩니다. 일단 의과대학에 입학하려면 4년제 대학을 졸업해서 학사 학위를 취득해야 합니다. 그 이유는 의과대학을 다니면서 수준 높은 과학 과목을 공부할 수 있는 역량이 있어야 했기 때문입니다. 플렉스너는 의과대학 교육은 4년 동안 이루어지는데, 처음 2년은 기초의학을, 나중 2년은 임상의학을 가르쳐야 한다고 보았습니다. 기초의학이란 해부학, 생리학, 병리학, 생화학, 약리학 등 의학을 지탱하는 과학 과목을 말합니다. 이를 충실하게 이행한 학생만이 임상의학, 즉 환자를 직접 만나 병력을 듣고 진단을 내리며, 이 진단을 기초로 치료를 진행하는 개별 분과 학문을 배울 수 있다고 주장합니다.

플렉스너는 과학과 의학이 분리될 수 없다고 보았습니다. 임상의학은 기초의학에 깊게 뿌리내린 상태에서 이뤄져야 하며, 그 둘의 우위를 따질 수 없다고 생각했습니다. 이런 입장은 그가 19세기를 경험의 시대라고 말하는 데서도 나타납니다. 다른 학문도 그렇지만 의학은 특히 경험주의자가 득세하는 분야였습니다. 이것은 플렉스너 자신이 의사가 아니었다는 점, 그리고 당시 미국 의학이 처한 상황에서 나온 결론이라고 봐야 할 것 같습니다.

윌리엄 바이넘의 『서양의학사』는 의학을 다섯 가지 유형으로 구분합니다.[10] 머리맡 의학, 도서관 의학, 병원 의학, 지역사회 의학, 실험실 의학이 그것입니다. 18세기까지 의학은 앞의 두 가지, 머리맡 의학과 도서관 의학이 전부라고 해도 과언이 아니었습니다. 독일에서 지역사회 의학이, 프랑스에서 병원 의학이, 프랑스와 독일, 영국에서 실험실 의학이 정립되던 시점인 19세기에는 아직 이런 의학이 실제 진료와 거리가 있었던 게 사실입니다. 실생활과 떨어진 신학문의 하나에 불과했던 것이죠. 결국 당시 진료는 전통과 경험이 담당했다고 보는 게 맞을 겁니다.

플렉스너는 원인과 과정을 모른 채 '이렇게 저렇게 하다 보니 병이 나았다'라는 식으로 접근하는 것이 과거의 의학이라면, 새로운 의학은 자연과학이 추구하는 엄밀함에 기초하여 논리적 추론과 실험을 통해 진단과 치료법을 내놓아야 한다고 생각합니다. 지금 보기엔 당연한 말처럼 들릴지도 모르겠습니다. 의학 또한 과학이라는 생각, 아니 '의과학scientific medicine, biomedicine'이라는 표현이 당연한 지금은요. 바로 이 생각이 의학 교육 개혁을 이끈 핵심입니다. 과학적 방법론에 익숙한 학생이 환자를 진단하고 치료하는 방법을 배우면 기존에 경험적으로 정립되어 온 의학이 다시 과학적 엄밀함으로 분석될 것이라는 생각. 이런 생각을 바탕으로 하는 의학 교육 개혁은 교육학적 엄밀함을 통해 교과 과정과 교수법이라는

'기존의 제도를 뜯어고치는' 데 매진해 왔습니다. 평가는 객관적이어야 하며, 교육은 효율적이어야 합니다. 학생은 같은 시간에 더 많은 성취를 이뤄야 합니다. 그것은 교수가 더 잘 가르치는 데서, 정돈된 교과 과정에서 나오는 결과물이라는 겁니다.

의학 교육의 혁신, 어디에서 시작할까

플렉스너 보고서는 의학 교육에 엄청난 영향을 미쳤습니다. 제멋대로 이뤄지던 의과대학의 교과 과정을 표준화했고, 수준 낮은 의과대학을 정리했습니다. 보고서 이후 의과대학은 절반으로 줄어들어, 1922년 81개, 1929년 76개로 감소했습니다. 여기에는 부작용도 있었죠. 여성과 유색인종을 학생으로 받던 의과대학 또한 폐쇄된 것이 그중 하나입니다. 이후 여성은 오랫동안 의과대학에 입학하지 못했습니다. 저소득층이 의사가 되는 길도 한동안 요원해졌고요. 의과대학이 종합대학으로 들어가 소외계층에 대한 지원이 제도적으로 자리잡을 때까지 많은 시간이 필요했습니다. 다양한 대체 의학은 미국과 유럽에서 저항 문화가 유행하는 1960년대까지 제도권 밖으로 완전히 밀려나게 됩니다.

발간된 보고서는 이후 의학 교육의 방향타를 잡고 의학이 나아갈 길을 결정했습니다. 물론 플렉스너 보고서가 새로운 방향을 제시한 것은 아닙니다. 단지 그 흐름을 가속했을 뿐, 역사는 이미 정해진 방향으로 흐르고 있었습니다. 여기에서 말하는 흐름이란 결국 어떤 의사를 만들 것인가라는 질문에 대한 답일 텐데요. 다른 분야의 영향도 많이 받고 여러 직역으로 진출하게 되는 여타 전공과 달리, 전문직 구성원을 길러내는 것은 전문직 교육 기관이 유일하기 때문에 교육 기관에서 이뤄지는 교육이 전문직 자체를 규정하게 됩니다. 예컨대 의학 교육의 교과 과정을 통해 의사가 자신을 어떠한 사람이라고 정의하게 되는 것이죠.

19세기까지 의사는 '의사-사서doctor-librarian'라고 할 수 있습니다. 그들에게 의학은 전승되어 내려오는 지식을 정리하고 기록하는 역사기록학이었습니다. 당시 의사에게 의학은 히포크라테스로부터 유유히 흘러 내려오는 전통의 기록이었으며, 선배 의사 밑에서 도제 교육으로 배운 경험의 소산이었습니다. 이에 반해 플렉스너 보고서는 의사를 '의사-과학자doctor-scientist'로 규정합니다.* 기초의학 공부를 통해 자신을 과학자로 인식하게 된 의과대학생이 병원에서 환자를 마주하며 임상의학을 배우고, 그들의 의학은 이미 과학의 시선으로 걸러집니다.

여기에 잘못이 있다고 말하는 것이 아닙니다. 어떤 이들은 플렉스너 보고서가 의학적 권위주의와 독점을 낳은 원천이라며 힐

---

* 이 표현은 최근 대두한 의사-연구자(physician-scientist 또는 MD-PhD) 개념과 약간 차이가 있다. 의사-연구자의 경우 의과대학을 졸업한 의사가 연구실에 남아 기초의학 연구를 계속하는 것을 의미하며 그 수는 많지 않다. 반면, 이 글에서 말하는 의사-과학자란 의사 직종 전체가 자신을 과학자로 정의하는 것을 뜻한다.

난하는데, 적절한 평가라고 보긴 어렵습니다. 우리가 지식을 생산하고 인식하는 방법으로 과학을 정립하고 이를 모두가 받아들이고 있는 상황에서 과학적 시선을 통해 의학을 바라보는 것은 당연합니다. 그리고 이것이 과학인 이상, 의학은 표준화와 합리화의 과정을 거쳐야 합니다. 단지 여기에서 파생되는 문제가 하나 있지요. 과학의 다른 영역과 달리, 의학은 개별화되고 독자적인 인간, 즉 개인이 시행의 주체이자 객체라는 점입니다.

아파서 병원에 갈 때 우리는 가능하면 명의를 만나려고 합니다. 이 명의란 말은 무엇을 의미할까요? 잘 치료하는 사람이라는 것은 말일 테죠. 그런데 왜 잘 치료하는 걸까요? 다른 의사와 뭐가 다른 걸까요? 만약 의학이 표준화될 수 있다면 명의란 개념은 이상합니다. 표준화와 합리화는 누가 치료해도 같은 결과가 나와야 한다는 것을 전제로 합니다. 그러나 우리는 이미 본능적으로 알고 있습니다. 의사가 누구인지, 환자가 누구인지에 따라 그 결과가 다를 수 있다는 것을요.

그렇다면 다시 물어볼 일입니다. 의사-과학자는 20세기 초 과학의 발전과 함께 나타난 필연이었습니다. 그러나 이것만을 진리로, 이상적인 모형으로 가정할 필요가 있을까요? 의사-과학자를 표준 모형으로 정립하는 것이 의학 교육 개혁이었다면, 이제는 다른 모형을 생각해 볼 때도 되지 않았을까요? 그것은 시대가 마주한 당면 과제이기도 할 것입니다. '의학 교육 혁신'이라는 표현이 겨냥하고 있는 것 또한 이 지점이 아닐까요?

혁신이라는 단어는 개혁이 강조하던 것과는 뭔가 다른 것을 요구하고 있습니다. 표현 때문에 조심스럽지만, 아마 '4차 산업 시대를 선도하는 누군가를 길러내는 것'이 혁신이라는 단어에 걸려있는 판돈인 것 같습니다. 몇 년 전 알파고가 던진 충격은 자율주행 자동차로 이어지고 있습니다. 의학에선 아직 시기상조라는 평가를 받았지만 얼마 전까지만 해도 전문의보다 암을 더 잘 진단한다는 왓슨 온콜로지 시스템Watson for Oncology Cognitive Computing System을 한때 너도나도 도입했습니다. 영상의학이나 진단병리학 등의 영역에서는 빅데이터와 인공지능이 점차 그 적용 가능성을 넓혀가고 있습니다. 인공지능이 인간의 일을 넘보기 시작했다면, 이전에 하지 않았거나 여러 이유로 하지 못했던 일을 찾아 과감하게 도전하는 사람을 키우는 것이 교육의 새로운 목적이어야 할 것입니다. 이제 단순히 제도의 개혁이라는 수준을 넘어 의학 교육 자체에 혁신을 가져와야 한다는 요구는 시대의 변화와 함께 당연한 것일지도 모르겠습니다.

플렉스너 보고서 100주년을 맞아 펴낸 『의학 교육의 개혁과 미래』는 의학 교육에서 "학습 결과의 표준화와 학습 과정의 개별화", "체계화된 지식과 임상 경험의 통합", "탐구와 혁신의 일상화", "전문가로서의 정체성 형성"을 새로운 네 가지 과제로 내세웠습니다.[1] 이 네 가지 과제가 의미하는 바는, 드디어 의사의 모습이 바뀔 때가 왔다는 것입니다. 플렉스너 보고서가 학습 과정을 표준화하려 했다면, 이제 시대는 그것을 기본 바탕에 두고 의사 각자가 다양한 학습을 통해 자신이 집중할 분야를 찾아 나가라고 요청하고 있습니다. 그동안 획일적인 의사를 길러내는 데 주력해온 의학 교육이 이제 시야를 확장하고 있다고 봐도 좋을 겁니다. 그렇다면 '의사-사서'에서 '의사-과학자'로 이어진 의사의 계보가 앞으로는 보다 다양한 방향으로 뻗어 나갈 때가 된 것일지도 모르겠습니다. '의사-' 뒤에 어떤 정체성이 결합할 수 있을까요? 이어서 의사-정책가, 의사-시인, 의사-광대의 모습을 살펴보려 합니다.

의사는 누구를
먼저 치료할까

_ 프레더릭 밴팅

SF 영화에 곧잘 등장하는 소재 중 하나가 모든 병을 치료할 수 있는 만능 의료 기계입니다. 영화 〈엘리시움〉에는 힐링 머신이 나오는데, 이 기계에 들어가면 말기 백혈병이나 암도 치료할 수 있고 심지어 폭발 사고로 얼굴 대부분이 손상돼도 원래 모습으로 재생할 수 있습니다. 이런 기계가 등장하면 세상 모든 사람이 건강하게 살 수 있을 것 같지만, 많은 영화나 소설은 그 혜택이 극히 일부에게만 돌아가는 모습을 그려 냅니다. 〈엘리시움〉에서도 힐링 머신은 시민권을 인증한 사람만 사용할 수 있습니다. 고전이 된 올더스 헉슬리의 『멋진 신세계』에서도 건강한 신체와 고통을 없애주는 약

'소마soma'는 상위 계층인 알파와 베타 계급에게만 주어집니다. 물론 작품에서 갈등 요소를 만들기 위한 설정이긴 하지만, 이것이 현실에서 여전히 벌어지고 있는 일이기에 우리에게 더욱 큰 공감을 자아냅니다.

질병을 치료하는 데 필요한 자원은 한정돼 있습니다. 그래서 이제껏 어떤 사회도 모든 사람이 만족할 만큼 충분한 의료 자원을 제공하지 못했습니다. 물론 어떤 자원이든 무제한으로 존재하는 것은 아니니 당연히 모두에게 충분히 돌아갈 수는 없습니다. 그러나 의료 자원이 부족하다는 것은 생존에 필수적인 의식주 자원이 부족한 것과는 성격이 약간 다릅니다. 음식과 집은 합의만 된다면 서로 나눠서 쓸 수 있습니다. 그러나 의료 자원은 나눌 수가 없습니다. 예컨대 심장 이식을 기다리는 환자 두 사람이 있는데, 사고로 뇌사 상태에 빠진 이가 심장을 기증했습니다. 두 사람에게 심장을 나눠서 줄 수 있다면 좋겠지만, 그것은 불가능합니다. 약품도 마찬가지입니다. 약이 모자란다고 두 환자가 약을 나눠 먹으면, 많은 경우 약효가 충분하지 않아 두 사람 모두에게 효과가 없습니다. 가장 기본적인 병원 침대도 마찬가지입니다. 응급실과 중환자실의 침대 수는 제한돼 있습니다. 응급 환자 두 사람이 있다고 두 사람을 한 침대에 누일 수는 없으니까요.

따라서 의료 자원의 경우 '가용 자원을 누구에게 줄 것인가'라는 물음이 더욱 중요하게 다뤄지게 됩니다. 이 물음이 더욱 무겁게 다가오는 것은 바로 이 선택이 생명을 죽이고 살릴 수 있기 때문입니다. 2020년 코로나바이러스감염증-19(이하, 코로나19)이 발생하자 갑자기 폭증한 환자 앞에서 전 세계의 의사들은 실제로 이런 선택에 직면해야 했습니다. 인공호흡기의 수는 제한돼 있고, 호흡 곤란을 겪는 환자가 계속 늘고 있습니다. 자, 이제 누구에게 인공호흡기를 씌워줘야 할까요?

이런 논의를 의료정의론이라고 합니다. 정의론이라는 표현이 이상하게 느껴지실 텐데, 정의라고 하면 보통 법률적 정의나 정정당당함 같은 것이 떠오르기 때문일 겁니다. 우리나라에서는 광복 후 역사적 굴곡이 많아 '정의'라는 표현이 정치적으로 옳은 선택이라는 함의를 많이 갖고 있습니다. 그러나 오늘날의 철학적 논의에서 정의론은 자원 분배에 대한 이야기를 많이 합니다. '자원을 어떻게 나누는 것이 옳은가'를 따지는 학문이 정의론이라는 것이며, 이런 생각은 존 롤즈의 『정의론』에 잘 나타나 있습니다. 롤즈는 현실에 불평등이 존재할 수밖에 없다면, 이 불평등은 사회에서 가장 약한 자에게 도움을 줄 수 있는 수단이 존재해야만 허용될 수 있다며 이것을 '공정으로서의 정의justice as fairness'라고 불렀습니다.' 이것은 다시 '자원을 어떻게 분배하는 것이 공정한가'라는 질문으로 이어집니다.

이런 롤즈의 생각이 우리 곁에 다가오게 된 계기는 마이클 샌델의 『정의란 무엇인가』가 선풍적인 인기를 끌게 되면서부터입니다. 『정의란 무엇인가』에서 저자는 롤즈의 문제의식을 정리하고 관련된 이슈의 답을 찾기 위해 여러 사례와 이론을 검토합니다. 하지만 안타깝게도 대단했던 책의 인기만큼 책이 다룬 질문이 우리 현실에 반향을 일으키지는 않았습니다. 한국 사회에서는 언제나 이념 대립이 '정의'라는 개념보다 우선이었고, 그 상황은 여전히 마찬가지입니다.

우리에게는 비싼 면역항암제를 의료보험으로 보장할 것인가와 같이 당장 해결을 요구하는 문제들이 산적해 있습니다. 2000년대 이후 5년 생존율을 엄청나게 끌어올리며 암 치료의 혁신을 가져온 면역항암제는 안타깝게도 값이 매우 비쌉니다. 가격을 비싸게 매기는 제약회사를 비난하기는 쉽지만, 시장 경제 사회에서 엄청난 투자비와 많은 수요를 가진 희소 자원에 높은 가격을 매기는 것을 마냥 문제 삼을 수도 없습니다. 그렇다고 모든 면역항암제를 보험이 전부 지원하기엔 보험 재정에 한계가 분명합니다.

2019년 초 불거진 소아용 인조혈관 부족 사태는 어떻습니까? 국내에 소아 인조혈관을 독점 공급하는 다국적 기업 고어^{W. L. Gore & Associates}를 이기적이라고 비난할 수만은 없는 것이 이들이 독점적 지위를 누리고 있지만, 그렇다고 폭리를 취했던 것도 아니었기 때문입니다. 보건복지부가 소아용 인조혈관에 낮은 수가*를 책정한 것은 물건을 사지 않겠다는 의견을 암묵적으로 제시한 것이라 보아야 합니다. 이 상황은 여러 압력이 복합적으로 작용하고 있는 의료

---

* 의료수가를 줄여서 말한 것으로, 건강보험공단과 환자가 의료 서비스 제공자에게 지급하는 금액을 말한다.

자원 문제를 잘 보여줍니다. 정부는 시민에게 되도록 적은 예산으로 의료 자원을 공급해야 하고, 회사는 시장 공급자로서 충분한 수입을 확보해야 하며, 환자는 자신의 치료 기회를 안정적으로 확보해야 하니까요.

여기에서 의료인은 상황에 끌려다닐 수도 있을 것이고, 중간에서 적극적으로 조율하는 역할을 할 수도 있을 겁니다. 이런 역할 수행은 근거를 필요로 하며, 그 근거는 개인과 사회의 가치에서 유래합니다. 즉, 개인과 사회가 공정하다고 생각하는 방식에 따라 결정이 내려지도록 논의가 진행되어야 합니다. 이것이 의료윤리에서 의료정의론이 중요하게 다뤄지는 이유이며, 앞으로 더욱 많은 논의가 진행될 수밖에 없어 미리 준비가 필요한 이유이기도 합니다.

이런 일은 역사상 수도 없이 많았지만, 고대나 중세의 경우에는 의료의 양상이 현대와 크게 달랐기 때문에 참고하기가 어렵습니다. 현대적 의미에서 이런 의료정의론의 문제가 최초로 나타난 상황이 바로 1922년 캐나다 토론토에서 발생한 인슐린 기근insulin famine입니다. 당뇨병에 걸린 환자에게 없어서는 안 되는 인슐린이 어떻게 기근, 즉 최소 수요를 충족시키지도 못하는 상황에 이르게 되었을까요? 이를 알아보기 위해선 인슐린 추출을 연구하던 당시로 돌아갈 필요가 있습니다.

약을 찾아도, 그 양이 모두에게 돌아갈 수 없다면

지금은 당뇨병 환자가 혈당을 조절하기 위해 인슐린 주사 맞는 것을 당연하게 생각합니다. 하지만 백 년 전만 해도 당뇨병을 치료한다는 것은 불가능했습니다. 당시에는 인슐린이라는 물질이 있는지조차 몰랐으니까요. 인슐린은 인간과 동물의 이자(췌장)에서 분비되는 호르몬으로, 혈당치가 너무 높지 않도록 적정 수준으로 낮춰주는 역할을 합니다. 그리고 이를 발견하고 추출한 사람이 바로 프레더릭 밴팅Frederick Grant Banting, 1891~1941입니다. 그는 이 공로로 동료 존 매클로드와 함께 1923년 노벨 의학상을 받았습니다.

당뇨병은 아주 오래전부터 존재하던 병으로, 소변에 달콤한 당 성분이 많이 나와 그런 이름이 붙었습니다. 영어로는 diabetes라고 하는데, 고대 그리스어에서 유래한 말로 '관管'이라는 의미라고 합니다. 당뇨병에 걸리면 마치 관이 된 것처럼 소변을 자주 보고 갈증이 심하고 배가 자주 고프기 때문에 그런 이름이 붙었습니다.[2] 수천 년 동안 알려진 병이었으나 치료법은 없었고, 그것은 1920년대까지 이어졌습니다.

캐나다 토론토의 외과 의사 프레더릭 밴팅은 학생들에게 당 대사, 즉 몸속 포도당의 변화 과정을 가르치다가 논문 하나를 읽게 됩니다. 모지스 배런이 쓴 「이자 결석 사례를 참조한 랑게르한스섬과 당뇨의 관계」입니다. 랑게르한스섬islet of Langerhans은 독일의 병리학자 파울 랑게르한스가 발견한 췌장에 있는 내분비 조직인데, 인슐린이 이곳에서 만들어집니다. 사실 그 논문은 췌장 결석이 있어서 랑게르한스섬에 손상이 있는 환자에게 당뇨가 있었다는 단순한 보고였는데, 이것이 한참 당 대사를 가르치던 밴팅의 상상력을 자극하게 됩니다. 밴팅의 착상은 어찌 보면 단순했습니다. 이자관 pancreatic duct 을 막은 채로 기다렸다가 이자를 분리하면, 이자에서 만들어지는 물질을 추출할 수 있지 않을까?

밴팅은 개의 이자관을 묶어 놓고 당뇨가 생기는지 몇 주 동안 관찰하는 것에서 출발했습니다. 당시 풋내기 의사였던 밴팅은 이 아이디어를 생리학자로 이름을 날리던 매클로드 교수와 상의했습니다. 매클로드는 밴팅이 생리학 실험에 경험과 지식이 없다고 염려했지만, 밴팅은 자기 생각을 밀고 나갔습니다. 그의 아이디어가 실험을 통해 구체화되면서 또 다른 동료 제임스 콜립과 찰스 베스트를 만나고, 이들은 이후 토론토 그룹Toronto group을 만들어 연구를 이어갑니다. 이들이 밴팅의 아이디어를 실험하게 되면서, 이제 인슐린을 발견하는 것은 시간 문제였습니다. 그들은 실제로 이자관을 묶은 개의 이자를 추출하여 이자 추출물을 모았습니다. 뒤이어 이자 추출물을 당뇨가 있는 개에게 주입하여 당뇨가 사라지는 것을 관찰했습니다. 1921년 여름, 토론토에서 수천 년 동안 인류를 괴롭히던 질병인 당뇨의 치료법을 찾아낸 것입니다.

그러나 문제는 남아 있었습니다. 어떤 물질이 당뇨를 치료하는가는 문제가 아니었습니다. 함께 연구했던 콜립은 이 분야에선 타의 추종을 불허할 만큼 뛰어난 실력을 지니고 있었고, 그의 노력으로 인슐린을 분리하는 데 성공합니다. 심지어 밴팅이 일하던 토론토 종합병원의 당뇨 환자들에게 인슐린 테스트까지 성공적으로 마칩니다. 이 결과는 대서특필되었고, 당뇨 환자들은 희망의 소식에 기뻐했습니다. 유일하게 남은 문제는 이제 인슐린을 대량 생산하는 데 있었습니다.

콜립은 코노트 항독소 연구소Connaught Anti-Toxin Laboratories의 지원을 받아 인슐린 대량 생산 연구에 들어갑니다. 하지만 그의 방법은 인슐린을 대량으로 추출하는 데에는 적절하지 않았습니다. 이후 제약회사 일라이릴리Eli Lilly and Company의 조지 클루즈가 참여해서야 일레틴Iletin이라는 이름으로 대량 생산에 성공하게 되지만, 그짧은 몇 개월 동안 인슐린은 희망이자 절망의 이름이었습니다. 수많은 당뇨 환자에게 치료의 희망을 비춰 주었지만, 막상 환자들은 그 약을 구할 방법이 없었기 때문입니다. 1922년 봄, 토론토에 인슐린 기근이 찾아온 이유입니다.

의료 자원, 어떻게 나눠야 할까

이런 상황에서 인슐린을 구했던 사람은 부유하고 연줄 좋은 이들이었습니다. 이스트맨 코닥의 부사장이자 하원 의원이었던 제임스 S. 헤이브즈의 아들 제임스 D. 헤이브즈와, 대법관이자 뉴욕 주지사에 공화당 대선 후보였던 국무장관 찰스 휴즈의 딸 엘리자베스 휴즈가 그들입니다.[3] 헤이브즈는 미국인 최초로 인슐린을 주입받았고, 휴즈의 치료 소식은 《뉴욕 타임스》의 일면을 장식하며 미국에 인슐린을 알리게 됩니다.

약이 많지 않은 상황에서 일부에게만 약이 주어지는 것은 어쩔 수 없는 일입니다. 그러나 그런 상황에서 밴팅은 실험실에서 소량 생산되는 인슐린을 임의로 나눠 주었습니다. 기록에 의하면 삼 분의 일은 그가 근무하던 토론토 종합병원과 아동병원 환자들에게, 다른 삼 분의 일은 밴팅의 개인 진료소 환자들에게, 나머지 삼 분의 일은 밴팅의 지인들에게 돌아갔습니다.[5] 그는 어린이에게 인슐린을 먼저 공급했다고 주장하나, 헤이브즈와 휴즈처럼 예외가 여럿 있었습니다. 밴팅은 인슐린 클리닉을 열겠다는 투자자의 요청을 거절하면서 가난한 환자들이 인슐린을 공급받을 수 없게 된다는 것을 이유로 들었습니다. 밴팅의 행동이 이렇게 오락가락한 것은 그가 인슐린을 나눠 줄 때 일정한 원칙이 없었다는 것을 말해 줍니다. 어떨 때는 인도적인 측면이, 어떨 때엔 개인적 친분이, 어떨 때엔 환자의 예후가 중요하게 작용한 것입니다.

물론 이런 고민은 1923년 일라이릴리가 인슐린 대량 생산에 성공하면서 사라집니다. 그러나 여러분이 1922년 봄 당뇨병에 걸린 아이의 부모라면 어떻게 하겠습니까? 부자집 아이는 약을 공급받아 빠르게 회복되고 있다는 뉴스가 연일 신문에 나오는데, 여러분의 아이는 밥을 먹어도 계속 살이 빠지고, 물을 마시는데도 목이 말라 죽겠다고 보챈다면, 그저 이 모든 상황을 불운의 탓으로 돌리고 자책만 해야 할까요? 최소한, 왜 내 아이는 약을 못 받고 저 아이는 약을 받는지, 약을 나눠주는 원칙은 무엇인지 알아야, 아니 약을 나눠줄 때 어떤 원칙이 있기는 한 건지 알고 싶지 않을까요?

비슷한 사건이 이후 여러 번 발생합니다. 항생제의 대명사인 페니실린도 같은 상황을 겪었습니다. 페니실린을 발견한 사람은 알렉산더 플레밍이 맞지만, 이를 재실험하여 대량 생산에 성공하고 임상 시험까지 제대로 마친 사람은 하워드 플로리와 언스트 체인이었습니다. 바로 제2차 세계 대전이 한창 벌어지던 중이었습니다. 환자 수가 어느 정도 정해져 있는 당뇨병과 달리, 전쟁 중이라 항생제의 수요는 빠르게 늘고 있었습니다. 당연히 정부는 페니실린 생산량을 전선으로 돌렸고, 그중에서도 가장 확실하게 효과를 볼 수 있는 대상에게 먼저 지급했습니다. 외상이 심한 군인은 치료에 오랜 시간이 걸리고 회복돼도 전쟁에 다시 나가기 어려웠던 반면, 항생제가 확실히 효과가 있고 회복되면 바로 전쟁에 나갈 수 있는 병에 걸린 군인도 있었습니다. 매독이나 임질 같은 성병에 걸린 군인들이 후자의 대표적 사례였습니다. 그래서 이들 성병에 걸린 군인들에게 페니실린이 가장 먼저 공급되었습니다. 민간에도 소량의 페니실린이 풀렸지만, 아직 어느 병에 효과가 얼마나 있는지 검증되지 않았던 탓에 이들 페니실린은 병원에서 실험적으로 투여됐습니다.

인슐린과 페니실린의 사례는 의료 자원이 부족한 경우에 우리가 어떤 선택을 내려야 하는가라는 고민이 필요하다는 것을, 그리고 이런 일이 토론과 합의 없이 진행되는 경우 많은 사람들의 박탈감과 분노를 부르게 된다는 것을 잘 보여줍니다. 대기업 사장의 아들에게 인슐린을 먼저 주는 것은 괜찮을까요? 목숨을 바쳐 싸우다 크게 다친 군인이 아니라 성병에 걸린 군인에게 페니실린을 먼저 주는 것은 괜찮을까요? 물론 국가의 운명이 달린 전시 상황에서 싸울 사람 확보가 가장 먼저라는 것을 어느 정도 이해한다고 해도, 이 설명이 여전히 흔쾌히 받아들여질까요?

앞에서 말씀드린 것처럼 우리는 이런 선택 상황에서 일정한 원칙에 호소하게 됩니다. 최종 결정은 사안별로 다르겠지만, 해당 상황에서 우리가 살펴봐야 할 것은 결정을 내리는 이유와 기준입니다. 과학적 근거를 찾게 되는 대부분의 의학적 판단과 달리, 의료 자원의 배분과 관련된 결정에서 살펴야 할 준거는 정의의 원칙입니다. 전쟁이라는 특수 상황에서 병력 확보의 효율성을 극대화하는 것은 공리주의의 원칙을 따른 것입니다. 밴팅이 어린아이에게 인슐린을 먼저 공급했다고 주장하는 것은 약자 우선이라는 원칙을 내세운 것입니다. 정의의 원칙에는 여러 가지가 있고, 이것은 여러 사람에게 영향을 미치기에 하나의 사례만으로 어떤 원칙을 적용할지 결정할 수는 없습니다. 예컨대 밴팅이 돈 많고 힘 있는 정치인과 기업가의 자녀에게 인슐린을 주자, 다른 아이들은 인슐린을 투여할 기회를 빼앗길 수밖에 없었습니다.

최근 우리 사회에서는 '공정'에 대한 열망이 무척 높습니다. 특히 젊은 세대를 중심으로 공정과 정의에 대한 관심은 다른 세대에 비해 한층 높게 나타나고 있으며, 사회는 이에 답을 해야 합니다.[6] 의료도 마찬가지입니다. 예전에는 국민건강보험이 의료 자원 분배와 관련된 모든 문제를 해결할 수 있으리라 생각했고, '한국이 세계에 내세울 만한 의료 제도를 두고 있다'는 표현에는 국민건강보험에 대한 신뢰가 깔려 있습니다. 그러나 현재의 보험 제도는 개별 진료에 강제로 낮은 수가를 매겨 의료의 질을 떨어뜨리고 의료인, 특히 신입 의료인과 간호사의 과로를 유발하는 주요 원인이 되고 있습니다. 더하여, 전 세계적으로 의료비가 증가하고 있으며 이는 새로 개발되는 약품과 의료 기술의 가격이 높은 것이 가장 큰 이유인데, 우리나라의 의료보험 제도는 그 재정적 한계로 여기에 효과적으로 대응하지 못하고 있습니다. 병상 수가 과잉이라 평소에는 의료 자원이 부족하지 않지만, 감염병이 특정 지역에서 급속도로 확산하는 경우나 산부인과나 응급의학과를 보유한 병원이 문을 닫는 경우 지방의 환자들은 치료를 받지 못하는 상황에 내몰리게 됩니다.

이런 상황에서 우린 이제 의료에 질문해야 합니다. 한국 의료 제도가 좋다거나 환자에게 큰 도움이 된다는 생각이 일리가 없는 것은 아니지만, 모든 문제를 해결하고 있는 게 아니라는 것도 직시해야 합니다. 점차 고도화되어가는 의료기술이나 의약품과 재료를 마냥 무료로 사용할 수도 없고, 국가 재정에서 의료비로 지출할 수 있는 범위에도 분명 한정이 있습니다. 이제는 어느 분야에,

어느 질병에 우선순위를 둘지 생각해 보아야 할 때가 되었습니다. 그 답을 찾으려는 노력이 바로 의료에서 정의를 따지는 방식임을 생각하면서요.

의사는 남의 아픔을
잘 느낄까

_ 윌리엄 카를로스 윌리엄스

절망으로 가득하고

이룬 것 없는

내리막에서

새로운 깨달음이 온다.

그것은 절망의

역전逆轉.

이룰 수 없는 것,

사랑받지 못한 것,

기대 속에 놓쳤던 것을 위해

내리막이 뒤따른다

끝도 없이 멈출 수도 없이

_ 윌리엄 카를로스 윌리엄스, 「내리막」 중에서[1]

생을 다 주워 담을 수는 없습니다. 잘 되는 일도 있지만 안 되는 일도 많고, 행복한 일이 있으면 좌절케 하는 일도 있습니다. 한쪽으로만 주어지지는 않기에, 우리는 기쁨을 늘리고 슬픔을 줄이려 합니다. 그 방식에는 여러 가지가 있을 겁니다. 친구나 가족과 행복과 불행을 함께 나누거나, 자신이 속한 공동체나 지역 사회를 통해 기쁨과 슬픔을 함께 하거나, 사회나 국가 체제를 통해 제도적으로 접근할 수도 있을 겁니다. 하지만 부정할 수 없는 것은 내가 나의 외부에서 무언가를 시도한다 해도, 결국 마지막에는 나의 내부로 돌아오게 된다는 점일 겁니다. 불교에서 내가 어떻게 받아들이느냐가 중요하다고 설파한 것처럼 말입니다. 아마도 이 모든 고통이 헛된 것임을 깨닫는 것이 종착점이겠지요.

앞의 시 「내리막」도 절망 앞에 선 이에게 상황을 한번 다르게 받아들여 보라고 말합니다. 절망과 좌절의 내리막에서 이를 뒤집어 보라고 말입니다. 내리막을 돌리면 오르막이 됩니다. 시는 절망이 역전됨을 보여 주려는 듯, "그것은 절망의 / 역전" 행에서 이제껏 지켜오던 간격을 뒤집습니다. 시인은 말합니다. 내리막이 있는 이유는 "이룰 수 없는 것 / 사랑받지 못한 것 / 기대 속에 놓쳤던 것" 때문이라고. 우리는 이룰 수 없는 것 때문에 좌절하고, 사랑받지 못해 절망하고, 기대하던 것을 놓쳐서 슬픔에 빠집니다. 그러나 좌절과 절망과 슬픔의 내리막이 있다는 것은 이룸과 사랑과 기대를 바랐던 나의 흔적이고 자취입니다. 이들이 없었다면, 내리막도 없겠지요. 그렇다면 절망에 힘들어하기 보다 절망을 뒤집어 나에게 주어졌던 것을 다시 담아 보는 시간으로 삼을 수도 있을 겁니다. 그러다 보면 슬그머니 다가온 내리막을 따라 내려가는 것도 거뜬할 듯싶습니다.

이 시를 쓴 윌리엄 카를로스 윌리엄스^{William Carlos Williams, 1883~1963}는 미국의 시인이자 의사였습니다. 그의 시는 20세기 전반 미국의 모더니즘과 이미지즘을 잘 나타내며, 단순한 시어를 통해 그림을 그린 듯 명료한 심상을 전달하여 독자에게 일상의 깨달음을 전달하는 것으로 유명합니다. 대표작 「다름 아니라」에 그의 특징이 잘 드러나 있습니다.

냉장고에

들어 있던

자두를

먹어버렸소

아침을 위해

당신이 아마

남겨둔

것이겠지요

용서하오

너무 맛있고

달콤하며

차가웠다오

_ 윌리엄 카를로스 윌리엄스, 「다름 아니라」 전문

일상을 사진에 담은 것 같은 그의 시는 읽는 이에게 상상을 불러일으킵니다. 여름 자두의 시원한 달콤함이 첫째일 것이고, 이 자두를 냉장고에 넣어둔 당신이 두 번째일 것이며, 냉장고에 있는 자두를 몰래 꺼내먹는 시인의 모습이 세 번째일 겁니다. 단순하면서도 아름다운 시를 남긴 시인은, 평생 미국의 작은 마을에서 내과와 소아과 진료를 한 의사이기도 했습니다. 그가 처방전에 시를 적어주었다는 일화는 전설처럼 남아 있습니다.

과연 시를 쓰는 일과 아픈 사람을 진료하는 일은 어떤 연관도 없는 별개의 일일까요? 윌리엄스는 그렇지 않다고 말합니다. 오히려 자신이 시인이었기에 더 나은 진료를 할 수 있었다고 고백하는 글을 남기기도 했습니다. 시인이자 의사였던 윌리엄스 자신의 나르시시즘적 평가라고도 볼 수 있습니다. 하지만 그는 시인으로서도 역량을 인정받으며 존경도 받고 있었고, 동시에 의사로서도 매일 자신의 몫을 충실히 수행하는 주치의였습니다. 저는 제 자신의 경험에서 윌리엄스가 했던 생각을 다시금 확인하곤 합니다. 그리고 그것이 현재 의학이 도달한 좁은 길을 벗어날 방법의 하나라고 믿고 있습니다.

의사가 시를 쓴다는 것

윌리엄스는 1906년 펜실베이니아 의과대학을 졸업하고 뉴욕의 프렌치 호스피털에서 인턴을 마쳤습니다. 그리고 독일로 가서 소아과학을 더 공부하고 돌아옵니다. 그러던 그가 1909년 첫 작품집인 『시집』을 발표합니다. 대학 시절 에즈라 파운드라는 시인과 친구로 어울렸던 영향도 있을 겁니다. 파운드는 윌리엄스의 두 번째 시집 『성향』을 내는 데도 큰 도움을 주었습니다.

윌리엄스의 업적과 그에 관한 기록은 주로 시에 대한 것으로, 그가 의사로서 역사에 남을 만한 일을 한 것은 아닙니다. 하지만 그는 자신을 의사라고 정의했고, 낮에는 진료하고 밤에는 쓰는 작업을 계속했습니다. 처음엔 실험적이고 난해했던 윌리엄스의 시는 점차 쉽고 명료해져 그림을 닮아갑니다. 1922년에는 자신의 대표작이 되는 『봄과 모든 것』이라는 시집을 발표하지만, 아쉽게도 같은 해 T. S. 엘리엇의 『황무지』가 나오면서 큰 빛을 보지 못합니다. 이후 그는 자신이 살고 있는 도시 패터슨의 역사와 장소, 사람을 담은 연작시 「패터슨」을 쓰게 됩니다. 짐 자무시 감독의 2016년 영화 〈패터슨〉은 바로 윌리엄스의 시에서 출발한 작품입니다.

1950년에는 내셔널 북 어워드 시 분야의 최초 수상자로 선정되었고, 사후에 퓰리처상을 수상합니다. 간결한 그의 시어는 미국에서 여전히 사랑받고 있습니다. 윌리엄스는 시 외에도 단편소설, 희곡, 에세이를 남겼는데, 의학과 관련된 에세이를 모은 『의사 이야기』가 1984년 출판되었습니다. 그 책에 수록된 「진료The Practice」라는 글에는 시인 윌리엄스의 진료에 대한 흥미로운 시각이 담겨 있습니다.

여러 번 우리는 거부당하고, 우리가 예전에 해준 조언이 맞다는 걸 알면서도 일에 쪼들리는 엄마나 남편들이 다른 조언자를 찾는 상황을 마주합니다. 이것 또한 게임의 일부입니다. 하지만 대체로 안정과 마음의 평화는, 환자의 상태라는 것이 몇 분 혹은 몇 시간, 아니면 며칠씩이나 나름 해결책을 찾으려 몸부림쳤던 우리 자신에 의한 것이라는 것을 받아들이는 데서 옵니다. 그 시간 동안 우리는 원인을 찾고, 우리에게 진정한 마음의 평화를 가져다주는 처치의 합리적 근거를 찾기 위해 이 것 저것을 연결시켜 봅니다. 말이 나왔으니 하는 말이지만, 어떤 일이 됐건 내 자신 이해가 안 되는 일로 몸과 마음이 지쳐 힘들어도, 혹은 두 시간 동안 일에 완전히 집중하고 난 뒤에도, 진료를 마무리하고 나면 하루를 막 시작하는 것처럼 기꺼이 미소 짓고 웃을 수 있을 정도로 마음의 안정을 완전히 찾아 (정말로 회복해서) 나설 수 있습니다.

그것이 작가로서 의학이 한 번도 나를 방해한다고 느끼지 않았던 이유입니다. 의학은 바로 나의 먹을 것과 마실 것이었고, 내가 쓸 수 있게 해주는 바로 그것이었습니다. 내가 사람에게 관심이 없었다고요? 바로 내 앞에 사람이 있습니다. 나는 그 존재를 만지고, 냄새 맡을 수 있습니다. 그는 벌거벗은, 있는 그대로의, 자신만의 방식으로 거짓 없이 말하는 바로 나 자신입니다. 아, 대개는 대단히 심오한 뭔가를 주지는 않았다는 걸 나도 알고 있습니다. 하지만, 그것은 내게 표현을 주었습니다. 내가 기꺼이 떠올려 마음에서 우러나 설명해 줄 수 있는 그런 기본적인 표현 말입니다.[2]

시인이자 의사인 윌리엄스 앞에서 우리는 첫 번째 질문을 던져 봅니다. 두 가지 일을 동시에 하는 것이 다른 한쪽의 일을 방해하지 않을까요? 윌리엄스는 그렇지 않다고, 오히려 자신이 의사였기에 시를 쓸 수 있었다고 답합니다. 자신이 시로 담고자 하는 것은 인간인데, 진료 과정의 만남이 자신을 일깨운다고 말합니다. 환자가 자신에게 단어를 부여하고, 여기에서 자신이 시를 쓸 수 있다는 감각. 철학에서는 이를 '촉발'이라고 부릅니다. 내가 마주친 것이 나의 정서에 영향을 미치고, 그 변화는 나로 하여금 움직이게 합니다. 시를 쓴다는 것은 주위의 촉발에 반응하는 일입니다. 사실, 모든 예술이 그렇지요. 이를테면 앞서 이름만 언급한 영화 〈패터슨〉의 주인공 패터슨은 버스 기사로, 길거리를 돌아다니며 사람들을 만나고 시로 조금씩 나아갑니다. 훨씬 무거운 어조로 촉발과 표현을 영상화했던 이창동 감독의 〈시〉에서도, 주인공인 할머니(윤정희)는 가족의 죄를 정면으로 마주하면서 시를 쓸 수 있게 되지요.

윌리엄스도 진료 중 마주치는 것들에서 시를 길어냅니다. 예를 들면, 「봄과 모든 것」의 서두는 다음과 같이 시작합니다. "감염병동으로 가는 길 / 밀려오는 파랑 아래 / 얼룩덜룩한 구름을 몰아대는 / 차가운 북동풍. 그 너머는 / 넓은, 진흙탕 평야가 버려져 있다 / 일어서고 쓰러진 마른 잡초로 갈색빛을 띤다" 시인은 의사로서 감염병동에 가고 있습니다. 시가 발표된 시기는 1923년, 아직 전 세계를 뒤흔든 1918년의 스페인 독감이 잊히지 않았습니다. 별다른 치료제 없이 격리로 독감을 견뎌야 했던 시절, 의사로서 윌리엄스가 느끼는 당혹감과 슬픔이 풍경으로 독자에게 전달됩니다. 드넓은 파란 하늘이 보이지만, 차가운 북동풍은 얼룩덜룩한 구름을 몰아대고 그 아래는 진흙 평야에 들쭉날쭉한, 말라버린 잡초들만 무성한 풍경은 시인의 마음과 같습니다. "그것은 내게 표현을 주었습니다"란 윌리엄스의 말을 잘 이해할 수 있는 부분이겠지요.

이제, 다음 질문을 위해 에세이의 뒷부분으로 넘어가 봅니다.

우리가 자신의 생각을 제대로 표현하지 못한다는 걸 알고 있지 않나요? 그것이 바로 우리를 좌절케 합니다. 우리가 어떻게 우리 자신에게 갇혀 있는지 알릴 수 없는 우리의 무능력. 서로에게 중요한 가장 간단한 것도 말할 수 없는, 우리 중 어느 누구도 하지 못하고, 심지어는 가장 소중한 것도 알리지 못하는, 바로 그 무능력이 우리의 삶을 장작더미 속에 숨은 고양이 새끼들처럼 구별할 수 없게 만듭니다. 의사에게는 이런 상황이 기회입니다. 비싼 대가를 치러야 하는 정신분석가를 말하는 게 아닙니다. 정신분석은 끼워 맞춘 또 하나의 논리에 불과합니다.

의사에게는 태어나고 있는 말을 그 자리에서 지켜볼 수 있는 놀라운 기회가 주어집니다. 의사 앞에는 말이 생생한 모양과 색을 띠고 놓여 있습니다. 때묻지 않고 갓나온 그 말을 의사는 돌봐야 하는 책임을 집니다. 의사는 그 말이 얼마나 어렵게 태어나는지, 그리고 그 말이 결국 어떻게 사라지는지도 보게 됩니다. 그 자리에는 말하는 사람과 우리(의사)들 밖에는 없습니다. 우리가 바로 그 말의 부모입니다. 그보다 감동적인 것은 없습니다.

하지만 몇 년간 갖가지 단순한 의미들을 접하고 나면, 변화가 서서히 일어납니다. 우리는 성장하면서 다양한 종류의 소통을 접합니다. 숨을 헐떡이며 비틀비틀 진료실로 들어온 소녀는 새근대는 아기를 속옷에 감싼 채 엄마가 들어오지 못하게 문을 잠궈달라고 부탁합니다. 정신이 나간 사람도 있습니다. 그들은 언제나 끝까지 같은 말만 합니다. 그리고 어느 순간 새로운 의미가 끼어들기 시작합니다. 우리가 일생 동안 들었던 그 언어들 아래에서, 새롭고, 보다 깊이 있는, 모든 논리들 바닥에 깔려 있는 언어가 모습을 드러냅니다. 사람들은 그것을 시라고 부릅니다. 그것이 마지막 단계입니다.[3]

이제 저는 의사로서 윌리엄스에게 질문을 던져 봅니다. 시인이자 의사인 당신의 진료는 훌륭했습니까? 아마 이 질문은 그에게 던져야 할 것이 아닌지도 모르겠습니다. 그가 의술로 자신의 이름을 남긴 것은 아니니까요. 하지만 윌리엄스는 고향인 뉴저지주의 러더퍼드에서 14년간 그 지역의 주치의로 열심히 진료했고, 그 이후에는 17년 동안 퍼세이크 종합병원의 소아과 과장으로 이사회 회장을 맡기도 합니다.[4] 그는 진료 시간에 틈틈이 글을 쓰고, 밤에 글을 정리했습니다. 짧은 인상들을 진료 중간에 남겼고, 이것을 환자의 표현되지 않은 시라고 불렀습니다.

이것은 앞서 본 것과 같이, 윌리엄스가 시상을 모으는 방식입니다. 그러나 이것을 진료에 연결해 보면 어떨까요? 현대의학을 향한 불평불만 중 가장 자주 듣게 되는 말은 "의사가 자신의 말을 듣지 않는다"는 것입니다. 이것은 환자의 말보다 드러난 증상이나 세포와 조직 수준의 신체 변화를 우선하는 현대의학의 특징에도 기인하지만,[5] 환자가 자신의 고통과 불만을 표현하고 전달하는 것이 무척이나 어려운 일이기 때문이기도 합니다. 소설가 버지니아 울프는 「질병에 관하여」라는 에세이에서 고통을 표현하지 못하는 언어의 빈곤을 살핀 바 있습니다.[6] 의료사회학을 연구하는 아서 프랭크는 질환 이야기를 분석 대상으로 삼은 『몸의 증언』에서 환자는 질환으로 인한 "서사적 난파" 상태에 빠져 자신의 경험을 제대로 조직해 낼 수가 없다고 말합니다.[7]

윌리엄스 또한 이 지점을 간파합니다. "다른 사람과 의사소통할 수 없는 무능력"이 우리를 가둡니다. 이 무능력은 양편에서 나타납니다. 환자는 자신의 상태를 옮길 수 없습니다. 의료인은 자신의 앎을 전달하지 못합니다. 이 의사소통의 실패는 환자와 의료인을 좌절과 절망에 빠뜨립니다. 이것이, 현대의학이 마주하고 있는 내리막이라고 해도 좋겠지요. 하지만, 맨 앞 인용했던 시 「내리막」이 말한 역전이 여기에도 숨어 있습니다. 이 의사소통 불능의 상황에서, 단어가 탄생합니다. 전달하지 못했던 말이 새로운 의미를 낳고, 그것은 새로운 표현을 일굴 땅이 됩니다. 환자와 의료인은 문답을 넘어선 말로 만납니다. 진료에서 새로운 깨달음을 가져올 수도 있고, 환자와 의료인 사이 새로운 연결의 통로를 만들 수도 있는 말로 나아감.

환자의 아픔을 의사는 어떻게 들을까

윌리엄스가 오래전 그려 보았던 이것이 서사 의학narrative medicine의 꿈입니다. 서사 의학이란 이름에서 상담의 이야기 치료를 연상하는 분이 많고, 그 모습이 완전히 다르다고 말씀드리진 않겠습니다. 이야기 치료란 자아나 관계에 문제를 일으키는 이야기를 발견하고 해체하여 새로운 이야기를 쌓는 것을 의미하는데, 서사 의학에 그런 부분이 녹아 있기도 합니다. 하지만 서사 의학의 본령은 무너진 의사소통을 회복하는 데 있습니다.

의사소통 전문가들은 대화법을 통해 의사소통의 문제를 일부 해결할 수 있다고 생각합니다. 그래서 의학 계열 학과에서는 모의 환자를 놓고 학생이 단계적으로 질문하는 과정을 가르치고 평가

합니다. 의사소통 기술을 배운 학생은 환자와 이전보다 더 잘 소통할 수 있을 거라고 믿는 겁니다. 물론 안 배운 것보다는 훨씬 나을 겁니다. 최소한 환자가 말을 할 때 다른 곳을 보거나 환자 말을 끊는 무례함은 피할 수 있을 테니까요. 소통의 최소한을 마련할 필요는 분명 있습니다.

그러나 이것이 전부는 아닙니다. 앞서 말씀드린 것처럼 의료에는 깊은 소통의 단절이 있으며, 그것은 기술만으로는 넘을 수 없습니다. 필요한 것은 환자의 말에 집중하는 의료인과 의료인의 말에 반응하는 환자 그리고 두 사람이 말한 것과 말하지 못한 것을 서로 최대한 정확하게 이해할 소통 방법입니다. 윌리엄스에게 그것은 시 쓰기였습니다. 서사 의학은 소설(시, 논픽션 등의 글과, 영화나 미술 등의 예술 작품도 포함하여) 읽는 힘을 길러 이에 접근하려 합니다. 예컨대 소설의 초보 독자와 고급 독자를 한번 생각해 볼까요? 둘의 차이는 어떤 걸까요? 초보 독자는 글을 읽는데 아직 미숙해 담긴 내용을 잘 파악하지 못합니다. 고급 독자는 글 내용을 파악하는 수준을 넘어 그 뒤에 숨겨진 의미까지 파악할 수 있을 겁니다. 진료도 크게 다르지 않습니다. 초보 의료인과 숙달된 의료인을 이런 측면에서 얘기해 본다면, 초보 의사는 환자의 말도 제대로 파악하지 못할 테지만, 숙달된 의사는 환자의 말을 넘어 그 뒤에 숨겨진 것까지 알아챌 수 있을 겁니다. 지금 우리가 바라는 의료인은 바로 그런 사람일 겁니다. 숨겨진 것까지 들을 수 있고, 그에 반응하여 행동할 수 있는 사람.

여기에서 윌리엄스가 보였던 의사-시인의 모습이 결코 지나가
버린 한 위인의 모습이 아니라, 이후에도 살리고 가르쳐야 할 하나
의 형상임을 생각해 봅니다. 언어를 갈고 닦아 사물의 숨겨진 모습
을 발견하여 세공한 언어로 표현하는 시인, 그리고 환자를 세밀하
게 관찰하여 숨어 있는 질병을 발견하고 과학의 언어로 다시 정리
하는 의사. 이 둘이 활용하는 능력은 그다지 멀리 떨어져 있는 것
은 아닐지도 모르겠습니다.

마지막으로
  울음소리 없이
    낮은 짐승의 신음보다는 크게
머리가 나오고
  목이 보인다.
충분한 시간을 들여
  돌아선다.
나는 재미있는 농담을,
  아기에 관한 것을
    그 일 중간에 생각하곤
나 자신에게 짓는 조용한 미소를
  마스크 뒤에 숨겼다.
    나는 여성주의자야.
잠시 뒤

나는

  어깨를 빼낼 수 있었다

한 번에 한쪽씩

  꼭 끼는구나.

      성모 마리아여!

6킬로그램!

  우리 중에 어떤 남자도

      그와 같지

않으리니.

_ 윌리엄 카를로스 윌리엄스, 「탄생」.

의사는 왜
웃지 않을까

_ 패치 아담스

몇 년 전 명배우 로빈 윌리엄스의 자살 소식은 많은 사람에게 충격을 주었습니다. 그가 영화에서 희망과 위안을 주는 역할을 주로 맡았기에 충격이 더 컸다고 생각합니다. 〈죽은 시인의 사회〉의 키팅 선생, 〈사랑의 기적〉의 세이어 박사, 〈굿 윌 헌팅〉의 매과이어 교수를 통해 윌리엄스는 멘토가 줄 수 있는 사랑과 존중을 보여 주었습니다. 그중에는 1998년 영화 〈패치 아담스〉의 의사 아담스 역할도 있습니다.

영화에서 헌터 아담스*(로빈 윌리엄스)는 심적 고통을 이기지 못하고 자살을 시도한 끝에 정신병원에 입원하게 됩니다. 그곳에서 점차 안정을 되찾지만, 정신병원은 아담스에게 다른 문제를 보여주기 시작합니다. 의사와 간호사가 환자가 가진 문제에만 집중하지 환자 본인에게는 도통 관심이 없다는 것입니다. 아담스는 주변 환자들을 즐겁게 해주면서, 다른 한편으로는 환자들이 말하는 어려움을 해결하려 노력합니다. 정신병원인 만큼, 환자들이 겪는 어려움은 다른 사람의 눈에는 보이지 않는 환각입니다. 아담스는 마치 자신이 그들과 감각을 공유하는 것처럼 행동합니다. 이런 아담스에게 환자들은 "패치"라는 별명을 붙여줍니다. 그들이 겪은 상처에 붙이는 반창고, 패치.

정신병원에서 퇴원한 아담스는 의과대학에 입학합니다. 의과대학에서 환자를 도울 수 있는 많은 것들을 배우리라 잔뜩 기대했지만 아담스의 기대는 산산조각이 나지요. 정신병원에서 만난 의사나 간호사와 마찬가지로 의과대학의 사람들 역시 딱딱하기 그지없었습니다. 권위적인 병원에서 패치는 3학년 때부터 참여할 수 있다는 임상 실습 규칙을 어기고 환자들을 만나기 시작합니다. 그의 무기, 웃음과 함께.

〈패치 아담스〉를 의학적인 관점에서 본다면 좋은 평가를 주기는 쉽지 않습니다. 영화는 미군 방송의 인기 DJ인 윌리엄스가 베

---

* (앞쪽) 패치 아담스의 원래 이름은 Hunter Doherty Adams로, 외래어 표기법에 따르면 '헌터 도허티 애덤스'로 표기한다. 하지만 우리나라에는 영화 제목이 〈패치 아담스〉로 공개되어, 영화 속 등장인물의 이름과 실제 이름을 아담스로 표시했다.

트남에 전출해 유쾌하고 날카로운 진행으로 권위적인 군부대와 대결하던 〈굿모닝 베트남〉을 별다른 고민 없이 반복합니다. 이 영화에서도 윌리엄스는 권위적이고 강압적인 제도에 맞서 특유의 장기인 개그를 선보입니다. 그는 다양한 노력을 펼치며 상황을 바꾸려고 애쓰지만 결국 쫓겨나게 되고, 다른 곳에서 꿈을 펼쳐 많은 사람에게 행복을 주게 됩니다. 윌리엄스를 등장시켜 이런 설정을 반복한 것은 의학에 대한 제작진의 고민이 부족했던 탓으로 보입니다.

무엇보다 문제는 기존 의학과 의료계를 기득권층이자 악으로 제시하고 있는 부분입니다. 의사의 표상이라 불리는 윌리엄 오슬러는 1889년 연설에서 의료인에게 평정aequanimitas이 지니는 가치를 역설한 바 있습니다. 이것은 단순히 환자와 거리를 둬 의료인의 마음을 편하게 하려는 것이 아니었습니다. 급박한 의료 현장에서 최선의 판단을 내려야 하는 의료인이 눈앞의 고통을 마주했을 때 오히려 그 자신이 무너지지 않기 위해, 또 고난으로 실의에 빠진 환자에게 의사는 지지대의 역할을 해야 하기 때문에 의료인은 눈앞의 감정에 휩쓸리지 않을 수 있어야 합니다. 그러나 영화는 너무 단순하게 이를 나쁜 것으로 치부해 버립니다.

게다가 영화 마지막에서 아담스가 퇴교위원회에 회부당해 교수들의 질문에 답변하는 장면 또한 당황스럽습니다. 아직 정식 의사가 아니고 배움이 부족하여 환자를 죽일 수도 있지 않냐는 위원회의 물음에 아담스는 갑자기 모든 사람은 죽는데 왜 그렇게 죽음을 심각하게 여기냐고 답합니다. 이것은 답이 아니라 얼토당토않은 자기 합리화입니다. 지난 수백 년간 의료가 그토록 많은 노력을 쌓아온 것은 환자에게 해를 끼치지 않기 위함입니다. 죽음의 보편성으로 미숙함을 가릴 수 없음에도, 영화는 이것이 중요한 발언인 양 분위기를 만들어 갑니다. 무관심과 싸워야 한다는 아담스의 주장에는 일부 동의하지만, 학생들에게 훈계를 늘어놓는 아담스의 모습을 계속 보고 있는 일은 고통스럽기까지 합니다.

〈패치 아담스〉는 실존 인물인 헌터 도허티 아담스Hunter Doherty Adams, 1945~의 자서전을 바탕으로 만들어졌습니다. 그는 '게준트하이트 연구소Gesundheit! Institute'를 공동 설립하고, 그곳에서 웃음 치료와 전인 치료를 강조하며 많은 사람에게 무료 진료를 펼치고 있습니다. 이런 아담스 본인도 영화가 자신을 단지 웃긴 의사 정도로 그렸다고 불만을 토로하기도 했습니다.[1] 그는 의료는 동정심의 실천임을 강조하고, 웃음은 그저 수단일 뿐이라고 말합니다.[2] '패치' 아담스의 광대 분장과 빨간 코는 이미 의학 문헌과 교과서에도 실리며 환자와 소통할 때 분위기 조성의 중요성이나 첫만남의 서먹함을 줄이는 필요를 설명하는 데 쓰이고, 심지어 '빨간 코 인터내셔널Red Noses International'이라는 단체가 환자에게 웃음을 돌려주려고 활동하고 있지요.[3]

그렇다면 여기에서 의료인이 전하는 웃음에 관해 좀 더 생각해 볼 필요가 있습니다. 영화가 자신을 그저 '웃긴 의사'로 그렸다고 아담스가 비판한 데에는 어떤 의미가 숨겨져 있습니다. 웃음은 매사에 진지해야 하는 전문직과 어울리지 않고, 단지 원하는 목적을 달성하는데 필요한 하나의 수단일 뿐이라는 생각일 겁니다. 하지만 아담스가 미친 영향을 생각해 보면 웃음이 단지 수단만은 아닌 것 같습니다. '웃기는 의사'는 어떤 의사이며 어떤 의미가 있는지 조금 더 생각해 보려 합니다.

환자의 긴장을 풀어주는 의사

아담스는 십 대 시절 학교에서 괴롭힘을 당하고 입원과 퇴원을 여러 번 반복했습니다.[4] 이 과정에서 의학을 공부해 인류에 봉사하겠다는 꿈을 품게 됐다고 합니다. 1971년 미국의 버지니아 의과대학을 졸업하여 의사가 된 그는 아내 린다 그리고 뜻이 맞는 친구들과 함께 무료 진료소인 게준트하이트 연구소를 설립합니다. 게준트하이트라는 말은 독일어로 '건강'이라는 말인데, 재채기 한 사람에게 '몸조심하세요' 또는 '축복합니다'라는 의미로 해주는 말이기도 합니다. 연구소는 1984년까지 운영되었고, 운영에 한계를 느낀 아담스는 연구소를 닫은 뒤 강연과 사회활동으로 방향을 전환합니다.

이후 세계를 돌아다니며 강연과 공연을 이어온 아담스. 그 와중에 영화가 개봉하고, 전 세계적으로 유명세를 얻게 되면서 그는 다시 게준트하이트 연구소 또는 무료 병원을 짓기 위한 노력에 박차를 가하고 있습니다. 그는 병원 운영의 여섯 가지 원칙을 내세웠습니다. 첫째, 제삼자의 지원 없는 무료 진료. 둘째, 의료 과실 보험 없음. 셋째, 환자와 첫 인터뷰는 세 시간에서 네 시간. 넷째, 돌보는 이의 건강은 돌봄 받는 이의 건강만큼 중요함. 다섯째, 환자는 친구. 여섯째, 모든 대체 의학 수용. 이런 원칙을 적용한 병원의 개설은 아직 이뤄지지 않은 꿈이지만, 아담스가 이를 어떻게 이뤄 가는지 지켜보고 싶은 마음도 큽니다. 빠른 속도로 진행되고 있진 않으나, 아담스는 목표를 향해 한 걸음씩 걸어가고 있으니까요.

그의 실제 삶에 비춰볼 때, 아담스가 자신의 전 생애를 바쳤던 노력을 영화가 그저 '환자를 웃기는 것'으로 깎아내린 것 같다는 지적은 타당합니다. 대본은 의료 현실을 제대로 알지 못한 상태에서 쓰여 졌습니다. 아담스의 노력은 진료 현장에 웃음을 가져온 데 머무는 정도가 아니라, 권위적이며 딱딱한 의학을 바꾸려는 시도로 보아야 합니다. 물론 웃음이 통증의 역치를 높이거나[5] 면역 반응을 증가시키는[6] 등 치료적 효과가 있다는 증거를 바탕으로 아담스의 '웃음 치료'를 유용성의 측면에서 접근할 수도 있습니다. 하지만 웃음 자체가 가진 효과를 의학에 적용하여 큰 효과를 보겠다고 말하는 것에 충분한 증거가 있다고 보긴 어렵습니다.[7] 웃음을 통해 아담스는 환자의 웰빙을 증진하는 데 노력했다고 말하는 정도로 충분하겠지요.

하지만 웃음의 역할은 그 정도에 그치지 않는지도 모릅니다. 영화 개봉 당시 비평가들이 내린 혹평에도 불구하고 〈패치 아담스〉는 이후 상당한 지지를 받았습니다. 영화는 일반 관객에게는 감동으로 남았고, 영화에 나타난 패치 아담스의 행동을 분석한 논문도 몇 편 눈에 띕니다.[8] 의학교육에서는 의사의 능동적 듣기, 환자와의 친밀감 형성, 젠더 문제, 의사 되기에 관한 헌신 등의 주제에서 〈패치 아담스〉를 예로 들고 있습니다.[9] 실제 아담스와 영화 속 아담스가 기존 체제에 도전한다는 점에선 비슷할지 모르나 그 방향은 전혀 다릅니다. 실제 아담스는 무료 진료소를 만들고 다른 의료 체계를 꿈꾼 사람인 반면, 영화 속 아담스는 할리우드 영화의 주인공답게 권위에 저항하고 도전적인 질문을 던지는 인물이죠. 후자의 모습은 별로 와닿지 않는다는 점에서, 아담스의 영향은 다른 곳에 있습니다. 환자에게 웃음을 주는 모습이야말로 두 아담스 모두가 우리에게 진짜 질문, 도전, 감동으로 남는 이유일 겁니다.

하지만 의료적 상황에서 웃고, 웃기며, 웃으려는 노력을 생각하는 것은 무척 어렵습니다. 저도 진료하면서 굳이 웃으려고 하지 않고, 상대방의 웃음을 기대하지도 않습니다. 그 이유는 아마도 의료는 엄숙한 일이라고 생각하기에, 고통받는 환자와 그 고통을 치료해야 하는 의사는 웃으면 안 된다는 문화적인 코드가 작동하고 있기 때문인지도 모르겠습니다.

우리는 너무 엄숙하다

18세기 말의 화가 엘리자베스 비제 르브룅은 전시회에 딸을 안은 자신의 자화상을 출품합니다.[10] 그림 속의 여자는 자연스럽게 미소를 짓고 우리를 바라봅니다. 이를 살짝 내보이는 모습, 어느 매체에서나 흔히 볼 수 있는 미소를 그렸으니까요. 하지만 당시에는 그 그림을 보고 많은 사람들이 분노했습니다. 당시 신문 기사는 그림에 관해 이렇게 말하고 있습니다. "겉치레 떠는 예술가라니. 미술 권위자와 고상한 취향을 지닌 사람들 모두가 입을 모아 그를 비난하고 있다. 이를 내보이며 미소 짓는 것은 고대로부터 예를 찾아볼 수 없는 일이다." 자연스럽지 않은 미소라니, 지금으로선 생각하기도 어려운 일이죠.

역사학자 콜린 존스는 "역사적으로 오랫동안 미소와 웃음은 평가절하되어 왔다"고 지적합니다.[11] 여기에는 치의학이 발전하기 전에 치아를 자연스레 내보일 수 있는 사람이 많지 않았던 점도 한몫했을 겁니다. 잘 알려진 것처럼 웃을 때 손수건으로 입을 가리는 것이 유행하게 된 것은 나폴레옹 1세의 아내 조세핀이 자신의 불량한 치열을 드러내지 않으려 했던 행동에서 유래했습니다.[12] 치아를 상하게 하는 것은 기본적으로 설탕이므로 단 음식을 상대적으로 접하기 쉬웠던 권력층이 더 나쁜 치열을 갖고 있었으리라고 충분히 짐작할 수 있습니다. 그래서 치아를 내보이지 않는 것이 에티켓을 넘어 문화로 자리잡았을 가능성이 상당히 높습니다.

엘리자베스 루이 비제 르브룅이 그린
〈터번을 쓰고 아이를 안은 자화상〉(1786)

또한 그것은 웃음에 대한 당시의 편견 때문이기도 합니다. 당시 웃음은 "천한, 교양 없는, 꼴불견인, 과도한, 욕정을 드러내는, 통제를 벗어난, 건강에 해로운" 것으로 치부되었습니다.[13] 따라서 여성은 지금의 기준으로 보면 '묘한' 표정을 짓고 있는 모습으로 그려졌습니다. '웃는 듯 웃지 않는' 식으로 묘사되곤 하는 모나리자의 웃음이 '묘한' 이유가 여기에 있습니다. 입을 꼭 다문 웃음의 반대편에 놓인, 입을 활짝 벌린 모습이 "교양 없음과 광기"를 상징했던 것이죠.[14]

이 분위기를 반전시킨 것은 예술이었습니다. 앞서 살핀 비제 르브룅의 작품이 대표적이었으며, 일군의 예술가들이 웃음을 공공의 자리로 되돌리기 위해 노력했습니다. 웃음의 복권에는 과학과 의학의 영향도 빼놓을 수 없는데, 도재porcelain 치아의 등장과 함께 아름다운 틀니를 만들어낸 외과 의사 니콜라 드 셰망이 변화의 선두에 있었습니다. 화학자 알렉시 뒤샤토로부터 제안을 받아 '광물 치아' 제작 연구에 참여하게 된 드 셰망은 정확한 온도를 계산하여 아름답고 위생적인 틀니를 만들어내는 데 성공합니다. 당시 많은 사람의 찬사를 받은 그의 발명은 파리에서 선풍적 인기를 끌었습니다. 하지만 돌로 만든 틀니였기에 너무 불편해 틀니는 다시 힘을 잃습니다. 틀니가 다시 돌아오기 위해선 고무Vulkanite의 발명을 기다려야 했지요.

이 웃음의 복권이 프랑스 혁명과 맞물려 나타났기에, 존스는 과거의 억압에서 미소와 웃음이 풀려나 자유를 얻었다고 말합니다.

흰 치아가 그림에 등장한 것은 그리 오래전 일이 아닙니다. 그것이 미, 건강, 밝음, 기쁨을 상징한 것 또한 최근에 생겨난 일입니다. 이 자유는 그냥 얻어진 것이 아닌, 혁명의 결과물이었던 겁니다. 또 의학적으로 볼 땐 치의학의 아버지 피에르 포샤르의 노력으로, 그리고 외과의 특수 분과로 치과가 등장했기 때문에 이런 결과가 가능했습니다. 오랫동안 공적인 삶에서 지워졌던 웃음이 사회적·경제적·정치적 발전과 함께 돌아오자 감정과 표현, 개성, 성별 개념 또한 변화하기 시작했습니다. 그것은 새로운 세대를 상징했습니다.

그렇다면 웃음을 전문가적 영역에서 찾아보기 힘든 데에는 충분한 이유가 있습니다. 〈패치 아담스〉가 자신을 그저 웃기는 사람으로만 만들었다며 아담스가 불편해한 것도, 그런데도 아담스와 〈패치 아담스〉가 그저 웃고 넘기는 단순한 코미디가 아니라, 의료를 바꿀 수 있는 행위로 사람들의 뇌리에 남은 것에도 그럴만한 이유가 있는 셈입니다. 웃음을 의료에, 그리고 환자와 의료인의 관계에 들여오는 것은 그냥 좋은 의사소통 스킬이나 환자의 기분전환을 위한 노력 정도가 아닙니다. 그것은 전통적 엄숙주의를 고수하고 있는 의학을 향한 혁명, 명백히 치료와 회복, 연합과 연대라는 기쁨이 존재하는 의료에서 애써 이를 감춰야 했던 무거움으로부터 벗어나는 일일 겁니다. 그렇다고 모든 의료인이 주머니에 '빨간 코'를 넣고 다니며 광대 역할을 할 필요는 없겠지만요.

의사와 환자가 웃을 때 얻을 수 있는 것들

미래의 의학을 상상하는 많은 담론은 새로운 기술에 집중합니다. 더 나은 진단 기구, 더 잘 듣는 치료제, 더 효과적인 치료 기법, 더 효율적인 자원 활용법과 관리 체계. 자연과학, 사회과학, 공학이 의학에 가져다줄 여러 혜택을 미래의 의학과 같은 위치에 놓는 일이 자연스러운 것은, 이미 우리가 의학을 기술의 영역으로 많이 환원시켜 놓았기 때문일 겁니다.

그러나 의학이 기술이라고 해도 그것을 어떻게 적용할까라는 문제에 대한 답이 당연히 따라오는 것은 아닙니다. 더 좋은 치료법이 나왔습니다. 누구를 먼저 치료해줘야 할까요? 얼마에 치료해줘야 할까요? 이전 치료법보다 매우 비쌀 때, 새로운 치료법을 권하는 일이 꼭 옳을까요? 그 기술이 인공지능과 빅데이터를 이용한 것이라 활용할 때 환자 정보를 요구하고, 그렇게 수집된 환자 정보가 제삼자에 의해 다시 활용될 수 있을 때에도 환자에게 더 좋은 치료법이라고 말할 수 있는 걸까요? 무엇보다 더 좋은 치료법이라고 환자에게 득이 되기만 할까요? 기술은 이런 물음에 답을 줄 수 없습니다. 의료가 이런 질문에 답하면서 지금까지 왔다는 사실은, 의료가 기술로 완전히 환원되지 않는다는 것을 잘 보여줍니다.

의료 현장에선 두 사람이 만납니다. 기본적으로는 환자와 의료인이지만, 때로는 가족과 의료인, 환자와 사회복지사, 가족과 보험사, 환자와 정부, 의료인과 정부 등 여러 당사자가 의료의 틀 안에서 만나게 됩니다. 이런 만남이 전문적인 일이라는 이유로 우리는 그곳에서 알게 모르게 웃음을 거두어 왔습니다. 병상에서 환하게 웃는 환자는 어딘지 어색해 보입니다. 웃더라도 어딘가 그늘이 져 있어야 하고, 그런 창백한 얼굴을 보며 우리는 생명의 존중과 존엄함을 생각합니다. 의료인은 말할 것도 없겠지요. 생명을 살리는 영웅의 밝은 웃음이라니 언뜻 어울려 보이지 않습니다. 하지만 기쁨이, 즐거움이 억압된 곳에서, 바닥으로 당기는 힘이 모두를 사로잡아 끌고 내려가는 곳에서 사람들은 무슨 생각을 할까요? 나 아닌 다른 사람을, 의료인이 환자를, 환자가 의료인을 진심으로 생각하는 일이 가능할까요?

미래의 의료는 새로운 기술에 있는 것이 아니라, 환자-의료인이라는 의료적 만남의 양편이 대립이 아닌 화합으로 만나는 곳에 있습니다. 새로운 기술은 현재의 대립을 무한히 반복할 뿐이며, 우리의 치료는 조금 더 나아질 뿐입니다. 새로운 가능성을 상정하는 것이 미래라면, 자신의 말을 들어주지 않는 것에 지친 환자와, 과중한 업무와 기계적인 반복적 의료 행위에 지친 의료인이 새롭게 만날 가능성을 상정하는 것이 미래의 의료입니다. 그것을 매개할 방법은 멀리 있지 않은 것 같습니다. 어쩌면, 그저 서로 보며 환히 웃는 것만으로도, 미래는 한걸음 가까이 다가올지도 모릅니다.

이렇게 환자와 의료인의 웃음에 관한 논의가 잘 보여 주고 있는 것처럼, 우리가 미래로 가는 길에는 커다란 장애물이 놓여 있습니다. 환자는 이래야 하고 의료인은 저래야 하는 생각이 바로 그 장애물입니다. 근엄한 의료인과 존엄한 환자라는 고정관념이 우뚝 서 있기에, 웃음이 끼어들 틈이 없습니다. 그것은 윌리엄스의 모습을 살펴보면서 느낀 이질감에서도 잘 드러납니다. 의사-시인이라니, 진료할 시간에 시를 쓰는 건 집중력을 떨어뜨리는 게 아닌가 하는 생각. 오히려 그런 활동이 의사의 눈을 날카롭게 벼리고 미처 하지 못한 환자의 말을 새기는 귀를 열어주는데도 말입니다. 할스테드와 플렉스너와 삶을 살펴보면서 그들이 정립한 레지던트 제도와 의과대학 모형이 의사 교육을 정형화했다는 아쉬움을 느끼면서도 그 자리에서 벗어날 수 없는 것은 그런 의사가 '표준' 또는 '정상'이라고 생각하기 때문일 겁니다. 이런 생각을 바꿀 수 있을까요?

2부

누가 '정상'이고, 누가 '표준'인가

남자 의사와 여자 의사는 무엇이 다를까

아픔에도 성별이 있을까

동성애는 정신질환이 아니다

나는 병신이다, 병든 몸이다

흉터, 호기심, 시선의 폭력

과학이 삶을 억압하는 순간

의료 관계의 핵심에는 환자와 의료인 두 사람이 있습니다. 우리는 이 환자와 의료인의 자리에 어떤 사람이든 들어갈 수 있다고 무심코 생각합니다. 누구라도 환자가 될 수 있다. 누구든 의료인이 될 수 있다. 그러나 사실은 그렇지 않습니다. 환자와 의료인이라는 범주에서 여러 사람이 배제됩니다. 장애인 의사는 어떻습니까? 몇몇 인간 승리의 표본을 제외하면, 일상에서 장애인 의사를 만나기는 쉽지 않습니다. 무엇보다, 나를 치료하는 의사가 장애가 있음을 내심 바라지 않는 마음이 있습니다. 내 앞의 의사가 장애인이라면, 필요한 일을 잘하지 못할 수도 있다는 의심을 품게 되니까요.

더구나 20세기의 현대 의학은 특정한 인간을 환자로 정해놓고, 그 표준에 맞춰 여러 기준을 세웠습니다. 이를테면 어린이와 노인은 생활에 아무런 문제가 없다 해도, 성인의 기준에 벗어나기 때문에 질병 상태로 취급된 적이 있었습니다. 이런 흔적은 완전히 지워지지 않았습니다. 20세기 의학은 주로 성인, 남성, 중산층 이상, 일정 수준 이상의 교육을 받은 노동자와 비장애인으로 환자를 설정했습니다. 그것은 당시 거셌던 표준화와 통계의 바람 때문이기도 했고, 치료 대상 선정의 정치적·문화적 영향 때문이기도 했습니다. 여성이나 장애인 환자는 그의 건강을 따져보는 방식이 달라야 하는데도, 이들을 구분하지 않고 '정상' 환자와의 거리를 따져보는 것으로 그의 건강과 질병을 진단하는 데 현대 의학은 익숙했습니다.

　여기, 그런 '표준' 의료인, '정상' 환자에서 벗어나려 한 사람들이 있습니다. 여성으로 태어났으나 죽을 때까지 남자 의사로 살았던 제임스 배리, 당시 유행하던 '휴식 치료'의 모순을 보여준 샬럿 퍼킨스 길먼, 동성애를 질환으로 규정하는 정신질환 분류에 반대하며 학회장에 가면을 쓰고 나타난 존 프라이어, 자신의 장애를 당당하게 드러내 장애에 대한 인식을 바꾼 낸시 메이어스, 유방암 절제 수술로 흉터만 남은 한쪽 가슴을 아무렇지 않은 듯 자연스레 내보인 마투슈카, 남자로 태어나 과학의 이름으로 여자로 키워졌지만 진실을 알고 다시 남자로 돌아와 결국 자살로 생을 마감한 데이비드 라이머. 이들은 우리가 의료인과 환자에 대해 지닌 사회·문화적 인식이 어떻게 개인을 괴롭히는지, 그리고 그에 벗어나려는 선택이 의료를 어떻게 바꿔 놓을지 보여 줍니다.

남자 의사와 여자 의사는
무엇이 다를까

_ 제임스 배리

    역사를 다양한 관점에서 살펴볼 수 있겠지만, 역사를 여성이 가질 수 있는 직업의 가짓수가 늘어나는 과정이라고 생각해 볼 수도 있을 겁니다. 아주 오래전 아마조네스 같은 전설로 남은 몇몇 모계 중심 사회의 예외가 있으나 모든 사회는 남성 중심이자 남성의 규칙으로 돌아가는 사회였습니다. 이제 사회 전반에 여성의 참여가 점차 확대되어 가는 과정을 밟고 있다고 보는 것입니다. 물론 그런 변화는 최근 백여 년 사이에 급속도로 일어난 것이니 역사 전체가 그런 방향으로 움직였다고 말하는 것은 과장이라고 생각할 수 있습니다.

어쨌든 그 결과로 우리는 사회에서 여러 충돌을 봅니다. 여성이 직업을 갖고 일하는 게 당연한 시대, 사람들은 자녀 양육을 어떻게 해야 하는지 묻습니다. 한쪽에선 여성의 사회 참여를 더욱 확장하고 강화해야 한다고 목소리를 높입니다. 또 어디에선가는 남성과 여성이 아닌 다른 성적 지향을 가진 사람들이 자신의 사회적 위치를 재정립하기 위해 움직이고 있습니다. 2020년 초를 달구었던 소식 중에는 트랜스젠더의 군 복무와 여자대학교 입학을 둘러싼 사회적 논쟁이 있었습니다. 여전히 깔끔하게 정리되지 않은 이 문제는 앞으로도 계속 답을 요구할 겁니다.

이런 질문들은 각기 전혀 다른 문제인 것 같습니다. 맞습니다. 다양한 답이 필요한 각기 다른 질문과 문제이기에 이렇게 하나의 문단으로 모아 놓는 것조차도 이상하게 보입니다. 하지만 19세기 군의관으로 일했던 한 의사를 보면 이 문제가 분리되지 않을 수 있고, 오히려 이들을 묶어 하나의 문제로 살펴볼 필요가 있는 것은 아닌지 묻게 됩니다. 이번에 살펴보려는 인물은 영국 의사 제임스 배리James Miranda Steuart Barry, c.1789~1865입니다. 배리의 삶으로 들어가기 전에 예전에 유행했던 수수께끼 하나를 내보겠습니다.

아버지와 아들이 끔찍한 교통사고를 당했습니다.[1] 아버지는 사고 현장에서 급사했고 아들은 병원으로 이송되었지요. 그런데 의사가 아이의 수술을 집도하려다가 소리칩니다. "저는 수술을 할 수 없어요. 이 아이는 내 아들입니다." 의사는 왜 이런 말을 했을까요? 학생들에게 물었더니 다양한 답이 나왔다고 합니다. 아버지가 친부가 아니라거나 의사가 갑자기 정신이 이상해졌다, 아버지가 되살아난 것이라는 답까지 나왔다지요. 하지만 간단한 답이 있습니다. 의사가 아들의 어머니라는 것 말이죠.

이 이야기는 우리의 마음에 내재한 편견 하나를 보여줍니다. 특정 직업은 특정 성별에 속한 사람이 해야 한다는 것. 이미 여성이 의사가 된 지도 오래되었고, 우리는 병원에서 많은 여자 의사를 만나는데도 의사는 남자라는 편견에서 벗어나지 못하고 있습니다. 하물며 19세기에는 말할 것도 없겠지요. 당시 의사는 당연히 남성의 직업이었습니다. 동시대 전쟁터에서 이름을 날린 백의의 천사 플로렌스 나이팅게일은 전통적으로 여자의 일이었던 간호사를 전문직으로 만들기 위해 남자가 지배하는 사회에 맞서 싸웠지요. 하지만 그것은 나이팅게일이 남자가 하지 않는 일을 선택했기 때문일 겁니다. 아마도 나이팅게일이 의사가 되려 했다면 지금처럼 이름을 남기지 못했을 수도 있을 겁니다.

한편, 많은 분께 이름이 익숙치 않으실 배리라는 군의관은 이 이야기에서 무슨 상관일까요? 그가 여성의 지위 향상을 위해 싸웠던 걸까요? 그는 발령지에서 책으로만 본 제왕절개 수술을 성공시켜 어머니와 아기의 목숨을 구해냈으며, 뛰어난 진료로 여성들에게 인기가 높았다고 합니다. 하지만 그것은 여성 지위 향상과 무관하겠죠. 그가 이 모든 이야기와 연결되는 것은 죽은 다음의 일입니다. 일흔 살*에 생을 마감한 의사의 시신을 염했던 여성이 비용을 받지 못했다는 이유로 사실을 폭로하면서 알려지게 되었습니다. 바로, 배리가 여성이었다는 사실입니다.

아니, 40년 넘게 의사를, 그것도 군의관으로 생활을 한 사람이 여성인지 몰랐다는 게 말이 되나요? 그런데 그 일이 실제로 벌어졌던 겁니다. 심지어 배리는 임신한 적도 있었다고 합니다. 지금의 성별 분류에 따르면 크로스드레서crossdresser(이성의 복장을 하는 사람)에 속하는 배리는 당시 사회의 성별에 따른 직업 구분에 도전한 사람이었고, 자신이 사회에서 수행하는 역할을 놓고 치열하게 싸웠으며, 심지어 제3의 성으로 분류할 수 있는 사람이기도 한 것이죠. 그의 삶이 대단한 업적을 남겼다고 보긴 어렵습니다. 하지만 그의 존재는 우리에게 피할 수 없는 질문을 던집니다. 과연 성별과 직업은 어떤 관계가 있을까요? 더하여 전 의료인으로서 궁금합니다. 과연 제가 하는 일은 특정 성별과 얼마나 가까울까요? 예를 들어, 치과는 남성적인 일일까요, 여성적인 일일까요? 여러 방식으로 답할 수 있는 이 질문을 배리의 삶을 통해 다가가 보려합니다.

---

*   (앞쪽) 이것은 묘비에 기록된 것으로, 이 부분이 위 생몰 연도와 일치하지 않는 것은 배리의 과거가 알려지지 않았기 때문이다.

1820년경에 그려진 제임스 배리의 초상. 목을 가린 목도리가 눈에 띈다. 머리 스타일과 의상 모두 남성을 상정하고 그렸지만, 눈매와 입술에서 여성적인 모습을 느낄 수 있다.

(Museum Africa, Johannesburg)

여자가 왜 남자 의사 행세를 했을까

최근의 연구 결과에 의하면, 배리는 1789년(혹은 1792년이나 1799년) 제레미아 버클리와 메리-앤 리오던 사이에서 태어난 것으로 보입니다.[2] 둘 사이에는 마거릿 앤이라는 딸이 있었습니다. 이 딸이 아마 나중에 배리를 사칭하게 되었을 겁니다. 그럼 배리라는 성은 어디에서 왔냐고요? 어머니 메리-앤의 오빠 중 한 명이 제임스 배리였습니다. 아버지 제레미아가 일찍 죽고 난 뒤 궁핍했던 메리-앤은 딸을 오빠에게 맡겼고, 마거릿 앤은 런던으로 가게 됩니다.

삼촌 제임스 배리 또한 여유 있는 상황은 아니었던 것 같습니다. 하지만 예술가였던 그에겐 영향력 있는 친구들이 있었습니다. 이들 중에는 베네수엘라 혁명가였던 프란시스코 미란다 장군과 버컨 백작 데이비드 스튜어트 얼스킨이 있었습니다.[3] 버컨 백작은 초기의 여권론자 중 한 명이었고, 『꿀벌The Bee』이라는 수필집에서 젊은 여성의 교육을 주장하기도 했습니다.[4] 여성에게 교육을 제공하지 않는 것은 중국의 전족처럼 여성의 정신을 얽어매는 일이라는 것이었죠.

당시 혁명적인 주장을 폈던 버컨 백작이 프란시스코 장군과 함께 친구의 조카에게 영향을 미쳤을 거라고 연구자들은 보고 있습니다. 왜냐하면 1809년 삼촌 제임스 배리가 사망하자 마거릿 앤은 제임스 배리가 되는데, 이때 사용한 이름이 '제임스 미란다 스튜어트 배리'거든요. 미란다와 스튜어트는 각각 배리(이전 마거릿 앤)의 교육을 후원한 프란시스코 장군과 버컨 백작의 성입니다. 배리는 1812년 10대 중후반 혹은 20대 초반이라는 어린 나이에 에든버러 대학교 의학부를 마치면서 졸업 논문으로 서혜부 탈장에 관해 쓰고, 이 논문을 프란시스코 장군과 버컨 백작에게 헌정합니다. 흥미로운 것은 논문의 첫머리에 쓴 글입니다. 그는 그리스 극작가 메난드로스 작품의 한 대목을 인용합니다. "내가 어리다는 것을 보지 말고, 내가 인간(남자)으로서 지녀야 할 지혜를 보여 주고 있는지 생각해 보라."

1812년 의사가 된 배리는 1816년 희망봉에 도착합니다. 군 복무를 선택한 그는 영국령이었던 남아프리카 지역에 배치되었고, 두 가지 특이사항 때문에 사람들의 시선을 끕니다. 하나는 그가 진료에서 탁월함을 보였다는 것, 다른 하나는 아무리 잘 쳐줘도 18세 소년으로밖에 보이지 않았다는 겁니다. 의학부를 졸업하고 3년 수습으로 병원에서 일했으니 20대 중반이어야 하는데 말이죠. 이런 평은 그가 의학부를 다닐 때도 계속 이어졌습니다. 동년배 학우들은 그가 나이를 속여서 입학했다고 의심했지요. 하지만 누구도 배리를 여성이라고 의심하지는 않았습니다. 그저 수염이 나지 않고 목소리가 높고 피부가 고우니 소년이라고 생각했던 거지요.

배리는 곧 군 병원에서 중요한 직책을 맡습니다. 의료 감독관이 된 겁니다. 이 업무는 해당 지역의 의약품 수입과 의사 및 약사의 면허 발급을 관리하는 등 의료 행정의 실권자가 담당하는 일이었습니다. 하지만 그 직무는 배리의 성향과 맞지 않았습니다. 타고난 개혁가에 비리를 보면 참지 못하던 배리는 병원을 비롯 의료 시설의 비위생과 태만을 고치려 뛰어다녔고, 약품 수입 과정에서 불거진 부패를 고발했습니다. 하지만 당시 식민지에서 그런 모습을 보이는 것은 반대편을 늘리는 지름길이었습니다.

지원을 제대로 받지 못한 배리는 좌충우돌했고, 그 와중에 많은 사람들을 적으로 돌립니다. 그러나 배리가 위생과 소독을 중시했기에 치료율은 개선되기 시작했습니다. 이런 노력은 그가 옮겨 다니던 부임지마다 반복됩니다. 병원 위생과 수도 개선이 그의 주력 사업이었죠. 예컨대, 이후 유명한 크림 전쟁 시기 그리스 코르푸섬에서 일하던 배리는 러시아와의 싸움에서 다친 병사들을 코르푸섬으로 이송해달라고 요청했고, 그의 병원으로 온 환자 462명 중 사망자는 단 17명뿐이었다고 합니다. 그 숫자는 당시 작은 항구도시의 하루 사망자보다 적은 수였다고 하니, 배리의 노력이 남달랐음을 알 수 있죠. 이를 놓고 배리를 예방의학의 선구자라고 표현한 글도 있습니다. 그도 그럴 것이, 예방의학과 감염 역학의 선구자라는 존 스노우가 통계 자료와 지도를 통해 런던 콜레라의 원인이 오염된 물이었음을 밝혀낸 것이 1854년이니까요.

그런 와중에 마찬가지로 크림 전쟁에서 환자를 돌보던 나이팅게일은 배리를 만나게 됩니다. 그가 배리를 보고 남긴 말이 인상적입니다. "내가 군 전체를 통해 만났던 사람 중 가장 냉혹한 인간이었다." 배리는 누구보다 거친 표현을 쓰고 재빠르게 움직였다고 해요. 그것이 자신의 성별을 가리기 위한 과장된 몸짓이었는지, 배리 자신의 원래 성격이었는지는 알기 어렵습니다.

이렇게 군 병원의 시설 개선을 위해 노력하던 배리는 1865년 이질로 사망합니다. 그의 사망과 함께 진짜 성별이 밝혀지면서 세상은 다시 한번 배리의 이름을 듣게 되었고, 무수한 소문과 추측이 떠돌게 됩니다. 사실 배리는 양성구유자hermaphrodite(남성과 여성의 특징을 모두 가진 자)였다든가, 그가 식민지에서 근무할 때 엄청난 결투를 벌였다든가, 작은 체구로 무시당하자 상대방을 묵사발로 만들었다든가 하는 식의 이야기입니다. 이렇게 꾸며진 이야기는 배리가 어떻게 자신의 진짜 성별을 감추었는가에 대한 호기심에서 나온 것이라기보다는, 사람들이 배리를 남자라고 오인할 수밖에 없던 이유에 대한 상상으로 가득합니다. 그것은 배리가 실제로는 여자인데 두각을 보였다는 사실을 가리려는, 더 나아가 여자와 남자의 역량이 같을 수도 있다는 것을 인정하지 않으려는 당시의 사회적 인식을 읽어볼 수 있는 부분입니다.

물론 배리가 자신이 여자라는 걸 들킨 적이 한 번도 없는 건 아니라고 합니다. 1841년 황열병에 걸려 앓던 배리를 방문한 두 군의관은 잠들어 있는 배리를 보고 그가 여자인 줄 알았다고 합니다. 그 순간 깨어난 배리는 정신을 차리고 진지하게 말했다고 합니다. 자신이 죽을 때까지 비밀을 지켜달라고. 두 군의관은 동료를 향한 신의 때문이었는지 그 비밀을 지켰습니다. 덕분에 배리는 남자로 죽었고, 살아있는 동안 자신의 '남자다움'을 유지할 수 있었습니다.

거꾸로 묻기: 의사의 성별은 무엇이어야 하는가

배리의 죽음은 하나의 시작이었다고 해도 과언이 아닙니다. 배리의 삶이 질문을 던졌다는 것에 더하여, 배리가 죽었던 1865년은 영국 최초의 여자 의사 엘리자베스 개릿 앤더슨이 면허를 받은 해이기도 합니다. 물론 미국에선 이미 1849년에 엘리자베스 블랙웰이 여성 최초로 의학교를 졸업하고 의사가 됩니다. 그에 비하면 영국은 늦었죠. 하지만 여기에서 주의할 것은, 19세기까지 미국의 의학교육은 그렇게까지 정비된 상태는 아니었다는 겁니다. 미국 의사들은 경력과 인정을 위해 유럽으로 유학을 떠나는 것을 당연하게 여겼습니다. 즉, 앤더슨의 경력에 방점이 찍히는 것은 그가 의학에서 전통적으로 인정받던 유럽, 더구나 런던에서 그 모든 저항을 넘어 최초의 여자 의사가 되었기 때문입니다. 앤더슨은 의사가 되고 싶어 배리가 졸업한 에든버러 대학교에 입학하려 했지만 거절당하고 이후 의학교 여성 입학에 관한 법정 투쟁을 벌인 소피아 젝스블레이크와 함께 1874년 런던 여성의학교London School of Medicine for Women를 설립합니다. 19세기 여자의 의학교 진학을 허용했다가 20세기 의학교육 개혁과 함께 한동안 여성 의학 교육을 중단했던 미국과 달리 영국에서는 여자 의사 양성이 계속됩니다.

물론 배리의 삶을 여성 교육의 쾌거라고 읽기에는 한계가 있습니다. 그는 자신이 여성이라는 것을 들켰을 때도 상대방에게 침묵의 맹세를 요구할 정도로 철저하게 자기 성별을 감췄고, 오히려 더 거칠게 행동하여 다른 사람이 의심하지 않도록 상당한 노력을 기울인 것으로 보입니다. 그는 남성을 사칭한 사람이었고, 거짓 정체성을 통해 직업적 성취를 보장받았습니다. 배리에게 거짓말을 했다는 비난을 제기해도 할 말은 없을 겁니다.

하지만 이런 생각은 혹시 우리가 젠더에 대해 고정관념을 갖고 있기 때문은 아닐까요? 오로지 남성과 여성, 두 가지 성별만 있으며 다른 구분은 그저 오류나 착각, 혹은 질환일 뿐이라는. 배리가 이 주제로 남긴 글이 없으므로 알 수는 없지만, 그가 트랜스젠더일 가능성은 없을까요? 아니, 더 나아가 그를 트랜스젠더라고, 지금보다 훨씬 남녀의 구별이 명확하고 그 선을 넘는 것이 일탈이 아니라 죄악시되던 시대에 자신을 남성이라고 믿었던, 그저 생물학적 여성으로 태어났을 뿐인 한 사람이었다고 생각해 보는 건 어떤지요? 이런 생각이 혹시 배리가 수행했던 일들에 그늘을 드리운다면, 그리하여 '트랜스젠더 의사라니, 어처구니 없군'이라고 생각하게 된다면, 그것이야말로 우리가 의학에 대해 가지는 편견은 아닐까요?

저는 궁금합니다. 내 주치의가 트랜스젠더라는 것이 내 진료에 어떤 부정적인 영향을 미치는지. 저는 의아합니다. 만약 젠더가, 성별이 진료에 영향을 미친다면, 과연 어떤 성별이 의업을 맡아야 하는지요. 저는 신기합니다. 돌봄에 있어 중요하다고 여겨지는 여러 성격적 특질, 세심함, 부드러움, 예민함, 날카로움, 심미성, 심지어 공감 능력은 주로 '여성적'인 것으로 여겨지는데, 왜 우리는 의사가 '남성'이어야 한다고 무심코 생각하는 걸까요? 그것은 앞면에는

500원 동전의 학이 그려져 있는데 뒷면에는 백 원이라고 표기된 것처럼, 앞뒤가 잘못 인쇄된 동전 같은 건 아닐까요? 다시 말하면, 의업에 어떤 성별의 특징이 어울린다고 말할 때, 이미 우리는 무언가 뒤섞인 그림을 떠올리고 있습니다. 우리가 머릿속에 떠올리는 '의사'라는 이미지는 그저 자상한 아버지 같은 인물이 아닙니다. 그는 어머니처럼 환자의 아픈 마음을 보듬으면서도 세심하고 날카롭게 질병을 진단해야 합니다. 그러면서도 그는 아버지와 전문가로서의 권위를 통해 불확실하고 혼란스러운 질환의 시간에 환자가 의지할 수 있는 지지대의 역할도 해야 합니다. 그렇다면 '의사'라는 인물은 원체 혼성混性의 존재입니다. 마치 여성으로 태어났지만 남성의 삶을 살았던 배리가 그랬던 것처럼 말입니다. 그렇다면 의사가 특정 성별이어야 할 필요가 있을까요? 오히려 제3의 성까지 포함하여 여러 성별로 이뤄지는 게 의사의 정체성이 발전하는 데 더 좋은 건 아닐까요? 그리하여, 특정 성별이 지닌 성격적 특성이 그 직업을 대표하는 대신, 환자와 의료인의 만남에 중요한 가치들을 성숙시킬 수 있는 토양을 만드는 게 더 중요한 건 아닐까요?

거칠고 권위적인 남성의 모습이 의사에 더 가까울까

배리와 같은 시대를 살았고 훨씬 더 유명한 인물이었던 나이팅게일은 배리를 만나고 혹평을 늘어놓습니다. 나이팅게일이 배리가 죽었다는 소식을 전해 들은 뒤에 쓴 편지에서 배리에 관한 부분을 옮겨 보겠습니다.

> 나는 그런 상스러운 질책을 평생 들어본 적이 없었어요. 내가 그 어떤 여자보다 더 많은 욕을 들었는데도요. 배리는 (자신의) 말 위에 앉아 있었고, 나는 뙤약볕 아래 모자만 쓴 채 호스피탈스퀘어를 지나던 중이었습니다. (배리는) 병사들, 병참 부원들, 하인들, 야영지 동료 등이 무리 지어 있는 가운데에 나를 계속 세워놓았어요. 내가 질책을 받는 동안 (배리는) 짐승처럼 행동한 반면 다른 사람들은 모두 신사처럼 행동하고 있었지요. (배리가) 죽은 뒤 나는 그가 여자였다는 말을 들었습니다 … (배리는) 내가 만난 가장 냉혹한 사람이었습니다.[5]

어쩐 일이었을까요. 나이팅게일이 배리를 너무 싫어해서 거짓말을 했다고 생각되지는 않습니다. 공적인 글도 아닌 가족에게 쓴 편지에 일부러 거짓말을 한다는 건 편지 받는 사람이 배리와 어떤 연관이 있지 않은 한 그럴 이유도, 그럴 필요도 없으니까요. 배리가 거친 말을 한 것은 사실일 겁니다.

우선 배리는 왜 나이팅게일에게 거칠게 대했을까요? 누군가는 자신이 얻지 못한 여성으로서의 성취를 이뤄낸 나이팅게일에게 반감을 보인 것이라고 말합니다. 수긍이 가는 면이 없지 않은 건 아니지만, '겨우 그것 때문에'라는 생각도 들게 됩니다. 어찌 됐건 군의관으로서 인정을 받던 배리인 만큼 사회적 지위를 질투했다고 생각하는 건 어색합니다. 더구나 나이팅게일은 훌륭한 가문 출신이니 출생을 명확히 밝힐 수 없는 배리 자신과 비교하지는 않았을 것 같습니다. 배리는 여자 환자들에게 인기가 있었다고 합니다.[3] 그 인기가 무엇 때문인지는 불확실하고 그 덕에 배리가 동성애자였다는 추측도 있는 모양이지만, 성적 정체성을 분명하게 드러내지 않았으니 그저 짐작에 불과한 이야기입니다. 적어도 기록에 나온 이 두 가지를 연결하면 배리의 행동 양식을 그려볼 수 있습니다. 우선 배리는 남성성을 과장되게 표현했습니다. 외모와 목소리 때문에 계속 의심을 받던 배리이니만큼, 행동을 과장하는 것은 효율적인 전략이었을 겁니다. "상스러운 질책"이나 여성 환자의 환심을 사는 태도는 배리의 남성 사칭을 돕는 연기라고 보는 게 아마도 맞을 겁니다.

그런데 나이팅게일이 배리를 그렇게 부정적으로 평가한 이유는 무엇 때문이었을까요? 나이팅게일은 편지에서 배리는 자신이 평생 들은 욕보다 더 "상스러운" 표현을 쓰는 자이며, 그는 "말 위에" 있는데 자신은 "햇빛 아래 모자만 쓴 채" 서 있고, 배리는 "짐승처럼 행동"하는데 다른 사람들은 "신사처럼 처신"한다고 말합니다. 이 대비를 질책을 듣던 순간에는 떠올리지 않았을 겁니다. 회상은 언제나, 내가 지금 전달하고 싶은 내용을 과장해서 끼워 넣기 마련이죠. 네, 나이팅게일은 배리가 '남성'이었음을 강조하려 하고 있습니다. 나중에 그가 여성이라는 사실을 전해 들었지만, 자신이 직접 만났던 배리는 그곳에 있던 누구보다도 남성적이었다는 거지요.

하지만 배리가 누구보다 남자처럼 보였다는 사실은 중요하지 않습니다. 단지 당시 사회에서 배리가 자기가 선택한 삶을 살아가는 데 필요한 스타일이었을 뿐이라고 말하는 정도로 충분합니다. 그가 한 일은 어찌 보면 참으로 '여성적'이었습니다. 사실 나이팅게일과 배리가 수행한 일은 다르지 않았습니다. 두 사람은 태만하고 불결한 군 의료를 개혁하기 위해 온갖 노력을 다했습니다. 환자의 위생 상태를 개선하고, 더 좋은 환경에서 환자가 쉴 수 있도록 했고, 이것만으로도 환자 생존율이 극적으로 증가할 만큼 당시 시설은 열악하기 그지없었습니다. 세균 감염 이론이 확립되기 전이었던 탓도 있지만, 많은 사람들 특히 군 지휘부의 고위 '남성' 관료들이 위생의 가치를 몰랐던 거죠. 사람들이 필요하다고 확실히 아는 일을 해내는 것도 쉽지 않은데, 아예 필요성을 알지도 못하는 일을 해낸다는 것은 불굴의 의지 없이는 불가능에 가까운 일일 겁니다. 어찌 보면 친하게 지낼 수도 있었던 두 사람이었던 거지요.

하지만 두 사람의 길은 달랐습니다. 한 사람은 남장한 의사로, 한 사람은 간호사로 살아갔습니다. 어느 한쪽의 손을 들어줄 일은 아닐 거예요. 두 사람은 각자, 자신이 필요하다고 생각했던 삶을 걸어간 거니까요. 그리고 그 걸음에, 성별은 별로 중요한 요소는 아니었지요.

아픔에도
성별이 있을까

_ 샬럿 퍼킨스 길먼과 사일러스 미첼

샬럿 퍼킨스 길먼Charlotte Perkins Gilman, 1860~1935은 1892년 『누런 벽지』라는 소설을 발표합니다. 작가이자 사회 활동가인 샬럿은 여성이 남성과 동등한 역할을 맡아야 한다고 역설했습니다. 샬럿은 외쳤습니다. "여성적인 뇌는 없다. 뇌는 성 기관이 아니다. 왜 여성적 간이라는 말은 쓰지 않는가."

『누런 벽지』는 신경쇠약neurasthenia*에 걸린 주인공이 의사인 남편과 함께 낡은 별장에서 3개월간 묵으며 겪게 되는 심경의 변화를 기록한 작품입니다. 주인공은 벽지에 그려진 무늬에서 당시 여성이 처한 사회적 억압을 봅니다. 결혼과 출산 과정에서 정신적 어려움으로 고생한 길먼이 자전적인 내용을 담아 쓴 이 소설은 예상치 못한 성공을 거두며 그가 작가로서 살아가는 데 큰 도움을 주었습니다. 이 소설을 1970년대 비평가들이 당대의 남성적 의료 권력이 여성을 어떻게 억압했는지 보여 주는 것은 물론 그에 대한 여성의 저항을 설득력 있게 그렸다고 읽어내면서 논쟁이 시작됩니다.

길먼이 우울증 치료를 받으려고 찾아갔던 사람은 당대의 저명한 의사이자 작가인 사일러스 위어 미첼_{Silas Weir Mitchell, 1829~1914}이었습니다. 미국 필라델피아의 부유한 가문 태생인 미첼은 파리에서 당시 첨단 의과학인 생리학을 배웠고, 실험실에서 의학적 발견이 가능하다는 것을 익힌 유학파였습니다. 그는 미국에 돌아와 뱀독에 대한 연구를 하다가 남북전쟁 중에 군의관으로 복무하면서 신경정신 분야에 관심을 갖게 됩니다. 뇌과학자 V. S. 라마찬드란과 신경과 의사, 작가인 올리버 색스의 책을 통해 유명해진 환상통_{phantom pain}, 즉 사지가 절단되어 통증을 느낄 수 있는 부위가 없는데도 손과 발의 통증을 호소하는 증상에 이름을 붙인 사람이 미첼이었습니다. 전쟁통에 돌봐야 했던 환자 여럿이 호소했던 증상

---

*   (앞쪽) 19세기 정신의학에서 사용되던 용어로, 환자가 정신적인 이유로 무력감과 우울증을 호소하는 증상을 말한다. 당시 여러 진단명이 그렇듯, 신경쇠약 역시 현대 정신의학이 분류하고 있는 여러 질병을 뭉뚱그려 통칭한 것이다. 많은 환자들에게 진단명으로도 부여되었는데, 이 진단은 질병 분류 이상의 사회문화적 의미가 강했다. 의료적 진단의 기준이 체액의 불균형에서 병리생리학적 이상으로 옮겨가며 그에 따라 새로운 진단 기준이 나타나던 당시의 혼란상을 잘 보여준다고 하겠다.

을 그저 헛소리로 치부하지 않았던 미첼의 업적입니다.

미첼은 전쟁이 끝난 후 신경정신과적 문제를 치료하는 데 집중합니다. 그에게 치료를 받고자 했던 환자 중 다수가 길먼과 비슷한 증상을 보였습니다. 여성이었고, 우울증을 동반한 무력감을 보였으며, 결혼과 출산 이후에 미첼을 찾아왔습니다. 상당수는 고등교육을 받고 일이나 사회 활동을 시작하려고 생각하던 중이었습니다. 이들에게 미첼이 권한 치료법은 휴식 치료rest cure였습니다. 6주에서 8주 동안 아무것도 하지 않고 침대에 누워 고지방 음식과 우유를 먹는 것이 휴식 치료의 방법이었습니다. 길먼에게도 이 치료법이 제안되었습니다. 정신과적 어려움으로 치료를 위해 미첼을 찾았던 작가 버지니아 울프에게 처방된 치료법 역시 이 휴식 치료였습니다. 길먼과 울프 모두 이 치료법을 끔찍하게 여겼다고 합니다. 꼼짝 못하게 만들다니, 그야말로 치료를 가장한 억압 아닌가 하는 것이었습니다.

현대의 페미니즘 비평가들은 길먼의 생각을 확장하여 미첼의 휴식 치료를 가부장제의 산물이자 여성에 대한 의학적 훈육*으로

---

* 훈육이란 육체적 절제는 물론 품성이나 도덕 등을 가르쳐 기른다는 의미를 갖고 있다. 하지만 여기서는 미셸 푸코가 말한 사람의 신체를 통제하여 사회가 요구하는 것들을 몸으로 받아들이게 만드는 방식이라는 의미로 사용했다. 이를테면, 체육 시간에 했던 국민체조, 도열, 매스 게임 등을 떠올려 보자. 푸코의 생각에 따르면 이런 체육은 신체를 '길들이는' 도구다. 상급자의 명령에 따라야 한다는 것을 몸으로 받아들이게 하는 교육의 수단이라는 것이다.

해석했습니다. 당대의 여성상을 의학이라는 제도를 통해 강제하는 방식의 하나였다는 겁니다. 물론 감금에 가까웠던 휴식 치료를 지금의 눈으로 봐도 좋게 해석하기는 쉽지 않습니다. 그러나 미첼이 현대에서 시간 여행을 통해 과거로 돌아간 사람이 아닌 이상, 그는 당대의 사회문화적 관점에서 벗어날 수 없습니다. 오히려 그런 견해를 보였던 사람들, 예컨대 1869년 『여성의 종속』을 통해 여성 평등을 주장한 영국의 철학자이자 정치가인 존 스튜어트 밀과 같은 사람이 오히려 특이한 사람인 시대였으니까요.

여기서 미첼의 치료와 길먼의 저항을 새로이 해석하기 위해 길먼의 『누런 벽지』를 다시 읽어보려 합니다.[1] 여러 비평이 길먼의 소설을 '남성적 의학 담론에 대한 여성의 저항'으로 읽어 왔고 이런 독해는 충분히 가치가 있지만,[2] 그게 전부는 아닐 겁니다. 그리고 미첼의 휴식 치료, 그중에서도 남성 환자에게 제시된 치료법인 '서부 치료West cure'를 살펴 미첼이 당시 정신적인 문제에 관해 어떤 견해를 취했는지, 그리고 그가 신경쇠약 관련 질환을 가진 환자에게 어떻게 접근했는지를 고민해 보려 합니다. 결론부터 말하면, 길먼의 작품과 미첼의 치료는 서로 영향을 주고받았습니다. 그리고 그 상호 작용은 의학이 의사와 환자의 관계 속에서 변화하는 모습을 보여 주는 하나의 모형이 됩니다. 지금 우리가 찾아내야 하는 것은 한쪽에서 재단하고 결정을 내린 답이 아닌 서로의 견해를 절충하는 방안입니다. 그래서 두 사람의 이야기를 함께 들어보는 것이 무엇보다 중요합니다.

벽지에 갇힌 여성에게 출구 대신 휴식이라니

서술자인 주인공은 남편 존과 함께 식민지에서나 볼 것 같은 대저택을 여름 별장 삼아 잠시 머물기로 합니다. 주인공은 자신이 아프다고 생각하지만, 의사인 남편은 아내가 아프다는 사실을 믿지 않습니다. 남편은 주인공에게 일시적 신경쇠약이라는 진단을 내리고 휴식 치료를 권합니다. 강장제, 여행, 신선한 공기, 운동이 처방으로 주어지지만, 주인공은 오히려 이런 '치료' 때문에 숨이 막힙니다. 자신은 글을 쓰고 싶은데, 치료가 그것을 가로막기 때문입니다. 남편도 올케도 주인공의 글쓰기를 방해하고, 그것 때문에 자신이 아프다고 생각합니다.

주인공은 집을 싸게 얻을 수 있었던 이유가 별장에 유령 같은 게 있어서라고 믿지만, 다정다감하기는 하지만 자신의 이야기를 들어주지 않는 남편 앞에서 이 말을 꺼내지 못합니다. 주인공이 머무는 방에는 벽지가 발려 있는데 여기저기 벗겨지고 색도 바랬습니다. 벽지 무늬는 단조롭지만 뚜렷한데, 주인공은 그 누런색을 혐오스러워합니다. 벽지를 바꿔 달라고 남편에게 요청도 해보지만, 남편은 그럼 다른 모든 것도 다 바꿔 달라고 할 것이라며 거절하지요. 그 거절의 말을 들으며, 주인공은 벽지 무늬에 어떤 표정이 겹쳐 떠오르는 것을 봅니다.

주인공은 남들 몰래 글을 씁니다. 그와 함께, 벽지도 점점 형태를 갖추기 시작합니다. 주인공은 벽지 무늬가 창살이라고 생각하고, 그 뒤에 여자가 갇혀 있다고 생각합니다. 벽지의 여자는 밖으로 빠져나가려 하지만, 무늬에 묶여 나갈 수가 없습니다. 무늬의 구속이 강력하기 때문입니다. 주인공은 벽지 여자의 환상 속에 가족에게 억압된 자신을 투영하며, 드디어 벽지 여자가 무늬에서 빠져나와 집을 기어 다닌다고 생각합니다. 자신과 벽지 여자를 뒤섞기 시작한 주인공은 벽지 여자를 탈출시키기 위해 벽지를 벗겨내기 시작합니다. 남편은 그 모습을 보고 아내를 막으려 하지만, 벽지 여자처럼 이리저리 기어 다니는 아내의 모습을 보고 기절하고 맙니다. 벽지 여자가 된 주인공, 아니 주인공이 된 벽지 여자는 집에서, 벽지에서 탈출합니다.

소설 중간쯤 남편이 주인공에게 '위어 미첼'의 진료를 받게 해주겠다고 말하는 장면이나 주인공이 받는 치료가 미첼의 휴식 치료와 동일하다는 점으로 미루어 볼 때 길먼이 작품을 통해 의도하는 바는 명확합니다. 미첼이 그리고 그의 휴식 치료가 병을 낫게 하기는커녕 더 악화시킬 수 있다는 것입니다. 사실 길먼은 「나는 왜 『누런 벽지』를 썼는가?」라는 글에서 미첼이 잘못하고 있다는 것을 알려주기 위해서 소설을 썼다고 말합니다.[3] 처음에 말씀드렸지만, 실제로 길먼은 오늘날의 기준으로 볼 때 산후우울증으로 추측되는 증상을 보여 미첼을 찾아갔고 휴식 치료를 받습니다. 하지만 길먼은 미첼의 치료가 전혀 도움이 되지 않았고 오히려 문제를 악화시킨다고 느꼈습니다.

하지만 치료를 받고 몇 년이나 지난 후에, 길먼이 『누런 벽지』를 써서 이상한 치료를 한 미첼을 비판했다고 하기에는 뭔가 석연찮은 부분이 있습니다. 미첼은 잘 듣지도 않는 치료법을, 심지어 환자에게 나쁜 영향을 미칠 수도 있는 치료법을 막무가내로 밀어붙인 정신 나간 의사였을까요? 그의 치료는 여성을 억압하여 가부장적 구조에 순응시키려는 또 하나의 방법, 즉 '의학적 여성 혐오'였을까요?

휴식 치료는 여성 혐오였을까

미첼이 활동하던 19세기는 여전히 '광기'를 감금하던 시대였습니다. 가둬서 사회에서 배제하는 것으로 끝났다면 그나마 다행이겠지만, 그 당시 광인을 치료하던 방식은 소위 '도덕적 치료'였습니다. 광기의 원인을 중세 기독교의 칠죄종七罪宗, 즉 교만, 질투, 분노, 나태, 탐욕, 식탐, 색욕에 돌리고 이를 교정하기 위해 환자에게 자신을 통제할 것을 다그치고, 뜨거운 물과 찬물을 반복적으로 끼얹어 말 그대로 정신을 '바짝 들게' 하며, 물속에 질식 직전까지 집어 넣어 악령을 빼내는 것이 당시의 정신질환 치료법이었습니다.

이런 상황에서 신경쇠약을 하나의 진단명으로 구분한 것은 미국 신경학자 조지 비어드였습니다. 피로, 불안, 두통, 발기부전, 신경통, 우울증의 여러 증상을 나타내는 환자에게 내린 진단인 신경쇠약은 지금 기준으로 보면 의학적 진단명이라기보다는 문화적 증후*에 가까웠습니다. 비어드가 보기에 신경쇠약이 나타나는 원인은 당시 빠르게 발전하고 있던 산업 문명에 있었습니다. 산업화와 도시화의 과정에서 경쟁에 내몰린 사람들이 신경을 너무 많이 쓰다 보니 정신이 허약해지고 그 결과 위의 증상들이 나타났다고 생각했거든요.

미첼이 이 진단에 동의한 것은 그의 참전 경험 때문이었을지도 모릅니다. 남북 전쟁에서 부상한 병사들은 신체적 외상과 함께 정신적 이상 증상을 보였고, 당시 생리학의 영향을 강하게 받은 미첼은 이를 신경이 손상됐기 때문이라고 해석했습니다.[4] 그는 이 환자들을 해부하면 신경계에 일어난 변화를 관찰할 수 있다고 주장했고, 이런 생각은 전후 부유한 계층의 여성 환자를 진료하는 데까지 이어집니다. 여성이 와서 신경쇠약을 호소한 이유를 그가 신경을 많이 써서 신경 조직에 손상이 발생한 것이라고 미첼은 생각했던 것 같습니다. 그렇다면 이 생각의 결말은 당연한지도 모르겠습니다. 환자에게 이제 신경을 좀 그만 쓰라고 말해야 했던 것입니다.

이 논리가 여성에게만 작동했다면 그가 여성 혐오를 보였다고 해도 이상하진 않을 겁니다. 하지만 그는 남성에게도 같은 방식으로 접근했습니다. 그가 남성에게 제시한 것은 서부 치료였습니다.

---

* 　사회문화적 조건에 의해 특징적으로 나타나는 현상 중에서 질병과 유사한 양상을 보이는 것을 일컫는 명칭이다.

서부 치료가 뭐냐고요? 말 그대로, 미개척지가 많은 서부로 가서 격렬한 신체 활동을 하면서 대자연에 빠져 지내면 된다는 치료법이었습니다.[5] 물론 이 과정에서 환자를 정신적으로 지치게 하는 정적인 업무는 손에서 내려놓고, '남성적'인 활동에 매진해야 했지요. 미첼 자신이 스스로 신경쇠약이라고 진단해 서부 치료를 시행했고, 미국의 국민 시인 월트 휘트먼이나 대통령 시어도어 루스벨트에게도 같은 처방을 내렸습니다.

물론 미첼의 처방은 아쉽습니다. 여성은 집에서 쉬어야 하고, 남성은 자연으로 나가 신체 활동을 즐겨야 한다는 것은 당시의 사회문화적 상황에 기초한 것일 테니까요. 미첼의 치료는 당시 남성성과 여성성의 이상적 모습을 치료에 반영하고 있습니다. 서부에서 말을 달리는 '남성적인 남성'과 집에서 조신하게 가정을 돌보는 '여성적인 여성' 말입니다. 그러나 미첼이 주목했던 것은 각 성별의 이상적 모습보다는 휴식이었다고 봐야 할 것 같습니다. 점차 속력을 높여가던 자본주의 사회에서 사람들이 하나둘 지쳐가는 모습을 보고 그에 맞는 처방으로 휴식이 필요하다고 미첼은 생각했던 것입니다.

더구나 미첼의 휴식 치료를 통해 건강을 회복한 여성도 많이 있었습니다. 이를테면 역사학자 아멜리아 메이슨이나 작가 사라 버틀러 위스터는 길먼과 사회경제적 지위도 비슷하고 하는 일도 비슷했지만, 미첼의 치료를 통해 신경쇠약에서 회복합니다.[6] 메이슨과 위스터는 길먼과 달리 미첼의 치료가 너무 권위적이라는 문제는 있어도 충분히 효과적이었다고 생각했습니다. 메이슨은 미첼이 의사로서 고통의 순간에 평안을 가져다줄 수 있는 능력을 지니고 있다고 믿었고, 위스터는 미첼의 치료를 집안일과 글쓰기를 병행하다 지치는 순간에 누리는 휴식기로 받아들였지요. 둘은 미첼의 '휴식'을 자신의 방식으로 활용했습니다.

의사와 환자가 서로를 신뢰하지 못할 때

안타까운 것은, 처음 만났을 때부터 길먼과 미첼은 잘 안 맞고 어딘가 삐걱거렸다는 겁니다. 글을 쓰는 데 익숙했던 길먼은 미첼을 만나기 전 자신의 증상과 병력에 관해 상세히 적은 글을 가져갔다고 합니다. 하지만 미첼은 그 글에 신경을 쓰지 않았어요. 처음부터 맞지 않았던 두 사람의 치료적 관계가 결국 파국에 다다른 것은 어쩔 수 없는 일인지도 모르겠습니다. 병을 치료할 때 병이 왜 생겼는지를 파악하고 그에 맞는 처방을 내리는 것도 물론 중요하지만, 환자와 의사가 맺는 관계 역시 그에 못지않게 중요하거든요. 아마 병원에서 이미 여러 번 경험하셨으리라 믿습니다. 어떤 이유에서든, 심지어 아주 사소한 이유에서라도 내가 의료진을 신뢰할 수 있을 때 치료 경과가 더 좋았던 경험 말입니다.

그렇다고 해서 길먼과 미첼의 관계가 두 사람에게 아무 의미가 없었다거나, 그저 길먼 쪽에서 큰 손해를 보았을 뿐이라고 생각할 필요는 없습니다. 길먼은 미첼에게 받은 치료 경험을 통해『누런 벽지』를 써서 당시 사회가 여성을 옭아매는 방식을 성공적으로 그려낼 수 있었습니다. 더구나 미첼이 이후에『누런 벽지』를 읽고 치료 방법을 수정했다는 얘기를 듣고 길먼은 이렇게 말합니다. "하지만 최고의 결과는 이거였어요. 몇 년 뒤 나는 그 위대한 전문의가 『누런 벽지』를 읽고 신경쇠약 치료법을 바꿨다는 사실을 친구에게 말했다는 이야기를 들었지요."[3]

물론『누런 벽지』가 발간되었다고 미첼이 휴식 치료를 중단한 것은 아닙니다. 그는 휴식 치료를 보급하기 위해 계속 노력했습니다. 기록이 없어 확실하지는 않지만, 길먼의 비판을 듣고 미첼이 휴식 치료를 활용하는 방식을 바꾼 것이 아닌가 짐작됩니다. 휴식 치료에서 중요한 것은 '휴식'이지 성 역할을 강제하는 것이 아니었기에, 길먼이 제기한 비판에 대한 대응이 휴식 치료의 중단일 필요는 없으니까요.

처음부터 잘 맞는 톱니바퀴처럼 매끄러운 관계를 맺는 것은 서로에게 행복한 일입니다. 환자와 의료인 사이에선 더욱 그렇지요. 안 그래도 바쁜 병원에서 서로 좋은 관계를 맺는다는 것은 양쪽에게 큰 축복입니다. 하지만 그렇지 못할 때도 있지요. 환자 쪽에서나 의료인 쪽에서 다른 쪽을 힘겹게 느낄 수 있습니다. 우리 인간관계가 다 그렇듯이 말입니다. 하지만 이렇게 잘 맞지 않은 관계도 그 나름의 가치는 있습니다. 미첼의 치료는 길먼의 병을 낫게 하진 못했지만, 그에게 글의 소재를 제공했지요. 길먼의 글은 어느 정도

시간이 필요하긴 했지만, 결국 미첼의 치료를 바꾸게 되었고요.

이런 사이를 그저 나쁜 환자와 나쁜 의사의 전형으로 치부하거나, 권위적인 의사의 강압에 반항한 환자의 대표적인 사례라고 생각하는 대신, 한번 환자와 의료인이 관계를 맺을 수 있는 또 다른 방식으로 바라보는 것은 어떨까요? 처음에는 서로 비판했을지도 모르지만, 나중엔 어떤 면에서 서로를 받아들이게 되었으니 말입니다.

길먼의 소설은 한 여성이 미쳐가는 이야기이긴 하지만, 어찌 보면 광기를 통해서 스스로 억압에서 빠져나온 여성을 그린 것이기도 합니다. 또한 미첼의 휴식 치료는 길먼을 통해 바뀌면서 20세기를 지나 지금까지도 치료적 관점에 커다란 영향을 미치고 있습니다.

여전히, 아니 점점 더 우리는 긴장과 스트레스 가득한 일과 생활에 둘러싸여 지쳐가고 있습니다. 지친 몸과 마음을 잠시나마 회복시켜 주는 휴식과 여행은 이제 우리의 일상에서 빼놓을 수 없는 중요한 시간이 되었습니다. 그 효과에 대한 사회적 합의가 있기에 우리는 마음 편히 휴가를 누릴 수 있습니다. 여행은 인간이 생겨난 이후로 언제나 우리의 삶 속에 있어 왔습니다. 또 좋은 공기나 기운을 받아 내 마음의 안정을 치료하기 위해 사람들은 멀리 여행을 떠나곤 했습니다. 다만, 현재 우리가 누리는 휴가는 미첼과 길먼의 상호작용을 통해 우리에게 주어진 선물이 아닐까 생각해 봅니다.

동성애는
정신질환이 아니다

_ '익명의 의사' 존 프라이어

이제는 많이 잊혀졌지만 한창 주가를 높이던 홍석천 씨가 2000년 공개적으로 커밍아웃한 일은 사회에 큰 충격을 주었습니다. 드라마 〈남자셋 여자셋〉에서 여성스러운 디자이너 쁘아송 역으로 인기를 얻었던 그는 실제로 동성애자가 아니냐는 의심을 받았지만, 자신의 운동 능력을 여지없이 드러내는 예능 프로그램에서 다른 출연자보다 뛰어난 실력을 보여 주며 일단 의심을 지운 상태였습니다. 하지만 그 후 그는 방송에 나와 자신이 동성애자임을 직접 밝혔고 이 소식은 각종 연예 지면에 대서특필되면서 확대 재생산되었습니다. 홍석천 씨는 당시 출연하던 프로그램 모두에서 하차해야 했고 한동안 지상파 방송에 출연할 수가 없었습니다.

그 뒤로 일어난 일은 모두 알고 계시는 그대로입니다. 그는 당시 주목 받지 않던 이태원에 이탈리안 레스토랑을 열고 우리나라에 제대로 알려지지 않았던 동남아 음식을 소개하는 등 사업 영역을 넓혀 갔습니다. 그는 여러 식당을 성공적으로 운영하며 예전의 인지도를 회복했고 지역 사회에 공헌하며 생긴 주민들의 관심을 바탕으로 2017년에는 용산구청장에 출마하겠다고 선언하기도 했지요. 텔레비전 방송에도 다시 출연한 것은 물론입니다. 가끔 드라마에 조연으로 출연하다 2007년부터 케이블 방송을 중심으로 다시 활발한 활동을 시작했죠. 이제 그가 텔레비전에 등장하는 것에 거부감을 느끼는 사람은 많지 않을 듯합니다.

하지만 한번 거꾸로 생각해 보면 어떨까요? 그 말고 텔레비전에서 자주 볼 수 있는 성 소수자가 있을까요? 한때 하리수 씨가 활동했던 것 외에 바로 떠오르는 예가 없는 걸 보면, 우리에게 아직 흔한 일이 아닌 것은 분명합니다. 물론 굳이 왜 성 소수자를 자주 봐야 하느냐고 물으실 수는 있습니다. 꼭 그래야 하는 것은 아닐지도 모릅니다. 그런 이야기는 결국 세상을 어떤 곳으로 볼 것인가의 문제와도 얽혀 있으니까요. 성 소수자 더 좁게는 동성애자에게 도덕적인 문제를 묻기 전에, 일단 그들이 우리와 이 사회를 함께 구성하고 있는 구성원이라는 것을 생각한다면 그들을 텔레비전에서, 라디오에서, 신문에서 찾아보기 어렵다는 것은 비율로 봤을 때 이상한 일일 겁니다. 사회문화적 상황이 우리와 비슷한 일본에서

2015년 시행한 여론조사 결과에 따르면, 일본의 성 소수자는 전체 인구의 7.6퍼센트라고 합니다.[1] 매체가 사회를 있는 그대로 반영한다면 매체에 등장하는 사람 스무 명 중 한 사람은 성 소수자여야겠지요. 하지만 실제로는 전체를 통틀어 한 명 보기도 쉽지 않은 게 우리 현실입니다.

이런 상황을 초래한 원인은 크게 두 가지로 생각해 볼 수 있습니다. 하나는 사회가 성 소수자를 검열하고 있다는 것. 아직 차별금지법이 통과되지 않은 국내 실정상 이런 상황이 벌어지는 것은 어찌 보면 당연한지도 모르겠습니다. 여전히 갈 길은 멀지만, 그래도 조심스럽게 접근할 필요가 있는 것 또한 사실입니다. 다른 하나는, 성 소수자가 자신의 성 정체성을 드러내는 것을 경계하고 있다는 것. 여전히 성 소수자가 낙인이고 치부인 사회에서 그들이 자신을 지키려고 하는 것은 당연합니다. 혹자는 퀴어 축제가 매해 열리는 나라에서 뭘 그리 숨기느냐고 하겠지만, 숨겨야 하기에 축제가 존재하는 게 아닐까요? 숨길 일이 아니라면 축제를 벌일 이유도 없지요. 축제란 정체성이 잠시 유예되는 환경이고, 억압에 대한 반발로 만들어진 시간과 공간이라는 측면에서 본다면요.

이런 상황은 외국도 마찬가지입니다. 물론 오랜 노력으로 부정적인 시각이 점차 사라지고는 있지만, 그렇다고 아직 소수자 집단을 구성하지 않아도 될 만큼 받아들여진 것도 아니지요. 이런 변화에서 긍정적으로도, 또 부정적으로도 중요한 역할을 해 왔던 것이 바로 정신의학입니다. 정신의학이 동성애를 어떻게 규정했는지에 따라 동성애자를 포함한 성 소수자의 사회적 위치는 크게 달라졌습니다. 이번에는 그 변화를 살펴보려 합니다. 특히 동성애가 정신질환 목록에서 빠지는 데 큰 역할을 했던 "익명의 의사Dr. Anonymous", 존 프라이어John E. Fryer, 1937~2003의 이야기입니다.

동성애, 범죄에서 질환이 되다

고대 그리스 사회에서는 남성 간 동성애가 공공연한 일이었다고 합니다.[2] 하지만 기독교 사회가 되면서 서구는 동성애가 죄악이라는 입장을 유지해 왔습니다. 구약성서에 등장하는 소돔과 고모라는 큰 번영을 누렸지만, 결국 하느님의 벌을 받아 멸망합니다. 이때 그곳 사람들이 범한 잘못 중 가장 큰 죄가 바로 동성애였지요. 이런 생각은 19세기까지 이어집니다. 예컨대 미셸 푸코는 교회법이 동성애를 정죄해왔음을 지적합니다.[3] "양성구유자는 범죄자나 비행자"였습니다. 여기에서 말하는 양성구유androgyny란 남성과 여성의 특징을 동시에 지닌 사람입니다. 현재 우리가 양성구유라고 말할 때는 '남녀 생식기를 모두 가지고 있는 상태'로 반음양半陰陽이라고 부르며, 의학적 정의로는 생식샘과 외성기가 일치하지 않는 경우를 가리킵니다. 하지만 18세기의 양성구유자란 남성인데 여성의 사회적 특징을 지니고 있어 남색男色, sodomy을 하는 사람, 즉 남성 동성애자를 가리켰습니다. 당시 교회법은 지금과 달리 개인의 삶을 규율하는 절대적인 위치를 차지하고 있었으니, 동성애자를 비롯한 성 소수자가 어떤 곤란을 겪었을지는 쉽게 짐작이 갑니다.

동성애는 19세기에 들어와 과학적 담론의 대상이 되기 시작합니다. 푸코의 말에 따르면, "남색가는 과오를 반복하는 사람이었지만, 동성애자는 이제 하나의 종種"이 됩니다.[3] 즉, 동성애가 이전에 도덕적 일탈로 받아들여졌다면, 19세기에 들어와서는 병리적 대상이 되었다는 것입니다. 마찬가지로 19세기의 창조물인 '병원'*또한 동성애를 '탄생'시키는 역할을 합니다.[4] 이제 질환으로 분류되기 시작한 동성애는 여러 분과에서 다뤄졌습니다. 성 과학sexology, 정신분석학, 호르몬 연구 등이 동성애를 연구하는 대표적인 분과들이었죠. 어떤 관점에서 접근하느냐에 따라 동성애는 정신적인 것, 신체적인 것, 또는 정신과 신체가 복합적으로 작용한 결과**로 여겨졌습니다.

---

* 18세기 말 유럽이 전화에 휩싸이면서 군의를 집중적으로 훈련시킬 기관과 부상병을 수용할 병원의 필요성이 대두했다. 2년제 임상 중심 의학 교육기관이 프랑스에 세워졌고 병원에서 의학 교육을 받기 시작했다. 이런 제도적 변화로 병원이 의학적 지식 생산의 중심지가 되었다.

** 호르몬 관점에서 보면, 동성애는 신체적인 원인, 즉 호르몬 분비의 과다 또는 결핍으로 발생한다. 성 과학적 관점에서 보면, 동성애는 정신-신체적인 원인, 즉 성 기관의 이형성으로 인한 정신 발달의 이상으로 발생한다. 정신분석적 관점에서는, 동성애는 거세 불안에 대한 잘못된 반응, 도착이나 공포증 등 전적으로 정신적인 원인에서 발생하는 것이다.

1950년대에 들어서는 정신의학이 이들 분야에서 두각을 나타내기 시작합니다. 이는 20세기 초 전기 충격 요법이나 인슐린 혼수 요법insulin coma theratpy, 뇌수술 등 정신질환에 대한 치료법이 개발되기 시작하면서 나타난 변화였습니다. 전기 충격 요법은 혐오 조건 형성 치료aversive conditioning therapy에 속하는 치료법인데, 환자가 부정적 행동을 보일 때 전기적 충격을 가해 해당 행동을 피하도록 하는 방법입니다. 파블로프의 개를 아시지요. 음식을 줄 때마다 종을 울렸더니 종을 치면 침을 흘렸다는 현상이 긍정적 조건 형성이라면, 이 반대 방향도 얼마든지 가능할 테니까요. 인슐린 혼수 요법은 인슐린을 과용량으로 주사할 경우 환자가 저혈당으로 혼수 상태에 빠지게 되는 것을 치료에 이용한 것입니다. 중독으로 치료를 받던 환자에게 우연히 인슐린을 과량 주사해서 혼수상태에 빠지게 됐는데, 이 환자가 회복되면서 중독 증상이 사라진 일이 있었습니다. 이후 꽤 오랫동안 인슐린 혼수 요법은 정신질환 치료법으로 다양한 증상에 활용되었습니다. 뇌수술은 아직 두개골을 열어 뇌를 직접 수술할 수 없었던 20세기 초, 코로 막대를 넣어 전두엽을 절제하는 뇌엽전리술lobotomy을 가리킵니다. 코를 통해 집어넣은 막대로 뇌에 상처를 입혀 환자 행동을 변화시킨다는 것인데, 이론적 근거가 없음에도 불구하고 한동안 동성애 치료법으로 자리매김했지요. 영화 〈뻐꾸기 둥지 위로 날아간 새〉에서 마지막 주인공이 받는 치료가 바로 이 뇌엽전리술입니다.

　　물론 이들 치료법이 지금 관점에서 보면 환자를 고문하는 것과

다를 바 없어 보이지만, 정신질환자에게 극단적인 수면 방해와 냉수 자극 등 도덕적 치료를 강행하던 예전과 비교하면 의학이 진보하고 있다는 증거로 받아들여졌습니다. 이에 더하여, 1952년 미국 정신의학회는『정신질환의 진단 및 통계편람Diagnostic and Statistical Manual of Mental Disorders, DSM』초판을 발표합니다. 이것은 세계보건기구가 발간한『국제 질병 분류International Classification of Disease, ICD』6판을 확장한 것이었습니다. 그 책에서 동성애는 '반사회적 인격 장애Sociopathic Personality Disorder'로 분류됩니다. 반사회적 인격 장애라니 말이 어렵지만, 결국 구제가 불가능해 격리가 필요한 사람들이라고 본 것입니다.

이렇게 동성애 치료법이 등장하고 동성애가 질병으로 분류되는 것을 당시 동성애자들은 환영했다고 합니다.[5] 이전까지 범죄로 보던 동성애가 이제 질환이 된다면, 그게 차라리 더 낫다고 본 것입니다. 감옥에 갇히는 것보다는 정신병원에 입원하는 게 낫다는 생각이었겠죠. 또한 동성애가 치료 가능하다면 치료받았으면 좋겠다는 희망도 어느 정도는 있었던 것 같습니다. 그러나 1950년대에 동성애를 치료하겠다고 사용된 방법은 전기 충격 요법이나 호르몬 치료였습니다. 컴퓨터 이론과 인공지능 연구에서 불후의 업적을 남긴 천재 수학자 앨런 튜링이 호르몬 치료를 받다가 자살한 일은 2015년 영화 〈이미테이션 게임〉이 주목받으면서 다시금 인구에 회자한 바 있습니다. 치료 대상인지 여부를 떠나 치료해야 한다는 당위로 가해졌던 요법치고는 너무 가혹했습니다.

1968년 『정신질환의 진단 및 통계편람』 제2판DSM-II이 발간되었고, 동성애는 이상 성욕paraphilia으로 분류가 바뀝니다. 그들은 사회 불순분자였다가 이제 변태 성욕자가 됩니다. 이상 성욕으로 가장 두드러진 것이 소아성애pedophilia이니, 여전히 불순분자와 또 다른 측면에서 큰 문제를 일으킬 수 있는 집단으로 여겨지고 있었던 것입니다. 이제 동성애 인권 운동가들은 정신의학이 동성애를 질환으로 분류하는 것을 문제 삼기 시작했고, 그 과정에서 프랭크 카메니와 바버라 기팅스라는 두 운동가가 두각을 나타냅니다. 카메니는 미군 지도국Army Map Service에서 천문학자로 근무하던 중 1957년 동성애자라는 이유로 해고당하고 이 운동에 뛰어듭니다. 그는 미국 정신의학회가 동성애자를 억압하고 있다고 보고, 이들에 대해 반대 운동을 벌여야 한다고 주장했습니다. 카메니는 동성애자가 오래전부터 사회의 편견 가득한 시선에 놓여 있었기 때문에 동성애자를 제외한 다른 어떤 집단도 동성애자를 올바로 판단할 수 없다고 생각했습니다. 그는 동성애에 진단명을 부여한다면 그것은 동성애자로부터 나와야지, 동성애자가 아닌 사람이 진단명을 붙이는 일은 어떤 이유에서도 정당화될 수 없다고 보았습니다. 그래서 진단명을 제거하는 일은 동성애자가 스스로 자신에 관한 문제를 결정할 것을 주장했던 카메니에게 매우 중요한 목표였습니다.

한편 기팅스는 정신의학자가 동성애를 치료하는 강의가 끝나고 카메니가 토론자로 등장해 "동성애는 병이 아니다"라고 반박하는 것을 보고 큰 영향을 받습니다. 당시 발표된 『킨제이 보고서』와 이블린 후커의 연구는 동성애자와 이성애자가 심리적으로 다르다는 기존의 주장을 뒤엎을 수 있는 근거를 제시했습니다. 당시는 정신질환의 근거로 심리 검사가 사용되곤 했는데, 동성애가 질병이라면, 동성애자와 이성애자는 심리 검사에서 다른 결과가 나와야 할 겁니다. 하지만 킨제이 보고서와 후커의 연구 모두 동성애자와 이성애자의 심리 검사 결과를 구분하기 어렵다는 결론을 낸 것입니다. 기팅스는 이런 연구 결과에 힘을 받아 사람들을 모으기 시작합니다. 이렇게 정신의학이 비과학적인 근거로 동성애를 질환으로 분류한다는 주장 아래 모인 사람들은 동성애자 연대를 조직하고 1970년 미국 정신의학회의 학회장에서 대규모 시위를 벌입니다.

1972년이 되자 미국 정신의학회는 더이상의 충돌을 피하기 위해 동성애 인권 운동가에게 발언 자리를 마련해 주기로 합니다. "정신의학은 동성애의 친구인가 적인가, 대화의 자리"라는 제목으로 열린 모임에 카메니와 함께 동성애를 질환 목록에서 제외하는 데 동의하는 정신의학자 몇 사람이 패널로 참석합니다. 그리고 토론자 중 화룡점정이 바로 이번 이야기의 주인공 존 프라이어였습니다. 동성애에 관한 문제는 동성애자가 스스로 결정해야 한다는 카메니의 주장을 따른다면, 누구보다도 꼭 발언해야 하는 사람은 바로 그 자신이 동성애자면서 동시에 정신의학자여야 했습니다.

이름과 얼굴을 감춘 정신과 의사

존 프라이어는 1962년 밴더빌트 의과대학을 졸업하고 캔자스 주 토피카에 있는 메닝거 재단에서 정신의학과 수련 생활을 시작했습니다. 하지만 그는 곧 수련을 그만둘 수밖에 없었습니다. 그곳의 정신분석가가 프라이어에게 동성애 경향을 감추려다 우울증이 나타나니 이곳에서 일하기 어렵겠다고 말했기 때문입니다. 그는 그곳을 떠나 펜실베이니아 대학교에서 수련을 다시 시작하지만, 동성애자라는 이유로 또 쫓겨나지요. 이번에는 노리스타운 주립병원으로 옮겨 프라이어는 수련을 겨우 마칩니다.

1967년부터 그는 필라델피아의 템플 대학교에 정신의학과 강사 자리를 얻어 일하기 시작합니다. 그가 깊이 관여했던 분야는 환자의 죽음이 의료진에 미치는 영향이었습니다.[6] 한편, 기팅스는 열심히 동성애자 정신의학자를 찾고 있었고, 우연한 기회에 프라이어와 연결이 됩니다. 기팅스는 프라이어를 설득해 발언자로 초청하려 합니다.[7] 하지만 두 번이나 동성애 성향 때문에 쫓겨난 경험이 있는 프라이어는 대중 앞에 서는 것이 두려웠습니다. 당시 그는 대학의 정규 교원도 아니었고, 설사 정규 교원이라 할지라도 자리를 위협받을 수 있다는 것을 잘 알고 있었습니다. 기팅스가 보기에 의료진의 심리를 계속 다뤄 온 프라이어는 이 토론에서 꼭 발표해야 하는 사람이었습니다. 결국 논의의 전선은 '동성애자 의료인'의 의미를 놓고 설정될 것이기 때문이었죠. 게다가 다른 사람을 찾기 어

1972년 미국 정신의학회 토론장의 기팅스와 카메니 그리고 익명의 의사(오른쪽)
(New York Public Library/Tobin Kay)

렵다고 판단한 기팅스는 다시 한번 간곡히 요청하고, 프라이어는 결국 변장을 하고 토론회에 참석하는 조건으로 찬성하게 됩니다.

　프라이어는 당시 대통령이던 리처드 닉슨의 가면과 곱슬머리 가발로 모습을 감추고 커다란 턱시도를 입어 자신의 큰 몸집마저 가린 채 1972년 미국 정신의학회 연례 학회의 패널로 참석합니다. 그는 "익명의 헨리 의사Dr. Henry Anonymous"*라는 이름으로 소개되었죠. 토론자들은 정신의학이 동성애를 바라보는 관점이 편향되었음을 지적하고 정신의학자, 특히 동성애자임을 숨기고 일하고 있는 정신의학자들이 있다면 동성애자와 연대할 것을 촉구합니다. 그리고 익명의 의사가 발언을 시작하죠. "나는 동성애자입니다. 나는 정신과 의사입니다." 그 자리에 있던 정신과 의사들을 멈칫하게 만드는 발언이었어요. 정신의학이 오랫동안 견지해왔던 기본 가정 중 하나인, 의사 자신이 정신질환을 갖고 있지 않기에 정신질환을 분류하고 치료할 수 있다는 생각이 정면으로 반박당하는 순간이었기 때문입니다.

　이런 생각은 정신분석가 지그문트 프로이트로부터 이어져 왔습니다. 프로이트는 정신분석가가 진료하기 위해서는 정신분석가 자신이 정신분석을 받아야 하며, 몇 년마다 주기적으로 분석을 받아 자신이 건강함을 확인해야 한다고 생각했습니다. 정신분석 이론의

---

*　헨리는 프라이어 아버지의 이름이다.

영향을 강하게 받고 있던 20세기 중반의 정신의학 또한 유사한 견해를 가지고 있었습니다. 이렇게 정신과 의사 또는 의사가 병에 걸리는 것, 특히 정신 건강에 문제가 생기는 것은 잘못이 아닌가 하는 생각은 지금까지 이어져 내려오고 있지요. 그래서 의사, 그리고 정신과 의사 또한 정신과적 어려움을 겪는 경우가 종종 있음에도 불구하고 이들이 진료 등의 도움을 받는 일은 쉽지 않습니다. "익명의 의사"는 발언을 이어 갑니다. 발언의 마지막에서 그는 동료 "동성애자인 정신과 의사들"에게 동참을 촉구합니다.

"동성애자 정신과 의사 여러분. 동성애자와 이성애자 모두 동성애에 대한 태도를 바꾸도록 우리 함께 노력하고 방법을 찾아봅시다. 우리 모두에게는 잃을 것이 있습니다. 교수 임용에 부적합 판정을 받을지도 모릅니다. 길 건너편 정신분석가가 일이 넘쳐도 우리에게 환자를 보내지 않을 수도 있습니다. 상사가 잠시 일에서 떠나 있으라고 할 수도 있습니다. 하지만 우리가 우리의 인간 본성 그대로 살지 않는다면, 우리는 더욱 큰 위험에 처하게 될 겁니다. 우리 주위의 모든 사람들이 다 배웠던 교훈입니다. 우리가 우리 자신의 진실한 인간 본성을 잃는 것은 가장 큰 손실이고, 우리가 인간 본성을 잃게 되면 우리 주변 사람들 또한 자신들의 인간 본성을 조금씩 상실하게 됩니다. 사람들이 자신들의 동성애 성향을 진심으로 편하게 받아들인다면, 그들은 우리 동성애자 정신과 의사들도 편하게 받아들일 것이기 때문입니다. 그래서 우리는 다른 사람들과 우리 자신이 동성애라는 인간 본성의 자그마한 조각 하나를 편하게 받아들이도록 성장하는데 우리의 재주와 지혜를 모아야 합니다."[8]

　발언이 끝나자 토론장에 있던 사람들은 기립 박수를 보냅니다. '정신의학과 전문의 중에는 동성애자가 없다'는 사람들의 믿음이 깨지는 순간이었습니다. 또한 정신의학이 동성애를 어떻게 대할 것인지에 관한 입장을 제시하는 발언이기도 했습니다. 적어도 동성애자라는 이유로 누군가를 직장에서 내쫓지 말아야 한다는 결의이기도 했습니다. 그 후속 조치로 1973년 12월, 미국 정신의학회는 동성애를 『정신질환의 진단 및 통계편람』에서 제외하기로 합니다.[9] 이후 정신의학은 동성애를 치료하는 것이 아니라, 동성애 때문에 일어나는 여러 정신과적 문제를 치료하는 것으로 치료 방향을 바꾸게 됩니다. 프라이어 자신이 바로 그 익명의 의사였다고 밝힌 것은 그로부터 이십 년이 지난 1994년의 정신의학회에서였습니다. 병명에서 제외되었다고 그 자신이 동성애자라는 것을 밝히는 일이 쉬워진 것은 아니었습니다. 프라이어는 여전히 직업을 잃게 될까 두려워했습니다. 한 번 새겨진 낙인이 금방 지워질 수는 없으니까요. 미국 정신의학회는 그의 사망 이 년 후인 2005년 '프라이어 상'을 제정했습니다.[10] 1990년대 이후 성 소수자에 대한 의학적 접근이 기존과 다른 방식으로 이뤄져야 한다는 생각이 자리잡았고, 여성 환자는 남성 환자와 신체적으로 다르다는 것을 인정하자는 젠더 의학이 나타나면서, 성 소수자를 대상으로 한 정신 건강 증진 노력을 격려하는 차원에서 상을 제정한 것입니다. 상에 존 프라이어의 이름을 붙인 것은 1972년 그가 가면을 쓰고 나타났던 용기를 기리는 것이겠지요.

이제는 정신질환에서 벗어난 동성애

동성애가 정신질환 목록에서 빠지게 되었다는 결정을 듣고 기팅스는 「2000만 동성애자가 순식간에 치료되다Twenty Million Homosexuals Gain Instant Cure」라는 글을 신문에 기고합니다(기사는 사람 수가 빠진 채 "동성애자가 순식간에 치료되다"로 제목을 바꿔 게재되었습니다).[11] 익명의 의사가 놀라운 기적을 일으킨 셈입니다. 물론 1973년의 결정이 오직 프라이어 때문이라고 말할 수는 없습니다. 동성애 진단명 개정과 『정신질환의 진단 및 통계편람』 제3판DSM-III 편집을 진두지휘한 정신의학자 로버트 스피처 덕분에 정신의학은 동성애 자체가 아니라 동성애로 인한 정신적 문제에 초점을 맞출 수 있었습니다.[12] 하지만 가면을 쓴 "익명 의사"의 등장은 그야말로 판도를 뒤엎는 역할을 했지요.

정신의학은 동성애를 질환으로 만들었다가 다시 풀어 주었습니다. 한때 범죄자로 내몰렸던 동성애자들에게 정신의학이 동성애를 질환으로 규정한 것은 일종의 해결책이었습니다. 하지만 그 해결책이 다시 동성애자들의 목을 죄게 되자 그 관계를 계속 이어갈 수는 없었지요. 이 애증의 관계는 이후 에이즈가 창궐하면서 다시 반전됩니다.*

익명의 의사 이야기는 의학이 질병에 붙이는 '이름' 또는 텍스트가 어떤 역할을 하는지, 그 힘이 얼마나 강력한지 말해줍니다. 의학이 대상을 기술하기 위해 사용하는 이름, 즉 이미지와 텍스트는 한 집단의 정체성을 좌우하며, 집단이 어떤 대우를 받아야 하는지 또한 결정합니다. 그 집단의 구성원에게 일종의 사회적 위치를 부여하는 것이지요. 그것은 그 집단에 도움이 될 수도 있고 해가 될 수도 있습니다. 이런 텍스트는 단지 사회적 위치를 부여하는 것뿐 아니라, 개인이 자신의 위치와 입장을 정하는 데에도 큰 영향을 미칩니다. 그렇다면 질병의 이름이나 규정은 질병에 붙는 것이기도 하지만, 그 사람이 개인적 혹은 사회적으로 누구인지를 결정하는 요인이기도 한 것입니다. 물론 이름은 고정불변의 것이 아니라는 것 또한 익명의 의사가 우리에게 던져주는 귀한 교훈입니다. 살리기 위해, 돕기 위해 쓰였던 이름이 언젠가 압제와 고통으로 바뀐다면, 우리에게 필요한 것은 변화하기 위한 용기일 겁니다.

우리는 동성애에 어떤 '이름'을 붙이고 있을까요? 아마 누군가는 여전히 죄악을, 누군가는 질병을, 누군가는 취향을 그 이름으로 붙일지도 모르겠습니다. 각 입장이 내건 논리와 신념, 그리고 사회

---

* 그 이야기는 뒤에 실린 '감염병, 혐오와 배제의 역학-베를린 환자와 런던 환자'에서 다시 다룰 것이다.

적 필요를 알기에, 어느 쪽이 맞고 어느 쪽이 틀렸다고 말하기는 쉽지 않습니다. 이 모든 것을 정리해 줄 의과학적 근거도 아직은 없고요. 하지만 한 가지는 꼭 생각해 봐야 합니다. 그 모든 이름은 결국은 사람을 위해 있는 것이라는 것을요. 아무리 좋은 뜻이라 해도 그것이 누군가의 직업을, 집을, 관계를, 심지어 존재를 빼앗는 일은 정당화될 수 없습니다. 그것이 아마 갈등 상황에 있을 때 우리가 합의할 수 있는 최소한의 기준, 인간성의 한계가 아닐까요.

나는 병신이다,
병든 몸이다

_ 낸시 메이어스

'장애우'라는 말을 들어보셨을 겁니다. 한때 장애가 있는 사람을 친근하게 부르고자 캠페인도 적잖이 했습니다. 아마도 일반인들은 이 단어를 자주 쓰지 않았을 겁니다. 저는 직업적 특수성 덕분에 이 표현을 사용한 적이 몇 번 있습니다. 2000년대 중반 저는 치과 병원에서 수련의로 일하고 있었습니다. 제 전공은 아이들의 이를 치료하는 소아치과인데, 모든 곳이 다 그런 것은 아닙니다만, 대학병원 소아치과에서는 아이들 말고 보는 환자가 더 있습니다. 바로, 장애인입니다.

아시겠지만 치과는 기본적으로 환자에게 큰 공포를 안깁니다.

어른과 달리 아이는 아픈 걸 잘 참지 못하기 때문에 더더욱 조심스레 접근해야 합니다. 장애인도 상황은 비슷합니다. 예컨대 시각장애인이 치과에 오면 어떨까요? 어디에나 넘실대는 치과 드릴 소리, 마취 주사로 어쩔 수 없이 터져 나오는 환자의 외침, 의자가 움직이는 모터 소리, 연결부의 소음, 흡인기의 가르릉 소리까지, 유령의 집을 방문한 기분이 들겁니다. 그래서 치과의사는 이런 부분을 고려하여 천천히 상황을 설명하고 환자가 불필요한 공포를 느끼지 않도록 행동할 필요가 있습니다. 필요할 경우 진정제나 전신마취 등을 사용하여 공포감이 너무 심한 경우 치료를 받을 수 있도록 하는 것도 소아와 장애인에 비슷하게 사용하는 접근법입니다. 그러다 보니 장애인 환자를 볼 일이 종종 있습니다.

보통 진료할 땐 '환자분'이란 호칭을 쓰죠. 아이의 경우 이름으로 부르면 됩니다. 하지만 진료 경험을 다른 사람에게 설명한다든지, 진료에 관해 언급할 필요가 있을 때 환자를 어떻게 지칭할지 고민되는 때가 있습니다. 환자가 장애인인 경우는 특히 그랬습니다. 그때 나름 양식 있는 표현이라고 생각해서 장애우라는 표현을 자주 사용했습니다. 장애인, 아무래도 거리감이 있는 표현인데 장애우는 그와 달리 친근하다고 생각했나 봅니다.

하지만 어느 강연에서인가 들었던 말이 제 인식의 모자람을 확깨우쳐 주었습니다. "장애우란 표현은 다시 생각해 볼 필요가 있어요. 마지막 '우'는 친구를 의미할 텐데, 그렇다면 누구의 친구란 말입니까? 그건 장애인에게 여러분의 친구가 되라고 강요하는 건 아닌가요?" 생각 있는 사람인 척했던 시간이 부끄러웠습니다. 이후 장애가 있는 사람을 부르는 표현은 장애인으로 굳어졌고, 그에 대응하여 정상인을 비장애인으로 바꿔야 한다는 이야기가 나왔습니다. 이것은 정상과 비정상의 문제가 아니라, 장애가 있느냐 아직 장애가 없느냐의 차이일 뿐이라는 것입니다. 평균 수명이 길어지면서 모두가 노년기에 신체 활동에 장애를 겪게 된다는 사실을 점점 많은 사람들이 인식하면서 변화가 확산되었습니다.

여기에서 한 걸음 더 나가서, 이전에 경멸적 느낌이었던 단어를 자신의 정체성을 표현하는 데 적극적으로 활용하려는 사람들이 나타났습니다. 성 소수자를 일컫는 '퀴어queer'라는 표현이 대표적입니다. 원래 '기묘한, 괴상한'이란 의미의 단어였던 퀴어는 19세기에 동성애자를 경멸해 부르는 말로 사용되었습니다. 이것이 성 소수자 정체성과 단체를 표현하는 단어가 된 것은 1980년대 성 소수자 권리 운동가들의 손을 통해서, 그리고 퀴어 행진이 유명해지면서부터였습니다. 성 소수자는 여전히 소수자지만, 이제 퀴어라는 표현에서 경멸의 느낌은 조금씩 옅어지고 있습니다.

장애를 가리키는 말에도 그런 표현이 있을까요? 제가 이 글에서 '병신'이라고 옮기려는 cripple이라는 단어가 그렇습니다. 절름발이 또는 이동의 장애를 의미하는 cripple은 그 의미가 넓어져, 어느 순간부터 장애인을 경멸해 부르는 호칭으로 사용되었습니다. 우리 말에서 병신은 病身, 즉 몸 어느 한구석에 문제가 있는 것을 가리키는 표현이었지만, 모자란 행동을 하는 사람을 낮잡아 칭하는 욕설로 확장되었습니다. 그래서 여기에선 cripple을 병신이라고 옮기려 합니다.*

　이 표현에 다른 의미를 부여한 사람이 미국의 작가 낸시 메이어스Nancy Mairs, 1943~2016입니다. 메이어스는 28세에 다발경화증multiple sclerosis 진단을 받고 이후 병과 함께하는 삶에 관해 여러 글을 남겼습니다. 그중 미국 전역에서 읽히며 많은 반향을 일으킨 글이 1986년에 발표한 「병신으로 살다On Being a Cripple」입니다. 멸시하는 말로 자신을 부른 것도 놀라웠지만, 그가 이 단어를 대하는 방식은 이후 장애 운동가들에게 큰 영감을 주었습니다. 소수자를 배려하지 않는 사회적 결정에 의해 '장애'를 갖게 된 사람들을, 그 사회가 장애의 딱지를 붙였다는 의미에서 '사회에 의해 병신이 된cripped' 사람들이라고 부른다면, 장애인을 병신으로 만들고crippling 있는 것 또한 사회가 아니냐는 질문을 던졌던 겁니다. 그렇다면 장애인을 비장애인과 구분하여, 장애인을 '병신'으로 만드는 사회를 드러내는 것은 저항의 방식 중 하나가 될 수 있을 겁니다. 심지어 장애인을 위해 존재한다고 말하는 영역에서조차 장애인을 '병신'으로 만드는 조건은 나타날 수 있습니다. 딱 집어서 말하면, '의학'에서도 그렇습니다.

　이번에는 메이어스의 「병신으로 살다」를 찬찬히 읽어보려고 합

---

*　병신이라는 표현이 주는 불편함은 의도적이지만, 그럼에도 불편하게 느끼시는 독자에게 양해를 구한다.

니다. 이를 통해 의학과 생물학이 어떻게 '병신 만들기'를 하고 있는지 돌아볼 겁니다.

나는 병신으로 산다

어느 날, 나는 병신으로 사는 것에 관해 에세이를 쓰려고 생각하고 있었다. 사무실 여자 화장실 칸에 앉아 골똘히 생각하면서, 청바지 안으로 티셔츠를 쓸어 넣고 지퍼를 올렸다. 여전히 정신이 팔린 채로 물을 내렸고, 책가방을 집은 뒤 지팡이를 내리고 문 잠금쇠를 풀었다. 너무 많은 동작이 내 균형을 무너뜨렸다. 문을 당기면서 나는 뒤로 넘어졌고, 옷을 다 입은 채로 변기 커버에 내려 앉아 활짝 다리를 벌렸다. 맨날 반복하는 뒤집힌 딱정벌레 모습이다. 토요일 오후, 건물은 텅 비어 있었다. 나는 다리를 오므리며 정말 마음껏 웃었다. 웃음소리가 노란색 타일에 부딪쳐 사방에 울려 퍼졌다. 누구라도 그때 내 모습을 봤다면, 나는 꼼짝도 못한 채 멍해 가지고는 분해서 벌게졌을 것이었다. 바로 그 순간 나는 이 글을 꼭 써야겠다고 마음먹었다.[1]

에세이 도입 부분, 화장실에 있던 메이어스는 글에 관해 골똘히 생각하다 뒤로 나동그라집니다. 그는 자신이 넘어진 모습이 "뒤집힌 딱정벌레" 같다고 표현하는데, 이렇게 넘어지는 게 자주 일어났나 봅니다. 토요일 오후라 건물에 아무도 없어 이 상황을 웃어 넘길 수 있었던 메이어스. 지금이 "글을 꼭 써야 할 때"라고 마음먹은 메이어스는 "병신"이라는 표현을 설명하기 시작합니다.

첫째, 의미의 문제. 나는 병신이다. 나를 부르는 말로 이 단어를 선택한 사람은 나다. 나는 여러 단어 중 이걸 골랐다. 가장 흔한 단어로는 '장애인'이나 '불구자'가 있다. 선택을 내린 것은 몇 년 전의 일인데, 그렇게 했던 건 별다른 생각이 있어서 그랬던 것도, 어떤 동기가 있어서 그랬던 것도 아니다. 아직도 내가 왜 그 말을 쓰기 시작했는지 잘 모르겠다. 여러 가지가 복합적으로 섞여 있지만, 괜히 튀려고 그런 게 아니라는 것만은 분명하다. 병신이든 아니든, 사람들은 '병신'이란 말에 움찔하며 놀란다. '장애인'이나 '불구자'라는 말에는 그러지 않으면서도 말이다. 아마도 나는 그들을 놀래키고 싶었던 것 같다. 운명이나 신, 바이러스가 친절하진 않았지만, 자기 존재의 잔인한 진실을 분명하게 마주할 수 있는 만만찮은 상대 정도로 나를 봐줬으면 하는 마음이었나 보다. 나는 병신이라도, 어디 꿀릴 것 하나 없다.*

누군가 눈살을 찌푸리고 흠칫 놀랄 만한 단어인 '병신'. 메이어스는 자신이 강한 사람으로, 세상은 그토록 혹독했지만 그래도 버텨 나갈 수 있는 존재로 다른 사람에게 보이길 원한다고 말합니다.

---

*   강조 표시는 저자.

제가 대학원에서 진행한 서사 의학 강의에서 한 대학원생은 사지 마비 장애인과 한 여성의 사랑을 그린 영화 〈미 비포 유〉를 보고 말했습니다. 사고로 사지가 마비된 주인공이 끊임없이 절망하는 모습만을 보여 주는 것은 사지 마비 장애인을 향한 편견이 아닐까요. 끝없는 좌절을 경험할 때도, 누군가는 그래도 살아가려고 몸부림치고 있을 텐데. 메이어스의 글은 영화에 등장하지 못한 이, 삶을 긍정하는 이의 목소리를 들려줍니다.

그는 '병신'이라는 표현이 정확해서 좋다고 말합니다. 다발경화증인 자신은 사지를 가누지 못하는데, 이 표현이 딱 자기 상태를 설명한다는 겁니다. 반면, '장애인'은 신체와 정신 모든 면을 포괄하는 말이지요. 한때 '다른 능력을 갖춘differently abled'이라는 완곡한 표현이 퍼진 적이 있는데, 메이어스는 이 표현이 지닌 발전 가능성이 싫다고 말합니다. 표현을 바꾼다고 자신이 다른 능력을 갖춘 것은 아니니까요. 아무리 언어를 바꿔도 어떤 현실은 바뀔 수 없다는 거지요.

이어 메이어스는 자신이 다발경화증에 걸렸다는 것을 알기 전의 삶, 진단과 병의 진행 과정에 관해 설명합니다. 다발경화증이란 중추 신경계를 이루는 신경세포에 염증이 생기고, 신경세포 돌기(축삭)와 이를 둘러싼 절연체(수초)가 손상과 회복을 반복하는 자가면역 질환입니다. 아직 명확한 원인은 밝혀지지 않았고, 신경 손상이 축적되면 어떤 중추 신경계가 영향을 받느냐에 따라 시각 장애, 감각 및 운동 장애, 마비 등 다양한 증상이 나타납니다. 세계적으로 약 250만 명이 이 병으로 고통받고 있고, 국내에는 약 2500여 명의 환자가 있다고 합니다.[2] 2009년부터 5월 마지막 수요일을 '세계 다발경화증의 날'로 지정, 다발경화증에 관한 인식 개선을 위해 힘쓰고 있습니다.

메이어스의 삶이 편안하거나 쉬웠던 것은 절대 아닙니다. 그러나 메이어스는 "유명한 프랑스 첼리스트나 경마 기수가 되기만을 꿈꿨던 한 여성"과 달리, 자신은 "고독하게 한곳에 머물러, 책 속에 파고드는" 삶을 선택했기에 운이 좋았다고 말합니다. 다발경화증이 발병한 28세, 자신은 이미 대학원생이었고 정규직을 할 만큼의 기력은 없지만 공부하는 게 좋다면서요. 하지만 다시는 뛸 수 없고, 또 언젠가는 걷지도 못하게 될 거라는 사실을 압니다. 캠핑 가서 남편과 아이들을 쫓아갈 수도 없죠. 옷을 입는 건 무척 힘든 일이고, 정교한 수작업도 할 수 없지요. 우울증이 심하게 오는 것 또한 병의 연장선에 있습니다. 가족은 자신을 지지하는 힘이지만, 많은 부부가 병 앞에서 헤어지는 것을 메이어스는 알고 있습니다. 이를 더 무겁게 하는 것은 주변에서 오는 압력이죠.

… 분위기를 망치지 말라는 압력이 끊임없이 들어온다. 스스로 짊어진 짐이 가치가 있다는 걸 스스로 증명하라거나, 아니면 정말 도움이 필요할 때 수표처럼 발행할 수 있게 착한 일을 많이 저축해 놓으라는 것 같기도 하다. 이런 압력은 사회적 기대에서 오기도 한다. 우리 사회에서는 정상을 벗어난 사람들은 모두 보상을 할 수 있는 적당한 방

법을 찾는 게 좋다. 뚱뚱한 사람은 유쾌할 거라고 생각하는 것처럼, 병신은 자신의 운명을 순순히 그리고 기꺼이 받아들여야 한다. 성미 나쁜 병신은 규칙을 어기는 것이다. 하지만 이런 압력의 상당 부분은 자기 스스로가 만들어 낸다. 내가 다발경화증에 걸리게 된다는 걸 미리 알았더라면, 나는 신의 뜻에 따라 잘 이겨낼 거라고 맹세했을 것이다. 신사 숙녀 여러분, 바로 이런 게 일류들이 하는 행동이다. 울어도 안 되고, 비난해서도 안 되고, 움츠러들어도 안 된다.

당연히, 메이어스는 이런 일을 즐기지 않습니다. 이 모든 일은 그를 지치게 하고, 다른 사람이 욕망의 대상으로 삼는 이상적인 신체에 다다를 수 없다는 것에 화가 납니다. 당연하게 여겼던 신체와의 친밀감은 사라졌죠. 하지만 그는 말합니다. 자신이 싫어하는 것은 질병이지 자신이 아니라고.

나는 질병이 아니다.

… 치료 불능의 만성 질환에 적응하면서 나는 엘리자베스 퀴블러 로스가 『죽음과 죽어감』에서 적어놓은 과정을 비슷하게 거쳐 갔다. 중요한 차이는, 이건 대부분의 사람들이 인식하는 것보다 훨씬 중요한데, 말기 암 환자가 마지막을 확신하는 것과 달리, 나는 마지막을 확신하지 못한다는 것이다. 연구에 의하면, 적절한 의학적 돌봄을 통해 나는 '정상' 수명까지 살 수 있다. 죽음을 최후의 악으로, 노쇠보다 끔찍한 것으로 보

는 우리 사회에서 이런 소식에 대한 반응은 보통 이렇다. "오, 넌 최소한 죽진 않는구나." 죽는 것보다 더 나쁜 게 있을까? 나는 있다고 생각한다.

그는 죽는 것보다, 병의 치료법이나 해결책이 없는 상태가 더 끔찍하다고 말합니다. 치료제는 찾지 못했다 해도 최근에는 로봇 공학이 발전하면서 장애 보조 장비가 발전하고 있으니 해결책을 상상해 볼 수도 있을 테지만, 메이어스가 글을 쓰던 당시엔 이런 것도 생각하기 어려웠습니다.

하지만 메이어스는 에세이를 마치며 이 상태가 자신의 삶을 풍성하게 했다고 말합니다. 그가 내보이는 불편함 속 안정감은 독자에게 어떤 경이로움과 경건함을 느끼게 합니다. 더불어 그가 자신 있게 "병신"이라고 외치는 장면은 카타르시스까지 느끼게 합니다. 우리가 사는 삶이 아무 근거 없는 특권 위에 구축된 것은 아닌가 하는 반성과 함께.

무심코 넘겼던 사회적 장애

1986년에 발표한 메이어스의 글은 당시 성장하고 있던 장애학에 대한 관심을 여러 곳에 불러일으켰습니다. 이런 관심이 모이면서 다양한 학문 영역에 '병신 만들기' 전략이 얼마나 스며들어 있는지가 드러났습니다. 생물학과 의학이 기존에 당연한 것으로 받아들이던 정상 개념을 벗어나 장애학이 던지는 도전을 수용하려면, 우리의 신체에 대한 생각 자체를 다시 검토해야 합니다.

먼저 장애학이란 '장애'라는 개념 자체를 사회적 차원에서 파악하고자 하는 학문입니다. 장애학이라고 하면 사회복지학을 떠올리기 쉬운데, 사회복지학은 장애인의 복지를 사회적 차원에서 접근하고 있지만, 장애 자체를 문제 삼진 않았습니다. 장애학에서 말하는 장애는 엄밀히는 '사회적 장애'라고 표현할 수 있습니다. 이를 이해하기 위해서는 반대 개념인 '의학적 장애'를 생각해봐야 합니다.

우리는 장애를 어떤 식으로 받아들이고 있을까요? '건강한'의 반대편에 놓여 있고, 타고나거나 혹은 질병에 의해 신체 기능 제한이 계속 남아 있으면 이를 장애라고 생각합니다.⁴ 이때 질병과 장애는 당연히 치료의 대상이 됩니다. 철학자로 의료윤리를 연구한 트리스트럼 엥겔하르트는 이에 대해 건강이 규범적 성격을 띠고 있다고 말합니다. 건강이 규범, 즉 지켜야 할 어떤 것이라니, 무슨 의미일까요? 우리는 질병에 대해 가치평가를 내립니다. 그것은 당연히 치료해야 할 나쁜 것이라고 여기죠. 이렇게 질병과 장애를 나쁜 것이라고 보는 견해를 의학은 오랫동안, 어쩌면 당연히 유지해왔습니다. 여기에서 장애는 신체에 발생한 고장이며, 이는 고쳐야 할 나쁜 상태가 됩니다. 의학은 신체의 고장을 고치는 학문이니, 여기에서 바라본 고장난 것이라는 의미의 장애를 '의학적 장애'라고 부르는 것입니다.

그런데 한번 생각해 볼 필요가 있습니다. 질병이나 장애를 꼭 치료해야 하는 걸까요? 치료하지 않으면 안 될까요? 한 걸음 더 나가면 이런 질문도 가능합니다. 장애라는 것이 반드시 신체나 정신에 발생한 문제로 생기는 걸까요?

이 질문에 답하기 위해 영국의 장애인 권리 운동가인 빅 핀켈스타인은 가상의 휠체어 마을을 상상해 볼 것을 권합니다.[5] 어떤 마을이 있는데, 거기 사는 모든 사람은 휠체어를 탑니다. 그러다 보니 휠체어에 맞춰 마을의 모든 구조물이 만들어져 있지요. 문 높이는 90센티미터면 충분합니다. 세면대나 싱크대는 앉아서 사용하는 높이에 맞춰져 있습니다. 마을엔 계단이나 턱 같은 건 없습니다. 그러던 이 마을에 휠체어가 없는 사람이 도착합니다. 그는 마을에서 어떻게 생활하게 될까요? 문을 지나갈 때마다 머리를 수그려야 해서 이마에 혹이 잔뜩 날지 모르겠습니다. 세면대나 싱크대를 쓰려면 허리를 반쯤 접는 각고의 노력이 필요하겠죠. 턱이 없다는 것을 잊고 걸어 다니다 교통사고를 당하는 일은 없어야 할 텐데요. 이런 그를 보고 마을 사람들이 걱정합니다. "저런, 휠체어를 타지 않으니 저런 사고를 당하지. 다리를 잘라서 휠체어를 타게 만들어줘야 하지 않을까?"

이런 상황을 일컫는 말이 '사회적 장애'입니다. 다시 말해, 장애는 개인의 신체 상태가 만든 것이기도 하지만, 넓게 보면 사회가 만들어낸 것이라고 볼 수 있다는 주장입니다. 누군가 장애로 진단받고 특정 행동을 할 때 불편함을 느끼는 것은 사회가 그의 신체 또는 정신 상태를 반영하지 않고 다른 누군가에게 맞춰 사회를 설계했기 때문이라고 할 수 있습니다. 예컨대 과학 소설의 선구자라 불리는 H. G. 웰스의 단편소설 「눈먼 자들의 나라」를 보면, 서서히 눈을 멀게 하는 병이 퍼진 고립된 마을이 등장합니다.[6] 오랫동안 산속에서 눈 없이 코와 손으로만 세계를 감지하며 살아온 이들은 본다는 게 무엇인지 이해하지 못합니다. 우연히 그 마을에 들어가게 된 주인공은 자신이 눈을 가지고 있으므로 사물을 볼 수 있어 그들보다 뛰어나다고 주장하지만, 오히려 마을 사람들에게 망상에 빠진 정신질환자 취급을 받고 눈을 없애는 수술을 받아야 한다는 말을 듣게 됩니다.

장애학은 이렇게 장애에 대한 관점을 바꿔 사회를 변화시키려는 학문입니다. 장애학 연구자 김도현은 장애학의 특징을 "'사회적', '학제적', '실천지향적', '해방적'이라는 네 가지 키워드"로 설정하고 있습니다.[7] '사회적'이란 앞서 말씀드린 사회적 장애를 가리키며, '학제적'이란 장애의 문제가 어떤 한 분야에서만 접근할 수 없는 문제임을 말합니다. '실천지향적'이란 장애학이 차별 철폐 또는 해방을 목표로 하고 있음을 가리키는데, 사회복지학과 비슷해 보이지만 김도현은 두 학문의 목표가 다르다고 말합니다. 사회복지학이 지원의 학문이라면, 장애학은 저항의 학문입니다. 마지막으로 '해방적'이라는 것은 장애학이 지향하는 목표이자, 장애학이 객관적인 학문이 아니라 장애인과 연구자, 장애인과 비장애인 간에 수평적 관계를 추구함을 의미합니다.

의학의 한계를 똑바로 보기 위하여

지금까지 계속 현대 의학의 지형을 만들어 온 사람들과 그 영향을 살폈습니다. 그렇다면 메이어스의 외침과 그 반향은 어떤 영향을 미칠까요? 앞에서 말씀드린 것처럼 그것은 장애학의 도전을 받아들여 의학이 '병신 만드는' 학문임을 인정하는 것에서 출발합니다.

의학은 아픈 사람을 돕기 위한 실천적 학문이었고, 이 노력은 앞으로도 계속 이어질 겁니다. 하지만 현대 의학은 지금까지 인류 역사에서 이어져 왔던 의학과는 차이가 있는데, 가장 큰 특징 중 하나는 해부학과 생리학을 통해 신체를 물질로만 이해하며 이를 기계처럼 개념화한다는 것이죠. 이는 의학을 급속도로 발전시키는 계기가 되었으나, 부작용 또한 계속되고 있습니다. 의학이 장애를 보는 관점은 어떨까요? 앞에서 살펴본 것처럼, 장애가 있는 신체는 적절히 작동하지 않는 신체, 즉 고장난 기계와 같습니다. 제시간을 가리키지 못하는 시계죠. 이런 신체에 '병신'이라는 이름표를 붙이는 것 또한 의학입니다. 이 이름표는 진단과 치료를 위한 것이기에 환자를, 장애인을 위한 것이라고 우린 생각합니다. 하지만, 그것을 환자가, 장애인이 원하지 않는다고 해도 편리하다는 이유로, 돕는다는 이유로 그 이름표를 유지해도 되는 걸까요?

한 걸음 더 나가면, 노동자가 공장 부품과 같이 일해야 했던 시대에 '고장을 고치는' 의학은 사회 유지를 위해 중요한 역할을 했습니다. 산업 사회에서 의학은 아프면 치료받고 다시 돌아와 일할 수 있는 몸을 만들었고, 노동의 조건을 바꾸는 대신 몸을 고쳐 쓰는 데 주력했습니다.

하지만 앞으로도 계속 이런 방식을 고집해야 할까요? 전체를 다 바꿀 수는 없더라도 부작용 해결을 위한 대안을 마련할 필요가 있지 않을까요? 고장을 고치는 것을 넘어, 고장을 받아들이고 이해하며 함께 살아갈 수 있도록 사회를 바꾸는 것을 생각해 볼 때가 된 것은 아닐까요?

의학은 스스로 질병에 대해, 신체에 대해 최고의 지식을 갖고 있다고 가정합니다. 우리는 여기에 맞서서 의학과 생물학이 장애가 있는 신체에 대해 모르는 부분이 있다는 것을 인정하자고 주장합니다. 의학이 쓸모가 없다고 말하는 것이 아니라, 의료인은 장애의 경험을 충분히 알 수 없고, 그 삶을 온전히 받아들일 수 없다는 것을 인정하자는 것입니다. 장애가 있는 사람들의 삶을 연구자가 전부 파악할 수 없다는 한계를 수용하는 것이기도 합니다. 그렇다면 의료인은 장애인의 이야기를 들어야 할 당위가 생깁니다. 어떤 것이 필요하며 어떤 부분을 바꿔야 하는지 이해하고 그 자리에 함께 있어 주기 위하여.

흉터, 호기심,
시선의 폭력

_ 마투슈카

1993년 8월 《뉴욕 타임스 선데이 매거진》은 어느 모델의 사진 하나를 내보내기로 합니다. 예술학교를 졸업하고 1975년부터 이 탈리아, 프랑스, 뉴욕 등지에서 유명 예술가들과 함께 작업한 사진 의 주인공에게 패션 디자이너 찰스 제임스는 "미래의 모델The Model of the Future"이라는 찬사를 바쳤으니, 그의 사진이 나가는 것을 두고 《뉴욕 타임스》의 결정이 특이한 일이었다고 언급하는 것이 오히 려 신선하게 느껴질지도 모르겠습니다. 하지만 그의 사진을 대중 에게 공개하는 것은 크나큰 파문을 불러오게 될 것이었습니다. 드 레스를 입고 촬영한 그의 초상 사진에는 그의 가슴이 드러나 있었습니다. 아니, 드러나 있지 않았다고 하는 말이 더 적절할까요. 1991년 유방암 진단을 받은 모델 마투슈카Matuschka, 1954~ 는 오른쪽 유방 절제술을 받았습니다. 1993년 마투슈카의 초상은 있어야 할 것 대신 남은 흉터를 대중에게 드러내고 있었지요.

환부를 드러내기 위해 절개한 하얀 원피스와 머리에 둘둘 감아 길게 내려뜨린 하얀 실크 숄은 전신을 감은 붕대를 떠오르게 합니다. 먼 곳을 응시하고 있는 그의 얼굴 때문에 귀에서부터 내려오는 목빗근(앞가슴뼈 위 빗장뼈 안에서 시작하여 귀 뒤쪽까지 뻗은 목의 긴 근육)이 빗장뼈의 비스듬한 각도와 더해 화살표처럼 프레임의 중앙을 가리키고 있네요. 마주할 눈이 없기에 시선을 다른 곳으로 돌리기는 어렵습니다. 사진의 가운데로 향한 눈은 사진 좌우 빛과 그림자의 대조 때문에 그 경계를 주목할 수밖에 없습니다. 그렇게, 한가운데에 위치한 손상의 흔적을 주목할 수밖에 없도록 짜여 있는 사진.

그곳에는 여성의 상징이라고 하는 유방이 제거된 흔적이 드러나 있습니다. 도드라지는 것은 그 아래 갈비뼈의 윤곽이며 수술 후에 남은 절개의 흉터입니다. 성경은 최초의 남자에서 그 갈비뼈를 취해 최초의 여자를 만들기 위한 기초로 삼았다 했으니, 그것은 단순히 뼈가 아니라 기원의 상징일 겁니다. 사진을 찍고 게재한 이유 중 가장 극명하게 다가오는 것은 바로 이것이겠죠. 기존의 미美 이데올로기에 대한 도전. 페미니즘의 문제의식이 가득 느껴지는 이 사진은 사진을 보는 이들과 세상에 도전합니다. '여성의 아름다움을 상

마투슈카의 모습은 매체가 그려온 여성의 반대편을 드러낸다. 그가 허물어뜨리는
것은 여성은 이래야 한다는 굴레일 수도 있고, 우리가 지녀온 아름다움의 이데올
로기일 수도 있다. 〈상처에서 나온 아름다움Beauty Out of Damage〉 (1993)

징하는 가슴, 그 부재의 상태에서도 나는 아름다울 수 있다고요. 당신의 잣대로 나를 재단하지 마세요.' 그야말로 탈코르셋의 전형입니다.

유방절제술은 한쪽 또는 양쪽의 가슴을 외과적으로 제거하는 시술입니다. 보통 유방암 치료를 위해 시행됩니다. 유방암의 경우 림프 조직을 따라 암세포가 쉽게 전이돼 재발률이 높습니다. 따라서 재발을 막기 위해 해당 유방을 완전히 제거하는 경우가 많습니다. 이때 겨드랑이 쪽에서 접근해 들어가 조직을 제거하게 되므로 수술 후에는 가로로 흉터가 남게 됩니다. 국내에선 매년 약 5000여 건의 유방절제술이 시행되고 있다고 하니, 드문 수술은 아닙니다. 유방절제술의 역사는 생각보다 깁니다. 예컨대 1812년 패니 버니가 쓴 최초의 여성 투병기 『유방절제술』은 마취도, 적절한 수술 기법도 없던 19세기 초, 얼굴을 가린 채 맨정신으로 수술을 견뎌야 했던 환자 자신의 고통을 생생하게 묘사한 작품으로 남아 있습니다.*

문제는 절제술을 받아도 사태가 끝나지 않는다는 겁니다. 수술을 받은 환자들은 공중목욕탕이나 수영장에 가는 것을 꺼리고, 신체 활동을 적극적으로 하기 어렵다고 말합니다.' 한 연구에선 수술 받은 환자의 67퍼센트가 여성으로서 매력을 상실했으며, 62퍼센

---

* 1894년 할스테드가 근치유방절제술을 개발하기 전까지 절제 수술은 해당 부위를 무턱대고 잘라내거나 소작燒灼하는 방식으로 이루어졌다.

트가 장애인으로 느낀다고 답했습니다. 수술로 신체 활동에서 불편감이 생기는 것은 아니니, 유방절제술로 잘라내 떨어져 나간 것이 단순히 신체 조직만이 아니라는 의미일 겁니다. 가슴을 도려낸 칼은 여성성 또한 잘라냅니다. 따라서 사람들은 환자에게 보형물을 착용하던가 아니면 유방재건술을 받으라고 말합니다. 수술 받았다고 표 내고 다니면 보기 흉하고 수군거림의 대상이 될 수 있으니 가려야 한다고 말입니다. 그 탓이었을까요. 마투슈카의 사진이 《뉴욕 타임스》에 실리자 비난의 목소리가 쇄도했다고 합니다. 마투슈카의 사진을 다룬 한 논문에 의하면, 다른 인기 기사나 흥미로운 글이 실렸을 때보다 네 배나 많은 비난 전화가 걸려 왔다고 합니다.[2]

왜 가슴의 흉터를 드러낸 사진이 눈길을 끌었을까요? 아니 그보다, 이 사진은 왜 불편할까요? 왜 마투슈카의 모습에 그렇게 많은 사람이 반응을 보였을까요?

남의 고통에서 나의 아픔을 떠올리다

미국의 작가 수전 손택은 자신의 책 『타인의 고통』을 보들레르와 테니슨의 시를 인용하는 것으로 시작합니다. 보들레르 시의 한 대목 "… 정복당한 자들을!"과 테니슨의 시 구절 "체험이라는 추잡한 보모…"가 나란히 나옵니다. 원래는 충격적인 사진이지만 매체를 통해 반복적으로 보여지면, 애초의 의도는 사라진 채 사진 속 고통을 남의 것으로("타인의 고통"으로) 받아들이게 된다고 손택은 말합니다. 누군가에게 정복당해 사진 속에서 고통받는 인물을 보며 그들의 고통과 불편을 떠올리더라도, 어떤 장치가 우리를 다시 편안한 삶의 자리로 되돌려 놓는다고 해석할 수 있습니다. 이런 생각이 스쳐 지나가는 것이겠죠. '아, 아프겠다. 하지만 난 이곳, 안전한 내 안식처에 있으니까.' 사진작가가 대상의 고통을 전달하여 변화를 촉구하려고 찍은 사진이 오히려 지금 이곳에 있는 나의 편안함을, 안전함을, 고통없음을 비춰 주는 거울이 됩니다. 매체를 통해 고통의 사진을 보는 행위가 바로 나의 '보모'입니다.

마투슈카의 사진이 여전히 마음에 걸린다면, 위의 분석은 일부분만 맞을 겁니다. 아니, 전쟁 사진을 보고 열변을 토한 손택의 말은 마투슈카의 사진 앞에서 허우적거리죠. 그 안에는 고통이 없습니다. 사진 속 마튜슈카의 당당한 표정이, 존엄함이 보이는지요. 그 당당함은 자신의 고통을 전시하여 상대방의 연민을 끌어내고자 함이 아닙니다. 고통이 없으니 샤덴프로이데Schadenfreude*라는 말도 적절치 않습니다. 하지만 그 사진은 나를 괴롭힙니다. 그것은 어쩌면 비유가 아닐지도 모르겠네요. 질병의, 증상의 전시는 신체적 반응을 일으키니까 말입니다. 영화에서 누군가 심한 감기

---

* 다른 사람의 불행이나 고통을 보며 즐겁거나 기쁜 상태를 말한다 독일어로 '손해, 부상, 훼손'을 뜻하는 Schaden과 '기쁨'을 뜻하는 Freude가 합쳐진 말이다.

에 걸려 기침을 하는 장면이 나올 때, 코가 간지러웠던 적이 있을 겁니다. 또는 감염병의 공포를 그린 영화를 보면서 몸이 괜히 으슬으슬하거나 약을 먹어야 하나 싶은 적은 없었는지요? 신체 절단이 많고 유혈이 낭자한 공포 영화를 보면서 배나 팔이 시큰거린 적이 있었을지도 모르겠네요.

다른 신체에 가해진 손상은 내 신체의 유기적 통일성을 위협합니다. 그것은 내 몸에 새겨진 고통의 기억을 불러일으키죠. 마르셀 프루스트의 소설 『잃어버린 시간을 찾아서』 초반에 화자는 침대에 누워서 떠오르는 생각들을 늘어놓습니다. "지나치게 잔 나머지 옴짝달싹 못하는 나의 육신은 그 피로의 정도에 따라서 사지의 위치의 표점을 정하고 나서, 벽의 방향과 세간의 자리를 추정하고, 몸이 누워 있는 방을 다시 구성해 이름 붙인다. 육신의 기억, 갈빗대에, 무릎에, 어깨에 남아 있는 기억이, 지난날 육신이 누웠던 여러 개의 방을 잇달아 그려 보여 준다."[3] 타인의 신체에 가해진 훼손을 보는 일은 내 몸의 기억을 떠올리게 하여 우리를 붙잡습니다. 우리가 명시적으로 떠올리지 못하는 지점을 기억하고 있는 몸은 그 아픔에 반응합니다. 오히려 전쟁의 파국을, 그 참상을 그린 사진이 손택의 말처럼 구경거리가 되어버리는 것은, 현대인이 그런 경험을 해본 일이 없음을 방증하는 것일지도 모르겠습니다. 하지만 어릴 때 넘어져 무릎이 까진 일 정도는 있을 겁니다. 잠깐 사이에 종이에 베인 손 때문에 씻는 내내 불편한 일은 자주 일어나지요. 그렇게 몸에 차곡차곡 쌓인, 다쳤던 기억을 다른 사람의 신체에 남은 상처 자국이 다시 불러냅니다.

쳐다보지 말라고 말하기 전에 먼저 해야할 일

그 불편함에 대해 우리는 어떻게 반응하고 있을까요? '시선의 윤리'라고 하는 것을 한번 생각해 보면 어떨까요? 눈을 감고 살 수는 없지만, 뚫어져라 보아선 안 되는 것들이 있습니다. 따라서 시선의 윤리라는 것은 무엇을 볼 것인가가 아니라 어떻게 볼 것인가를 가늠하는 일일 겁니다. 우리는 자주 생각합니다. '쳐다보지 말아야지.' 내 앞을 지나가는 나와 다른 누군가가 있을 때 우리는 흘낏 보는 정도면 내 할 일을 다 했다고 믿습니다. 상대방은 그 조건이 태어나면서부터 얻은 것이든 후천적으로 생긴 것이든 이미 여러 차례 호기심 어린 시선을 받았을 것이고, 남과 다르다는 이유로 계속 눈초리를 받는 것에 오랫동안 불편함을 느껴왔을 겁니다. 따라서 쳐다보지 않는 것이 예의입니다. 혹시라도 눈에 들어왔다면 겸연쩍게 슬그머니 눈을 돌려주는 것이 교양인으로서 마땅해해야 할 일일 겁니다.

이런 교양은 남에게 권장해야 할 일이고, 따라서 우리는 다른 외형을 지난 사람을 신기하게 쳐다보는 아이에게 가르칩니다. "너무 쳐다보지 마." 아이 때문에 상대방을 불편하게 만들고 싶지 않은 배려의 마음입니다. 문제는 이 배려가 불편함과 더해질 때 발생합니다. 그 순간 내 마음 한구석을 무겁게 만드는 그 모습에 '쳐다보면 안 되는 것'이라는 딱지를 붙이는 겁니다. 쳐다보면 안 되는 사진을 공공에 전시한다면, 그것은 전시하는 사람에게 특별한 의도나 피치 못할 사정이 있을 겁니다. 마투슈카의 사진을 싣겠다는《뉴욕 타임스》의 결정이 논란을 일으켰던 것은 바로 그 때문입니다. 그의 모습은 우리가 보지 말아야 할 것, 보았다고 해도 금방 눈을 돌려야 하는 것이었습니다. 따라서 그 사진은 공공에 전시되지 않는 것이 예의입니다. 가리는 것이 마튜슈카를 위한 일일 겁니다.

　하지만 사진을 보고 있으면 작은 목소리가 들립니다. "쳐다보지 마세요"가 아닌 "나를 보세요"라는 속삭임이.⁴ 마투슈카의 사진은 속삭이고 있습니다. 2003년《뉴욕 타임스 매거진》의 커버 스토리에 등장한 장애인 인권 변호사, 퇴행성 신경근육질환으로 평생 휠체어를 타고 다닌 해리엇 존슨의 사진 또한 그렇게 속삭입니다. 윤리학자 피터 싱어는 심각한 장애가 있는 태아의 경우 탄생 과정에서 안락사시키는 것을 허용해야 한다고 주장했습니다. 그런 싱어에 반대한 존슨은 〈나는 태어날 때 죽었어야 했나요?Should I have been killed at birth?〉라는 제목의 자기 사진을 표지에 실었습니다. 자신의 머리를 받칠 힘이 없어 잔뜩 수그린 자세로 머리를 치켜들고 있는 존슨의 왜소하지만 아름다운 모습은 말하고 있습니다. 질병이 꼭 연민의 대상이어야만 하는 것은 아닙니다. 그들은 상처를 받아들이고 그 삶을 살아가고 있습니다. 그렇기에 "보세요"라고 말할 수 있었던 것 같습니다. 상처를 그대로 받아들이는 것이 삶에서 얼마나 중요한지요.

정상, 건강의 편에는 항상 편안함, 안정, 힘, 아름다움이 있습니다. 아프지 않은 내 몸으로 사는 일은 얼마나 행복한지요. 탄탄한 근육을 드러낸 모습에서, 최신 유행의 옷을 입고 멋진 자세를 취한 모습에서 우린 아름다움을 느낍니다. 하지만 반대편을 보는 것은 어떻습니까? 그 모습이 나에게 초래하는 불편은 어떤 반응으로 이어지는지요. 나의 불편함을 상대방의 안녕으로 치환하여, 상대방을 도움받아야 할 대상으로 격하시킬 때가 있습니다. 도와줄 테니 더이상 마음을 불편하게 하지 말라고 말하는 것이죠. 정면으로 바라보지 않을 테니 우리가 준 도움으로 만족하라고요. 물론 마투슈카의 사진이 당시 유방암 운동의 상징이 되었을 때, 사진은 그런 사회의 구속에서 벗어나려는 몸부림으로 읽혔습니다. 하지만 벌써 이십 년이 지났습니다. 마투슈카의 사진, '폐허가 된 여성의 신체'는 다른 방식으로 읽혀야 할 때가 되었는지도 모르겠습니다. 사진은 운동의 색채를 벗고 슬그머니 머릿속으로 들어와 속삭입니다. '지금 느끼는 불편함을 부정하지 말아요, 당신은 상처 입었고, 상처 입을 수 있어요.' 우리는 영원히 살 것처럼 상처의 가능성을 머릿속에서 애써 지우려 애씁니다. 하지만 온전함이란 환상 같은 것, 오히려 수많은 상처를 기우고 꿰매며 여기까지 온 것이 삶 아니었는지요. 손택이 말한 '타인의 고통' 대신, '나의 상처'를 있는 그대로 바라보는 것. 이것이 시선의 윤리가 다시 출발하는 지점이 될 수 있지 않을까요.

과학이 삶을
억압하는 순간

_ 데이비드 라이머

　2020년대 한국 사회에서 논란이 되는 이슈 중 하나가 성性입니다. 인터넷을 통해 여성에 대한 다수의 성적 착취를 구현한 n번방 사건과 함께 성추행, 성폭력 사건이 끊이지 않고 일어납니다. 조만간 결론을 내야 하는 임신 중절 관련 결정도 있습니다. 2020년 초, 한 남성 부사관이 성전환을 하고 여군으로 복무하길 원했던 일이나 트랜스젠더 여성이 논란 속에 여대 입학을 포기한 사건도 있었습니다. 소설로 엄청난 화제를 모았고 영화로도 제작되어 하나의 지표가 되었던 『82년생 김지영』을 필두로, 페미니즘이 목소리를 드높이면서 영국의 시사주간지 《이코노미스트》는 현재 한국의 청년층에서 가장 뜨거운 갈등이 성별 갈등이라는 분석을 내놓기도 했습니다.[1] 제가 생활에서 들은 바로 보아도, 한때 한국 사회를 나눠놓았던 세대 갈등보다 지금의 성별 갈등이 더 심한 것은 아닐까 하는 생각을 하게 됩니다.

갈등이 심해지는 것이 결코 나쁜 일만은 아닙니다. 문제가 곪아 터질 때까지 표출되지 못하는 상황이 아마도 더 나쁠 것입니다. 하지만 문제가 갈등으로만 끝나는 것도 결코 환영할 일은 아닙니다. 우리 사회는 남성이나 여성이라는 어느 한쪽 성만으로 이뤄지지 않았기에 상대방의 자리를 만들고 그것이 우리 삶을 변화시키도록 노력하고, 때로는 강제할 필요가 있습니다. 그렇지 않은 삶은 자멸할 수밖에 없겠지요.

그런데 이렇게 상대방의 자리를 만든다는 것이 생각보다 쉽지 않습니다. 이를테면 '유리천장'과 '경단녀(경력 단절 여성)'라는 표현을 들어보았을 겁니다. 여성이 회사 등 여러 집단에서 승진하는 데 한계가 있음을 의미하는 말이 유리천장이고, 사회 초년기에는 직업을 가졌으나 결혼과 출산 후 직장을 그만둔 여성을 경단녀라고 합니다. 여성들이 이런 문제로 힘들어하니, 남성의 승진을 제한하고 육아를 강제 할당하는 정책을 쓰는 것은 어떨까요? 기계적으로는 남녀 평등 사회를 구현하는 방법이 될 수도 있을 겁니다. 그러나 이번에는 남성들이 자신들의 유리천장과 경력단절을 놓고 분노를 표출하지 않을까요? 한번 남성에게 제한을 부여했으니, 이번엔 여성에게 제한을 부여하면 될까요? 이런 접근을 미봉책이라고 부를 수 있을 겁니다. 결국 문제를 어느 한쪽에게 떠넘길 뿐이지 실제 해결이 된 건 아니니까 말입니다.

하지만 아직까지 우리는 이런 해결책만 떠올리는 모양입니다. 한 사람을 높이기 위해 다른 사람을 끌어내리는 방식. 평등에 몰두한 나머지 모두가 가진 것을 빼앗는 상황이 벌어지는 것은 전혀 바람직하지 않습니다. 그렇다면 이런 방식 말고 다른 접근법은 없을까요? 어떤 해결책을 생각해봐야 할까요?

여성이 그 자체로 긍정될 수 있는 방식, 그리하여 남성이 그 자체로 자존할 수 있는 방식을 찾는 게 답이 될 수 있겠지요. 이는 한 걸음 더 나아가, 성적 지향의 다양성을 그 자체로 인정하는 일이기도 할 겁니다. 이런 방식을 찾아보기 어려운 것은, 오랫동안 우리 생각의 틀이 무언가를 중심에 놓는데 너무도 익숙해져 있기 때문입니다. 중세는 신을, 근대는 인간을 사유의 중심에 놓고 모든 것을 방사형으로 짜 맞추었습니다. 현대 사상은 이를 비판해 왔습니다. 철학자 자크 데리다는 서구 사상이 어떤 중심을 통해 수립되어 있다고 오랫동안 지적했습니다. 그는 남성과 여성이라면 남성이 중심이 되고, 말과 글이면 말이 중심이고, 인간과 동물이면 인간이 중심인 중심들의 목록을 통해 우리 생각의 틀이 형성되어 있다고 보았습니다. 이런 중심이 있는 사고 체계에선 누군가를 그 자체로 받아들이기는 어렵습니다. 대상 그 자체를 수용하는 일은, 둘 중 하나가 중심인 상태를 벗어나 각각이 서로 자신의 자리를 잡을 수 있을 때 비로소 가능한 일일 겁니다.

이런 생각에선 여성에겐 여성의 자리를, 남성에겐 남성의 자리를 부여하는 것이 중요합니다. 이것은 결코 역사적·문화적으로 정립된 현재의 남성성과 여성성을 고집하는 것이 아닙니다. 이는 그저 우연히 정립된 것일 뿐, 얼마든지 바꿀 수 있고 또 변화해야 하는 것으로 보아야 합니다. 즉, 남성에게 특정 직업이 어울린다거나, 여성은 어떤 성격을 타고난다는 말이 절대 아닙니다. 대신 타고난 것을 억지로 바꾸거나 고치려고 하는 대신 그것을 최대한 발휘하도록 도와주어야 한다는 의미입니다. 그것이 신체적인 것이든, 정신적인 것이든 말입니다.

이런 생각을 하면서 생물학적 특성을 억지로 바꾸려 했다가 안타깝게 사라진 한 사람을 알아보려 합니다. 데이비드 라이머David Reimer, 1965~2004는 남성으로 태어났으나 자신도 모르게 여성으로 길러졌고, 그로 인해 오랫동안 원인을 알 수 없는 고통 속에 지내야 했습니다. 결국 이 사실을 알게 된 후 다시 남성으로 돌아갔지만 그 끝은 좋지 않았습니다. 이런 일이 벌어진 것은 1960년대 한창 목소리를 높이던 성 과학sexology 때문입니다. 이 분야의 여러 연구자들은 생물학적 성별을 양육으로 바꿀 수 있다고 보았습니다. 그러나 라이머의 삶은 그것이 잘못된 시도였다는 것을 보여 주는 하나의 예시로 의학사에 남았습니다.

하지만 한 가지 주의해야 할 것은 이런 이야기가 너무도 쉽게 우리를 오해에 빠지게 한다는 것입니다. 이는 우리가 이미 당연한 것으로 여기는 가정들을 끌고 들어오기 때문입니다. 성별을 양육으로 바꿀 수 없다는 것은 여자아이에게 로봇 인형을 쥐어주면 안 된다는 말이나 남자아이는 집안일을 하면 안 된다는 말이 아닙니다. 여자아이는 핑크를, 남자아이는 파랑을 좋아한다는 것도 문화적 가정일 뿐 절대적인 것이 아니기 때문입니다. 그러나 여자에게 '너는 남자야'라고 강요한다고, 아니 그 아이의 주변 환경을 아무리 완벽하게 맞춰 놓아도, 자신을 남자로 여기도록 하는 일은 실패합니다. 그것은 반대의 경우도 마찬가지입니다. 어떤 한 사람을 특정 성으로 정의하는 데는 생물학적 요인과 문화적 요인이 복합적으로 작용한다고 봐야합니다. 중요한 것은 그 결정에 족쇄를 매지 말아야 한다는 것이며, 더 나아가 상대방의 자리를 긍정하는 방법을 생각해야 한다는 것입니다. 오랫동안 여성과 남성/여성 이분법을 벗어난 성을 지닌 이들을 배제해 온 남성 중심의 사고와 동일성의 권력을 벗어나는 길을 모색하기 위해서라도 말입니다.

남자를 여자로, 여자를 다시 남자로

라이머의 이야기를 시작하려면 먼저 소개해야 할 사람이 있습니다. 심리학자이자 성 과학자였던 존 머니John Money, 1921~2006입니다. 그는 우리가 성과 관련한 문제를 논의할 때 흔히 사용하는 젠더 정체성이나 젠더 역할, 성적 지향 등의 여러 개념을 도입했고, 변태성욕sexual perversion이라는 표현을 성 도착paraphilia으로 바꾼 사람입니다.[2] 머니는 2000편에 가까운 논문과 책을 발표하며 전 세계적으로 큰 영향을 미쳤습니다. 그는 성적 본능을 부정하고, 대신 당시 심리학에서 유행하던 행동주의 이론behaviorism을 성 문제에 적용했습니다.[3]

B. F. 스키너의 주도 아래 한때 심리학을 대표했던 행동주의 이론은, 현재 행동의 원인을 개인의 자유의지보다는 과거의 자극에서 찾습니다. 도구적 조건형성instrumental conditioning, 즉 강화와 처벌을 통해 행동을 조절할 수 있으며 행동은 외부적 관찰을 통해 예측하고 통제할 수 있다는 행동주의는 심리학의 수학화와 과학화를 이끌었습니다. 머니는 프로이트 정신분석학의 리비도라는 성 충동과 생명의 힘을 부정하고, 대신 성 행동 또한 외부 자극을 향한 유기체의 반응이자 일종의 훈련된 것으로 보고자 했습니다.

여기에서 머니는 '신체정신bodymind'이라는 개념을 도입합니다. 그는 성 행동을 설명할 때 유전자가 모든 것을 결정한다는 생물학적 결정론을 부정하고 성은 여러 요인이 연쇄적으로 작용해 결정된다는 주장을 펼쳤습니다. 또 당시는 사회구성주의social constructionism, 즉 모든 것이 사회와 문화에 의해 결정된다는 이론이 태동하던 때였습니다. 현재는 사회구성주의에 대한 논의가 활발하던 1990년대를 지나, 생물학적 결정론과 문화적 결정론을 종합하려는 시도가 이뤄지고 있기에 머니의 주장이 어색하게 다가올지도 모르겠습니다. 이전 세대의 본능 중심 이론을 거부한 머니는 신체와 정신이 연결된 것이므로, 생물학적 조건은 학습으로 바뀔 수 있다고 주장했습니다. 이것은 젠더 중립성^{gender neutrality}, 즉 아이는 처음에 중성으로 태어나 성장하면서 성을 형성해 간다는 주장으로 이어지게 됩니다.[4]

1967년, 머니는 이미 주목받는 학자였고 텔레비전 방송에 나와서 이런 주장을 자신 있게 펼쳤습니다. 이 방송을 주의 깊게 보던 한 부모가 있었습니다. 쌍둥이 브루스와 브라이언을 키우던 론 라이머와 재닛 라이머였지요. 6개월 때 아기들이 소변을 보기 어려워하는 것을 안 라이머 부부는 아이들을 병원에 데려갔고, 포경 수술이 필요하다는 이야기를 듣습니다. 안타깝게도 수술 과정에서 사고가 발생하여 브루스의 성기가 절단됩니다. 1960년대에는 성기 재건이 불가능에 가까웠고 부부는 아이를 어떻게 키워야 할지 고민에 빠졌습니다. 남자로 키우자니 성기가 없어서 성생활이나 결혼도 불가능할 텐데, 해결책은 없을까 고민하던 차였습니다. 그때 라이머 부부는 머니의 방송을 보았고, 브루스의 성별을 바꾸는 것을 생각하게 됩니다.

라이머 부부는 당시 존스홉킨스 병원에서 연구하고 있던 머니에게 연락을 취했고, 머니는 그들을 돕기로 합니다. 머니는 자신이 평생을 바쳐 연구한 학설을 증명하는 최고의 사례가 될 거라고 믿었을지도 모르겠습니다. 아직 성에 관한 어떠한 자극에도 노출되지 않은 영아의 상태에서 성기를 상실했으니, 머니의 젠더 중립성 이론을 적용한다면 브루스에게 적절한 성적 환경을 제공하여 그를 여성으로 성장하게 할 수 있을 거라고 생각했을 겁니다.

존스홉킨스 병원은 1965년에 최초로 완전 성전환 수술에 성공한 바 있습니다.[5] 머니가 이를 이어 아동의 성별을 완전히 바꾸는 데 성공한다면, 그는 성에 관한 자신의 이론을 확실하게 증명하는 셈이었습니다. 사실 당시 20대 초반이던 라이머 부부가 브루스에게 시행될 여러 치료를 제대로 이해했는지는 의심스럽습니다. 어쨌든 부부는 치료에 동의했고, 브루스는 이름을 브렌다로 바꿉니다. 남성 호르몬 조절을 위해 고환 절제술도 받았습니다. 이제 남은 것은 브루스의 흔적을 지우고 브렌다를 여아로 키우는 일만 남았다고 모두들 생각했습니다.

머니는 브렌다와 라이머 부부를 매년 면담하며 진행 과정을 평가했습니다. 머니는 브렌다가 성공적으로 여아의 특징을 나타내고 있다고 보았습니다. 브렌다의 사례가 실험적인 측면에서 좋았던 것은 이전에 성적 기형을 보이지 않았기 때문에 순수한 성 전환의 결과를 낼 수 있다는 것과, 쌍둥이인 브라이언이 실험 대조군의 역할을 할 수 있었기 때문입니다. 머니는 여기에 '존/조앤 사례John/Joan case'라는 이름을 붙여 학계에 보고했고, 이후 상당히 오랫동안 성 재지정sex reassignment이 가능함을 보여 주는 확고한 증거로 자리매김하게 됩니다.

그러나 그 이면에선 여러 문제가 나타나고 있었습니다. 성적 어휘와 성적 행동을 자신 있게 내보여야 한다고 오랫동안 주장한 머니는 라이머 남매 또한 이를 연습해야 한다고 생각했고, 브렌다에게 여성 역할을, 브라이언에게 남성 역할을 시키곤 했습니다. 그러나 가족과 주변 사람이 보기에 브렌다는 여자아이 같지 않았습니다. 여자아이 옷차림을 하고 장난감도 여자아이 것이었지만, 브렌다는 리본 드레스를 좋아하지 않았고 오히려 선머슴처럼 행동했습니다. 사춘기에 들어서자, 브렌다는 여성 호르몬을 주입받았습니다. 몸에서 이차 성징이 나타나자, 이상하게도 브렌다의 목소리는 굵어지기 시작했습니다. 물론 남성 호르몬은 고환 외의 다른 기관에서도 분비되기 때문에 브렌다가 남성 호르몬의 영향을 받을 수는 있지만, 고환 절제술에 여성 호르몬까지 주입받는 아이에게서 나타날 정도는 아니었습니다. 무엇보다 브렌다가 계속 뭔가 이상하다고 말했지만, 부모와 브렌다를 상담하던 치료사 모두 그것은 정상적으로 나타나는 일시적 혼란이라고 일축했습니다.

13살이 되자 브렌다는 머니를 만나지 않겠다고 말하고 머니와의 면담을 강요하면 자살하겠다고 선언합니다. 라이머 부부는 아이가 고통스러워하는 걸 그대로 보고만 있을 수가 없어서 그가 겪은 수술과 치료에 관해 솔직하게 털어놓습니다. 브렌다는 그 이야기를 들으면서 생각했다고 합니다. "갑자기 내가 느낀 모든 것이 이해되기 시작했다. 나는 괴짜가 아니었다. 나는 미친 게 아니었다."[5] 브렌다는 자신에게 부여됐던 여성이라는 정체성을 버리고, 이름을 데이비드로 바꿉니다. 성전환 수술을 받은 데이비드는 1990년 결혼하고 세 아이를 입양합니다.

데이비드의 이야기가 주목을 받게 된 것은 1997년 생물학자 밀턴 다이아몬드와 정신의학자 키스 시그먼슨이 데이비드가 겪은 문제를 논문으로 발표한 다음이었습니다.[6] 논문은 머니의 보고와 달리, 데이비드가 여성 정체성을 받아들이는 데 실패했고 성기의 외과적 성형이 문제를 해결하지 않았다고 주장합니다. 1998년 존 콜라핀토가 《롤링 스톤》이라는 잡지에 「존/조앤의 진짜 이야기」라는 장문의 특집 기사를 싣습니다. 데이비드를 인터뷰한 존은 의료적 접근 방법의 문제와 함께 데이비드가 겪은 고통을 심층 보도하여 2000년 미국 잡지 편집장 협회로부터 상을 받고, 내용을 보충하여 『이상한 나라의 브렌다』라는 책을 펴냅니다.

이를 계기로 〈오프라 윈프리 쇼〉에 출연하기도 했던 데이비드. 하지만 그의 삶은 결국 비극으로 끝나고 맙니다. 쌍둥이 형제 브라이언이 죽은 데다 이혼과 실직으로 우울증을 겪던 데이비드가 2004년 결국 자살하고 만 것입니다. 다른 요인도 영향을 미쳤지만, 데이비드를 죽음으로 몰고 간 것은 애초에 그에게 가해진 조작의 상흔이었습니다. 그의 자살이 알려지자 모호한 생물학적 성을 타고 난 아이에게 출생 후 바로 시행하던 성 지정[sex assignment] 수술이 금지됩니다.

과학이 삶을 억압하는 순간

우리는 과학을 사실에 관한 학문이라고 생각합니다. '세상이 이렇다'는 것을 탐구하는 것이 과학이기에 그 결과는 확정적이며 당연히 믿고 따라야 한다고 여깁니다. 데이비드에게 적용된 성 과학도 스스로를 사실에 관한 학문이라고 내세웠습니다. '신체적 조건과 사회적 환경을 통해 성이 결정된다'는 생각을 끝까지 밀고 나간 머니의 성 과학은 데이비드를 여아로 키우면서 이차 성징 때 여성 호르몬을 주입하면 여성으로 자랄 거라고 믿었습니다. 그런 믿음이 사실이라고 확신하고 머니는 데이비드에게 여성의 삶을 강제했습니다. 그러나 데이비드는 자신에게 강요된 삶을 부정했습니다. 어떻게 해도 자신이 느끼는 어색함을 벗어날 수 없었기 때문입니다. 자신이 원래 남성으로 태어났다는 것을 알았을 때 데이비드가 느꼈던 해방감은 다른 사람은 짐작조차 할 수 없을 겁니다.

데이비드의 사례는 성별은 태어날 때부터 정해지므로 태어난 후에는 성을 바꿀 수 없다는 주장에 근거 사례로 종종 인용됩니다. 동성애자나 트랜스젠더를 공격하기 위한 예시로 활용되기도 하고요. 태어나면서 부여된 자신의 '정해진 성'을 바꾸려는 이들이 있는데, 그것은 명백한 잘못이라는 주장의 근거로 이용되는 것입니다. 그러나 이런 해석은 머니의 성 과학이 저지른 과오를 그대로 반복하고 있습니다. 남성의 뇌와 여성의 뇌에 차이가 있다는 주장은 신화일 뿐입니다.[7] 현재까지 확실하게 말할 수 있는 것은 유전적 요인과 환경적 요인이 서로 영향을 주고받으면서 인간의 성적 지향이 결정된다는 것입니다.[8] 심지어 남자로 태어나 네이비드와 비슷한 생후 2개월에 성기가 절단돼 7개월 이후부터는 여자아이로 키워졌는데, 16세와 26세 때 추적해보니 여성으로 아무 문제

없이 사는 사람도 있습니다.[9] 도미니카 공화국의 작은 마을에 나타나는 유전적 이상은 성별 분화 과정에서 남성 호르몬의 기능이 저하되는데, 90명 중 1명이 이런 증상을 가지고 태어납니다.[10] 이들은 모호생식기ambiguous genitalia*를 갖고 태어나 성장 과정에서 여아로 키워지지만, 사춘기 때 남성으로 성별이 바뀌면, 그 후에는 남자로 아무런 문제 없이 살아갑니다. 생물학적·유전적 영향과 환경, 어느 한쪽도 성의 문제를 온전히 다 설명하지 못합니다.

즉, 데이비드의 사례 하나만을 놓고 성 정체성의 과학에 관한 결론을 내리는 것은 섣부릅니다. 오히려 여기에서 주목해야 할 부분은 과학이라는 이름으로 의학이 억압이 되는 순간입니다. 데이비드를 성에 관한 과학의 근거로 삼는 대신, 의학의 섣부른 판단이나 결정이 개인을 어떻게 고통에 빠트릴 수 있는지를 기억해야 합니다. 데이비드에게 주어진 아픔은 너무도 특이해 다른 사람이 온전히 공감하기가 쉽지 않습니다. 그러나 삶에 우선하는 학문, 생에 우선하는 이념을 강제하는 것은 언제나 신중해야 합니다. 그것은 확립되어 당대에 통용되는 과학과 의학이라 해도 마찬가지입니다.

거꾸로 우리는 흔히 '객관적'이라고 표현하는 의학 또는 과학에 내재돼 있는 욕망에 관해 생각해 볼 필요가 있습니다. 머니의 성 과학은 어떤 욕망을 내포하고 있었을까요? 성을 마음대로 선

---

* 남성 또는 여성으로 구분하기 어려운 형태의 생식기로, 주로 남성기가 아주 작은 경우를 말한다.

택할 수 있다는 기대는 아니었을까요? 이런 기대는 의학이나 과학의 이론을 현실로 이식해, 양육을 통해 성별을 환경적으로 조절하려는 노력으로 구체화했습니다. 바로 이렇게 실현된 기대는 이론의 장에서는 그저 관념의 지위에 머물렀지만, 실천을 통해 현실에서 사회적·물리적 실체를 부여받았습니다. 바로 데이비드를 여성으로 정의하고 양육하며 여성 호르몬을 주입하는 행위가 그것입니다. 데이비드는 여기에서 일찍 벗어났지만, 그 흔적은 계속 남았습니다. 의과학에서 나타났던 여러 이론은 그렇게 사람들의 삶에 흔적을 남겼습니다. 앞서 살핀 장애에 관한 생각이나 성 소수자에 관한 이론은 가치의 실체적 구현이 미친 영향을 잘 보여 주는 예시일 겁니다.

3부

믿음과 과학, 그 사이

골상학은 유사과학일까, 나쁜 과학일까
강자가 되고 싶은 욕망, 약자를 박멸하는 수단
낳지 않을 권리, 골라 낳을 권리
정신질환자는 통제의 대상인가
정신질환은 사회가 만든다

존 프라이어나 데이비드 라이머의 이야기에서 본 것처럼, 과학이 세운 이론이 삶을 규명하는 것을 넘어 규정하려 할 때 고통이 발생하는 경우를 역사에선 여럿 찾아볼 수 있습니다. 개인의 아픔을 넘어 시대의 고통이 된 경우도 여럿 있었죠. 인종 개량을 위한 우생학이 대표적일 겁니다. 나치 독일은 이 이론에 근거하여 수많은 유대인·집시 민족과 장애인을 살해했습니다. 제2차 세계 대전 이후에도 여러 나라에서 장애인을 대상으로 한 강제 불임 시술 시행의 근거가 되었고요.

문제는, 이런 이론의 바탕을 이루고 있는 생각들이 이론에서 나온 실천이 폐기된 이후에도 그대로 살아남아 있다는 것입니다. 우생학의 경우 현재 어떤 정부가 우생학적 정책을 편다고 말하면 사람들은 끔찍한 일이라고 소스라치지만, 임신 산전 검사를 통해 기형이 있는 경우 임신 중절을 택하는 경우나 유전자 조작을 옹호하는 논의를 할 때, 우생학의 생각은 여전히 그 안에서 작동하고 있습니다.

명확한 대상 없이 이런 이야기를 이어가기는 어렵습니다. 여기에서는 구체적인 사례를 통해 이 부분을 살펴보려 합니다. 관상학이라고도 불리는 골상학을 전 유럽에 퍼뜨린 프란츠 갈, 우생학을 과학의 지위에 올려놓으려 했던 골턴, 피임약을 통해 여성 재생산권을 주창

했으나 우생학 신봉자로 비난당한 생어, 정신질환을 어떻게 통제할 것인가라는 문제를 남긴 크레펠린, 정신의학이 압제라고 주장하며 그에 반대하는데 앞장섰던 사즈. 이들의 이야기는 우리가 당연하게 여겨온 지식에, 의과학에 질문을 던집니다. 현대 의학이라는 학문은 그저 실천에 문제가 있을 뿐, 그 지식 자체에는 아무런 잘못이 없을 까요? 혹시, 그 지식 자체에도 문제가 있는 것은 아닐까요?

골상학은 유사과학일까, 나쁜 과학일까

_ 프란츠 요제프 갈

우리는 자신의 행동을 통제할 수 있다는 것을 당연하게 여깁니다. 내 몸을 내 마음대로 움직일 수 있으며, 그 동작이 내 생각에서 비롯되었다는 말을 어색하다고 느낄 사람은 아무도 없을 겁니다. 자기 행동을 통제하고 조절하는 능력을 자유의지라고 부르며, 이 능력은 오랫동안 인간에게 무척이나 중요한 것으로 여겨졌습니다. 이를테면, 동물은 자기 행동을 통제할 수 없으니, 인간과 동물을 구별하는 중요한 기준 중 하나가 자유의지의 유무입니다. 심지어 자유의지가 있어야 현대 법체계가 성립합니다. 우리는 누군가를 처벌할 때, 그가 자유의지를 가지고 잘못했을 때

죄를 묻습니다. 두 사람이 보석을 도둑질해서 처벌하려 합니다. 이때 한 사람은 그저 보석의 아름다움을 탐하여 도둑질을 저질렀고, 다른 사람은 누군가에게 협박을 당해 보석을 훔치게 되었습니다. 이 두 사람에게 같은 죄를 물을 수는 없을 겁니다. 두 번째 사람이 자신이나 가족의 목숨이 위험에 처했기에 어쩔 수 없었다고 말한다면, 그에게 묻는 죄와 벌은 달라져야 할 겁니다. 즉, 자유의지로 한 행위를 우리는 그 사람의 진짜 행동이라고 보는 겁니다.

그러나 빠르게 발전하고 있는 신경과학은 여러 지점에서 이런 생각에 의문을 제기하고 있습니다. 자유의지를 부정하는 사례로 1980년대에 캘리포니아 대학 샌프란시스코의 벤저민 리벳 교수가 한 실험이 종종 언급됩니다. 리벳은 피험자에게 원할 때 손목을 움직여보라고 요청한 뒤, 뇌의 활동을 관찰합니다. 그랬더니 손이 움직이기 최대 1초 전에 뇌에서 신호가 발생하는 것을 감지합니다. 그러니까 내가 '손을 움직인다'라고 생각하기 전에 이미 뇌에서 '손을 움직이는 신호'가 관찰되었다는 것입니다. 자유의지가 있다면 이렇게 움직여야겠죠. '손을 움직인다'라는 생각이 뇌에 신호를 일으키고, 그 신호가 신경을 타고 손에 전달되어 손 근육을 움직입니다. 그러나 리벳 실험에서 밝혀진 과정은 다음과 같습니다. 뇌에 신호가 일어나고, 이것은 신경을 타고 손에 전달되고, 또한 '손을 움직인다'라는 생각을 만들어 내는 것입니다. 이 실험 결과에 따른다면, 생각 또는 자유의지가 우리를 움직이는 것이 아니라, 뇌의 신호가 모든 것을 만들어 내는 것입니다. 지금 시대에 이런 표현은 일부 당연해 보이지만, 여전히 우리를 갸우뚱하게 만드는 부분이 있습니다. 그렇다면 의식은 환상일까요? 우리는 뇌의 신호를 움직이는 물리 법칙에 묶여 있을 뿐, 자유로운 선택은 불가능한 걸까요?

이런 생각을 확장한 것이 '자유의지는 환상'이라는 주장입니다. 이런 생각은 몇 가지 과학적 증거가 있어 일부 타당한 지점이 없는 것은 아니지만, 만약 그렇다 해도 만만찮은 문제들을 불러옵니다. 그중 하나는 자유의지가 없다면 법과 윤리가 위험해진다는 것입니다. 이런 문제를 다루기 위해, 철학자들은 어떤 존재가 인간을 조종하고 있는데 그 사실을 모르고 있는 인간이 외계인의 조종에 따라 행위를 한 경우를 가정해 자유의지에 관한 사고 실험을 진행하고 있습니다. 외계인이 현재 인간의 기술로는 알 수 없는 기계로 저를 조종하여 앞에 있는 병을 깨라고 명령을 내렸는데, 그 안에 환자에게 당장 주사하지 않으면 죽게 되는 약이 들어 있을 경우, 그 병을 깬다면 저는 과연 잘못일까요? 이런 문제는 최근 도덕심리학이나 신경과학에서 활발히 연구되고 있는 주제이기도 합니다.

다른 한편에서는 fMRI 촬영이 두뇌 활동을 얼마나 정확하게 설명할 수 있는가를 놓고 첨예한 논쟁이 벌어지고 있습니다. 신경과학이 제기하는 이런 이슈는 앞으로 인간의 의지와 책임의 문제에 상당한 논란을 제공할 것 같습니다. 이런 자유의지와 뇌의 작동기작에 관해 생각해 본 이유는 200년 전 똑같은 고민에 빠졌던 해부학자가 있었기 때문입니다. 유사과학인 골상학骨相學, phrenology에 빠졌다는 오명을 남긴 프란츠 요제프 갈Franz Joseph Gall, 1758~1828입니다. 동양의 관상학이랑 어찌 보면 비슷한 그의 생각은 당대와 그 이후 여러 방면에 영향을 미쳤습니다. 골상학으로 진로를 결정한 유명인이 여럿 있기도 했고, 나치와 노예제를 옹호하는 사람들은 자신의 인종차별적 주장을 옹호하는 수단으로 골상학을 활용하기도 했습니다. 그 명맥은 범죄학자 체사레 롬브로조로 이어져 '생래적 범죄인born criminal'*이라는 개념을 탄생시키기도 합니다. 이렇게 범죄자와 일반인 간에 얼굴과 뇌 형태의 차이가 있다는 생각은 상당히 오랫동안 살아남아 동성애자 차별의 근거로 활용되기도 했습니다. 그 중심에 있는 프란츠 갈과 그의 골상학을 간략히 살펴보고, 그 생각이 여전히 우리에게 영향을 미치고 있는 것은 아닌지 점검해 보려고 합니다. 생각보다 골상학은 우리의 편견에 많이 남아있는지도 모르겠습니다. 아니면 우리 인간이 원래부터 가진 편견이 골상학이라는 학문을 만들어 내고 끊임없이 복기하는 것인지도 모르지요.

---

* 범죄자로 태어나는 사람이 있다는 생각으로, 롬브로조는 생물학적으로 범죄자가 결정되는 요인을 찾고자 했다. 지금도 흔히 쓰이는 '범죄형 얼굴'이라거나 '범죄자의 본성'이라는 표현에서 그 흔적을 찾아볼 수 있다.

인간의 정신을 계량하고 싶다

흔히 프란츠 갈은 어떤 사람의 머리 모양을 살펴 그 사람의 정신적 능력을 알 수 있다는 헛소리를 늘어놓은 사기꾼으로 치부되곤 합니다. 이것은 최근에 이뤄진 평가만은 아닙니다. 이미 그가 활동하던 당시에도 그와 동료들이 내놓은 주장은 엉터리라는 평가를 받았습니다.[1] 하지만 18세기에 프란츠 갈이 했던 생각은 전 세계적으로 커다란 영향을 미쳤고 그 주장에 호응한 많은 사람이 골상학자로 활동하기도 했습니다. 그가 했던 주장이 어떤 것이길래 그랬을까요?

프란츠 갈은 독일의 소도시 티펜브론에서 태어났습니다. 성장하면서 스트라스부르와 빈에서 의학을 공부한 그는 학위를 마친 후 바로 개업을 선택합니다. 그는 진료를 하면서 경험적 지식의 중요성을 깨닫고, 진료와 연구를 병행하기 시작합니다. 18세기 말, 유럽 의학은 조반니 모르가니의 병리 해부학과 존 헌터의 외과학 실험에 주목하면서 과학적 의학으로 넘어가는 도중에 있었습니다. 프란츠 갈도 그런 영향을 많이 받았습니다. 그가 주목했던 것은 인간 정신의 여러 능력들, 즉 인식, 인지, 기억 등이었습니다. 그가 도달한 결론은 명쾌했습니다. '인간의 두뇌 구조에는 차이가 있으며, 그 차이에 따라 정신 능력이 다르게 발현한다.' 이 주장에서 별다른 문제를 찾긴 어렵습니다. 오히려 뇌의 구조와 작동 방식에 관해 아무것도 모르던 시기에 이런 결론에 도달한 것이 놀랍습니다. 한 세기 뒤에 활동한 지그문트 프로이트가 프란츠 갈과 같이 인간 정신을 과학적으로 탐구하려 했지만, 여전히 당대 신경과학으로는 자신이 원하는 것을 알아낼 수 없다는 것을 깨닫고 재빨리 환자의 말과 꿈에 집중하기 시작했던 것을 생각해 보면 갈의 주장에는 놀라운 구석이 있지요. 하지만 프란츠 갈은 18세기에 두뇌 구조의 차이를 측정할 수 있다고 믿었습니다. 21세기에도 아직 달성하지 못한 일을 어떻게 하려고 했던 걸까요? 프란츠 갈은 두뇌의 '형태'에 답이 있다고 생각했습니다.

그는 두개골 표본을 수집하여 두뇌계측학적 접근을 활용합니다. 두개골에서 뇌를 임의로 구획하고 그 크기를 측정한 것입니다. 지금에서야 그런 것에 아무 의미가 없다는 것을 모두가 알지만, 18세기 말에 프란츠 갈의 방식은 혁명적이었습니다. 인간의 정신 능력을 신체로 평가할 수 있다니! 당시가 아이작 뉴턴이 발견한 만유인력의 법칙을 뒤이어 피에르-시몬 라플라스가 과학적 결정론을 주장한 시대였다는 것을 떠올린다면, 프란츠 갈이 시대와 어떻게 조응하고 있었는지 알 수 있습니다.*

---

* 1814년 라플라스는 모든 입자의 상태를 알 수 있다면 우주의 다음 순간을 계산할 수 있다고 주장했다. 라플라스의 생각은 흔히 물리적 결정론을 극단까지 밀고 갔다고 평가받는데, 이런 관점에서는 인간은 그야말로 법칙에 종속돼 있을 뿐, 자유의지는 존재하지 않게 된다. 라플라스의 생각은 어떤 이성적 존재가 우주의 모든 입자 상태를 알고 계산할 수 있다는 것을 전제하는데, 그런 가상의 존재를 '라플라스의 악마'라고 부른다.

그는 이전 시대 철학이 내놓은 정신에 관한 사변을 물리치고 실증적으로 정신 능력에 접근하고자 했습니다. 그는 정신 능력을 27개 분야로 나눠 개개인이 뛰어난 부분과 모자란 부분이 있음을 설명하려 했습니다.[2] 정신 능력 각각은 두개골의 27개 융기(뛰어나온 부분)에 할당되었습니다. 이제 인간의 신체적 능력뿐 아니라 정신 능력 또한 측정할 방법이 생긴 것입니다. 두개골의 융기를 측정하면 되니까요. 천재에 관해 설명하고자 했던 프랜시스 골턴이 천재는 모든 부분에서 뛰어나다고 생각했던 것과 비교하면 프란츠 갈의 주장은 훨씬 그럴듯합니다. 천재는 흔히 한쪽 능력이 기형적으로 발달한 대신 다른 부분은 모자라거나 둔한 구석이 있는 사람이라고 생각하고, 이런 평가와 갈의 주장은 잘 맞으니까요.[3] 더구나 그가 수행했던 뇌 해부 작업은 엄청난 것이었습니다. 모두가 뇌를 적당히 잘라 관찰하던 시절, 프란츠 갈은 전체 해부 구조물을 확인하고 그들 사이에 이어진 경로까지 추적했습니다.[1] 그는 이런 작업을 두뇌생리학이라고 불렀는데, 이 이론은 다음 일곱 가지 원칙을 따르고 있습니다.

첫째, 각각의 소질과 성향(능력)은 인간과 동물에서 선천적이다.

둘째, 이들 소질과 성향은 뇌에 자신들의 자리, 즉 기반을 가지고 있다.

셋째, 이들 소질과 성향은 다양하고 독립적인데, 본질적으로 분리되어 있고 서로에게 독립적이다.

넷째, 따라서 각각의 소질과 성향은 뇌의 서로 다른 부분에 독립적으로 그 기반을 가지고 있어야 한다.

다섯째, 여러 기관이 다양하게 나뉘고, 또 이들 기관이 발달 과정을 거치면서, 뇌에 다양한 모양이 생겨난다.

여섯째, 특정 기관의 구성 방식과 발달 과정에 따라, 뇌의 특정 부위 혹은 영역에 특정 모양이 나타난다.

일곱째, 태아에서 성인까지 두개골이 형성되며 성장하는데, 골격의 외형은 뇌의 형태에 따라 결정된다. 따라서 두개골의 외부가 내부와 같은 모양이라면, 두개골의 외형이 특정 성향과 소질에 따라 결정된다고 결론내릴 수 있다.[4]

프란츠 갈의 원칙은 당시 인간 정신에 대한 기존 관념을 뒤흔들어 놓을 정도로 혁신적이었습니다. 사실 우리가 골상학이라고 부르는 생각은 오랜 믿음 중의 하나였습니다. 동양에서 관상학이 발달할 때, 서양이라고 가만히 있을 리가 없었지요. 고대 그리스에선 외모가 성격과 연관이 있다고 생각했고, 아리스토텔레스는 이를 받아들여 외모를 통해 성품을 알 수 있다고 주장했습니다. 그는 『관상학』에서 신체에는 정신의 속성이 드러난다고 했습니다.[5] 무엇이든 반복적으로 훈련하면 성격에 영향을 미치고 몸에도 변화를 가져옵니다. 그래서 관상학적 접근을 마냥 틀렸다고 말하기 어렵게 되는 것이죠.

이 전통은 오랫동안 잊혔다가 여러 사람의 손을 거쳐 되살아납니다. 예를 들면 18세기 말 비교해부학의 선구자로 알려진 페트루스 캄페르는 안면각facial angle을 측정해 인종을 구분하려 했습니다. 그리고 19세기 초 당시 떠오르고 있던 정신 능력에 관한 연구에 중심축을 마련하고 유럽 전역에 퍼뜨린 것은 프란츠 갈과 그가 떠난 강연 여행, 그리고 그의 동료들이었습니다. 그는 유럽 전역을 여행하면서 흥미로운 강연을 펼쳤고, 점차 명성을 얻기 시작합니다. 청중의 눈에 엄정한 과학으로 비췄던 그의 방법론은 그를 떠돌이 지식상이라고 비난한 학계와 달리 널리 퍼지게 된 것이죠.

그러던 중 피에르 폴 브로카가 대뇌의 왼쪽에 언어 조정 영역이 있음을 발견합니다.[6] 브로카는 1865년 간질로 뇌가 손상된 후 '탄tan'이라는 말만 반복해 '탄'이라는 별명으로 불리던 환자를 보고했습니다. 환자가 사망한 후 브로카는 부검 과정에서 뇌 좌반구에 손상이 있음을 발견합니다. 언어 활동이 뇌의 특정 부분에 의해 조절된다는 증거를 제시한 셈입니다. 이렇게 프란츠 갈의 원칙은 이후 뇌과학의 발전과 함께 뇌의 국재화 이론cerebral localization theory*으로 변형되어 정립돼 나갔다고 보아도 과언이 아닙니다.

---

* 뇌의 일정 부위가 특정 기능을 담당하고 있다는 주장. 뇌에 언어, 운동, 시각 등을 담당하는 부위가 있다는 견해는 이후 두뇌 전기 자극, 뇌 영상 기법 등을 통해 발전하였으나, 점차 특정 단일 부위가 아니라 여러 부위가 연결되어 집합적인 활동으로 정신 능력을 통제한다는 주장이 힘을 얻고 있다.

물론 프란츠 갈이 두뇌의 여러 융기에 배정했던 언어 감각, 색깔 인식, 음정 인식, 시적 능력, 도덕 감각 등은 현재의 신경과학적 구분과는 엄청난 거리가 있습니다.[7] 당시에도 이미 장 피에르 플루렌스를 필두로 한 실험생리학파로부터 거센 공격을 받았습니다. 플루렌스는 뇌의 국재화 이론을 과학적으로 엄밀하게 밀고 나가길 원했습니다. 그는 동물의 뇌 일부를 제거한 후 행동 변화를 관찰하면서, 대뇌 반구를 제거하면 인지, 운동 자극, 판단력 등이 손상되고, 소뇌를 제거하면 평형감과 운동 협응(개별 운동의 통합) 능력이 상실되는 것을 발견하게 됩니다. 플루렌스의 주장은 당시 학계를 이끌던 조르주 퀴비에*의 지지를 받으며 프란츠 갈을 압도했습니다. 프란츠 갈은 플루렌스의 주장을 반박했지만 성공적이지 못했고, 결국 쓸쓸하게 생을 마감했습니다. 뛰어난 직관과 관찰을 통해 정신의 객관화를 추구했지만, 올바른 연결점을 찾지 못하고 내부적 정합성도 확보하지 못하자 그의 이론은 받아들여지지 못한 채 하나의 주장으로 끝나고 만 것입니다.

---

* 프랑스 박물학자이자 동물학자. 정치가로도 큰 영향력을 행사하여 당대의 과학 지형을 좌우했다.

얼굴 모양으로 사람을 차별하다

그렇다면 골상학은 어떻게 살아남았을까요? 프란츠 갈의 제자이자 이후 계속 골상학을 밀고 나간 요한 스푸르츠하임의 영향이 컸습니다. 그는 프란츠 갈의 주장을 수정하여 미국에 소개합니다. 미국에서 엄청난 인기를 끈 골상학은 오손 파울러와 로렌조 파울러 형제의 손에 개정되어 전 세계로 수출되기에 이릅니다. 하지만 이 시기의 골상학은 엄밀한 학문이 아니라, 대중적 영향력을 누리는 유사과학이 됩니다. 골상학자는 점술가처럼 시장에서 미래를 예측하고 돈을 받는 장사치로 자리잡습니다. 이것이 학계에서 다시 주목받게 된 것은 과학적 인종차별주의와 범죄학이 부각하면서부터였습니다.

우선 과학적 인종차별주의부터 살펴볼까요? 다른 인종과 문화에 관한 관심이 커지던 18세기 말에는 각각의 차이를 설명할 수 있는 이론이 필요했습니다. 무엇보다 인종 간 위계를 설정할 수 있는 학문에 관한 요청이 있었습니다. 사람들은 모두 자신이 남보다 낫다고 생각하길 원하니까요. 그것을 과학이 증명해 주면 금상첨화인 것이죠. 진화론과 우생학이 그렇게 활용되었고, 골상학 또한 신체생리학의 이름으로 이 대열에 합류합니다. 예컨대 19세기 미국의 과학자이자 의사였던 새뮤얼 모턴은 두개골의 부피에 따라 인종을 구분할 수 있다고 생각했습니다. 앞서 말씀드린 브로카는 캄페르의 안면각 이론과 두개골 비율을 활용해 인종 간의 우열 관계를 증명하려 했습니다.[8] 프랑스의 의사 프랑수아 브루세는 골상학을 근거로 백인의 아름다움을 주장했고, 그 아들 카슈미르 브루세는 알제리에서 사로잡은 베두인 족장의 머리를 측정한 후 지성이 없고 살인 본능이 가득하다는 말을 하기도 했습니다.[9]

범죄학도 비슷한 길을 걷습니다. 골상학이 범죄자가 될 수 있는 기질을 측정하는 방법으로 제시되고, 살인자, 광인, 도둑을 골상학으로 판별할 수 있다고 주장합니다. 흥미로운 대목은 범죄자가 이미 정해져 있어 엄격한 처벌만 있을 뿐이라는 언급 외에, 범죄자를 교화할 수 있다는 주장으로 이어졌다는 것입니다.[10] 골상학자가 보기에 범죄자는 '죄'라는 개념을 받아들일 만큼 도덕 감각이 발달하지 못한 존재입니다. 그래서 이들에게 아무리 처벌을 해봐야 소용이 없고, 오히려 악화시키기만 할 뿐이라는 것입니다. 오히려 이들은 '도덕적 환자'이니 치료를 받아야 한다고 골상학자들은 주장했습니다. 적절한 교육과 훈련을 통해 이들을 다시 갱생시킬 수 있다는 것이었습니다. 물론 폭력의 수위가 낮아졌다고 더 인간적이라고 볼 수 없다는 것은 미셸 푸코가 『감시와 처벌』에서 이미 지적한 적이 있지요. 더불어 이런 골상학자들의 주장은 체사레 롬브로조의 범죄학으로 이어집니다. '범죄학'이라는 용어를 만든 것으로 알려진 롬브로조는 범죄자는 원시인이나 유인원에 가까운 존재로 얼굴의 형태나 팔 길이 등으로 구분할 수 있다는 주장을 펼칩니다. 롬브로조가 관심을 가진 대상에는 성 범죄자도 있었는데,

앞서 말씀드린 것처럼 이런 생각은 20세기 중엽 동성애자를 얼굴 형태나 두뇌 특징으로 구별할 수 있다는 생각으로 이어져 성 소수자의 치료에도 활용됩니다.

다른 것이 틀린 것이 될 때

우생학과 골상학은 20세기 초 독일 나치와 일본 제국이 인종 차별과 멸절을 정당화하는 논리로 활용했다는 점에서 이후 망령된 이름으로 일컬어지곤 합니다. 하지만 세심하게 구분할 필요는 있지요. 두 이론이 인간을 구분하는 역할을 한다는 점에선 같지만, 우생학과 골상학이 작동하는 방식은 다르니까요. 우생학 자체도 두 가지로 구분할 수 있습니다. 우생학은 당시 과도하게 부풀어 오른 민족이라는 이데올로기가 만들어 낸 '민족의 신체'라는 상상에 적용되었어요. 민족의 신체를 구성하는 개인 각각이 더 뛰어난 사람이 될 때 민족의 신체 또한 더 발전할 수 있을 것이라는 생각은 소위 '건전한' 청년끼리 결혼과 출산을 장려하는 적극적 우생학으로 이어졌습니다. 민족의 신체를 오염시키는 외부의 병소, 즉 열등한 외부인을 몰아내야 한다는 생각은 인종 멸절을 향한 부정적 우생학으로 실현되었지요. 후자는 앞으로도 다시 살려내선 안 될 끔찍한 악몽이지만, 전자는 얼마 전까지 학습을 통한 계층 구분으로, 최근에는 유전자 조작과 디자이너 베이비라는 이름으로 다시 나타나고 있습니다. 적극적 우생학에 관해 앞으로 더 많은 고민이 필요한 이유이기도 합니다.

골상학은 이런 생각과는 또 다릅니다. 골상학 자체는 인간의 정신 능력 간 차이를 계량화하려는 시도 중 하나였습니다. 지금도 우리가 사용하고 있는 IQ나 감성이 중요하다면서 등장한 EQ와 의도라는 면에선 큰 차이가 없는 방법론이라고 할 수 있습니다. 물론 골상학은 과학적으로 자신을 입증하는 데 실패한 이론이라는 점은 분명하게 부각시켜야 합니다. 이런 객관적 차이 측정이라는 도구에 우리가 가진 편견이 결합하면서 비로소 골상학은 인종차별을 정당화하는 이론이 되었습니다. 무슨 말일까요? 우리는 흔히 '다른 것은 틀린 것이 아니다'라는 말을 하곤 합니다. 다른 것은 차이, 틀린 것은 잘못을 의미하므로 뜻이 다른 표현을 혼동해서 사용할 때 쓰는 말이지만, 이 표현은 인간 속 깊이 내재해 있는 편견도 함께 드러내 줍니다. 우리는 다른 것을 틀린 것으로 곧잘 생각합니다. 누가 가르쳐주지 않아도 아이들도 다른 것을 구분해서 거부하지요. 심리학은 인간이 다른 것을 쉽게 발견하는 능력이 있음을 발견하고 여기에 대상의 현저성이라는 이름을 붙였습니다. 그리고 현저성은 대상을 부정적으로 평가하는 것으로 바로 이어지지요. 즉, 다른 것과 틀린 것이 발음의 유사성 때문에 혼동하는 것이 아니라, 우리에겐 다른 것이 틀린 것이라는 편견이 기본적으로 자리잡고 있다는 것입니다. 영어를 비롯한 외국어에선 다른 것different과 틀린 것wrong의 어휘가 전혀 다르지만, 편견은 마찬가지로 문제가 되고 있으니까요.

우리는 수많은 비극과 악행을 겪고 나서야 다른 것이 틀린 것이 아니라는 것을 배웠습니다. 인종 멸절이 인류에게 남긴 교훈입니다. 하지만 우리는 이런 생각을 남 탓으로 돌리고자 합니다. 나는 그런 생각을 하고 있지 않고, 악을 행한 남에게만 있다고 주장하고는 잊어버린다는 것이죠. 이런 다름과 틀림의 편견도 역시 마찬가지 아닐까요? 1994년 미국에서 IQ를 인종차별의 증거로 활용한 책이 나온 걸 생각하면, 이런 편견은 여전히 우리 옆을 배회하고 있습니다.[11] 골상학이 악의 도구로 활용된 것은 부정할 수 없는 사실이며, 이를 다시 되살릴 이유는 없습니다. 하지만 골상학이 18세기에는 일종의 신경과학이었고, 그 연장선에 있는 신경과학이 대중 담론에까지 영향을 미치고 있는 오늘날 우리는 잊지 말아야 할 것이 있습니다. 골상학에 내재된 편견, 즉 '다르다'는 것을 객관적으로 증명하고 이를 '틀리다'의 증거로 활용하려는 방식이 여전히 우리에게 남아있기에 신경과학도 얼마든지 악용될 수 있다는 것입니다.

다시 글을 열었던 자유의지에 대한 생각으로 돌아가 봅니다. 만약 이런 편견이 우리의 본성에 내재되어 있는 것이라면, 우리가 그 본성에 반해 행동할 수 있는 자유를 가지고 있다는 점은 아무리 강조해도 지나치지 않을 겁니다. 심지어 실험을 통해 자유의지에 이의를 제기한 리벳도 이렇게 결론을 내렸습니다. 우리가 어떤 행동을 개시한다는 측면에서는 자유의지가 존재하는지 아직 분명하지 않지만, 어떤 행동을 하지 않을 자유는 여전히 남아있다고 말입니다. 그렇다면 우리에겐 우리 안에 있는 편견을 기억하고 그것을 거부할 의무가 있습니다. 과거의 악행을 반복하지 않기 위해서말이죠. 이제 끔찍한 이름, 우생학에 관해 좀 더 깊이 알아봐야 할것 같습니다.

강자가 되고 싶은 욕망,
약자를 박멸하는 수단

_ 프랜시스 골턴

임신과 출산은 그 자체로 축복이지만, 기쁨과 행복만큼이나 고통과 무게가 결코 작지 않습니다. 그 안에서 임신 중절에 관한 논의는 끊임없이 계속되고 있습니다. 여러 가지 따져볼 내용이 많지만, 특히 임신 중절에 관한 법은 세세히 뜯어볼 구석이 있습니다. "모성母性(임산부와 가임기 여성)* 및 영유아의 생명과 건강을 보호하

---

* 모자보건법은 모성을 임산부와 가임기 여성으로 정의하고 있으나, 이런 정의는 임부, 산부, 가임기 여성에게 어머니로서의 본능이 있음을 전제 또는 강제하는 가부장적 표현이다.

고 건전한 자녀의 출산과 양육을 도모"하겠다는 모자보건법이 임신 중절을 규제하고 있는 것이죠. 이 법의 14조는 인공 임신중절수술을 받을 수 있는 경우를 다섯 가지로 정하고 있습니다. 본인이나 배우자가 우생학적, 유전학적 정신장애나 신체질환이 있는 경우, 전염성 질환이 있는 경우, 강간에 의한 임신, 법적으로 혼인할 수 없는 가족 또는 친척 사이, 여성이 임신으로 인해 건강상 심각한 위험에 처한 경우입니다. 따져볼 필요가 있지만, 조항들이 어색하게 느껴지지 않으실 겁니다. 그런데 첫 번째 항목에 이상한 표현이 있습니다. 아이에게 질병을 물려주지 않겠다는 유전학적 이유는 언뜻 그럴듯해 보입니다만, '우생학적' 사유라.

우생학優生學, eugenics, '잘 낳는 것'에 관한 학문이라는 이 표현은 통계학자, 사회학자, 심리학자, 인류학자, 탐험가, 지리학자, 발명가, 기상학자였던 프랜시스 골턴Francis Galton, 1822~1911이 1883년에 발간한 『인간의 지능과 그 발달에 관한 탐구』에 처음으로 등장합니다. 골턴은 이 책에서 우생학이란 "신중한 짝짓기를 통해 가축을 개량하는 과학으로, 이는 인간에게도 적용"되는 학문이며, "더 적절한 인종이나 핏줄에게 빨리 퍼질 기회를 주기 위한" 것이라고 밝힙니다.[1] 비슷한 시기에 허버트 스펜서가 주장한 사회진화론Social Darwinism과 자주 혼동되곤 합니다. 스펜서가 주장한 사회진화론은 자유방임주의 경제 체제가 사회에 가장 잘 적응하는 자를 남기기 때문에 사회 진보로 이어진다는 주장입니다. 반면 골턴의 주장은 훌륭한 부모 밑에서 훌륭한 자녀가 탄생할 것이라는 생각을 생물학적 관점에서 추구한 것이었습니다. 진화생물학을 크게 두 요소, 유전과 자연선택으로 나눌 수 있다면 사회진화론은 자연선택, 우생학은 유전에 초점을 둔 사상이었다는 점에서 그 궤가 다르지요.

찰스 다윈의 사촌이기도 한 그의 이름, 골턴을 책에서 보기는 그리 어렵지 않습니다. 앞에서 언급한 것처럼 워낙 여러 분야에서 업적을 남겼기 때문이죠. 더구나 그 업적 하나하나가 각 분야에 엄청난 영향을 미쳤습니다. 케임브리지 대학에서 의학을 공부한 그는 유산을 상속 받고는 의사 일을 접고 탐험 길에 오릅니다.[2] 기상학에서 고기압을, 통계학에서 회귀regression와 상관correlation을, 심리학에서 차이 심리학differential psychology과 단어연상검사를 만들어 내고, 법의학에서 지문을 법적 증거로 만든 사람이 한 사람이라면 믿어지실까요?[3] 하지만 이 모두가 골턴이 남긴 유산입니다. 그리고 그가 가장 공을 들였던 연구 분야가 바로 우생학이었지요.

유전자가 인간의 모든 것을 결정한다면

골턴은 1859년 발표된 『종의 기원』을 읽고 많은 영향을 받은 것 같습니다.[2] 물론 그 자신이 의사로 교육받았기 때문일 수도 있고, 탐험가로 세계를 돌아다니면서 생긴 인류학적 관심을 정량적으로 표현하고자 했던 것일 수도 있습니다. 그는 이후 유전 현상을 연구하기 위해 가계도를 조사하고 다양한 사람들의 신체를 계측하고 자료를 수집했습니다. 1869년 유전에 관해 쓴 『유전되는 천재』에선 이름난 여러 집안을 조사했고, 1885년 영국 과학진흥협회 인류학 분과 연설 발표에선 부모와 자녀 간의 신장(키) 분포를 살폈습니다. 1889년에는 『자연적 유전』에서 신장에 나타난 특징을 예술적 능력이나 결핵에 걸릴 확률에 적용하기도 했습니다. 이 과정에서 골턴은 통계학을 다시 썼다고 해도 과언이 아닙니다. 사분위수quartile, 백분율percentile, 표준편차standard deviation 등에 이름을 준 사람이 골턴이니까요. 중앙값median을 대표값으로 사용한 사람도 골턴입니다. 무엇보다 앞서 언급한 회귀, 더 정확히는 '평균으로의 회귀regression to the mean'도 골턴이 발견했습니다.

골턴의 생각을 아주 간략하게 정리하면, 지능과 신장은 세대를 거쳐 유전되기는 하지만, 인구 집단 전체로 보면 지능과 신장은 크게 변하지 않고 평균을 유지한다는 것입니다. 골턴은 이 결과를 통계학적으로 증명한 다음, 인위적인 개입을 통해 지능과 신장의 향상을 추구해야 한다고 주장합니다. 그냥 놓아두면 자꾸 평균으로 돌아가니 개입은 바람직하다는 것이었죠. 이 주장의 문제점을 찾기 위해 그의 이론을 좀 더 면밀히 살펴보도록 하겠습니다.

그가 처음 복귀유전reversion이라고 부른 회귀는 1875년 스위트피sweet pea를 가지고 한 실험에서 경험적으로 증명됩니다. 부모 씨앗을 무게에 따라 가장 무거운 집단부터 가장 가벼운 집단까지 7개의 집단으로 나눠 자가교배를 했더니, 각각의 자손 집단은 무게의 평균은 달라도 모두 정규분포를 보이고 있었고 그 퍼진 정도

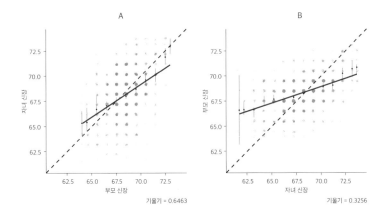

A

B

기울기 = 0.6463

기울기 = 0.3256

평균으로의 회귀를 다룬 최근 논문[4]은 골턴 자료를 보면서 빠지기 쉬운 착각을 지적하고 있다. 부모로부터 자녀로 이행할 때(A) 평균으로 회귀 현상이 나타나는 것은 당연해 보인다. 그렇다면 자녀로부터 부모 갈 때는 어떨까? 반대로 평균에서 멀어져야 하지 않을까? 그러나 이 그래프에서 볼 수 있는 것처럼 자녀에서 부모로 갈 때도(B) 평균으로의 회귀 현상이 나타난다. 평균으로의 회귀는 유전적 현상이 아니라 통계적으로 나타나는 현상이며, 측정을 두 번 하는 경우 두 측정 중 하나가 한쪽에 치우친 값이라면 다른 하나는 평균에 보다 가까운 값이 나온다는 것을 가리킨다. 이를 통계적으로 해석하지 않고 인과적으로 해석하는 것을 '회귀 오류regression fallacy'라고 부른다. 회색 점은 측정값, 실선은 회귀선, 점선은 45도선이며 표시 방법은 논문[4]과 동일 형식을 따랐다.

가 같았습니다. 특이한 점은, 한 자손 집단 무게의 평균은 전체 집단의 평균에 좀 더 가까운 값을 나타냈다는 것입니다. 예컨대 부모 씨앗이 무겁거나 혹은 가벼웠다면, 그 부모에서 나온 자손 씨앗의 무게 평균은 전체 평균 쪽으로 이동합니다.[2] 이렇게 자손이 전체 평균으로 돌아가려는 경향성을 보이며 전체적으로 볼 때 씨앗 무게는 대를 이어 안정적이라는 발견에 골턴은 '평균으로의 회귀'라는 이름을 붙였습니다.

　이 발견은 부모와 자녀의 신장 분포를 연구하면서 더 구체적으로 전개됩니다. 그는 928명을 대상으로 본인의 신장과 부모의 평균 신장을 조사합니다. 이를 교차표로 표시하는 과정에서 골턴은 기하학적 특징을 발견합니다. 그가 표현한 바에 따르면, "같은 값을 가진 항목을 연결하면 중심이 같은 타원 여러 개가 나타난다"라는 것이었습니다.[5] 현대 통계학적 용어로는 "일정한 빈도가 이루는 동심 타원을 알아냈으며 두 개의 회귀선을 찾아"낸 것입니다.[2] 그는 부모 키와 자녀 키 중앙값을 도표로 그려 자녀 키가 나타내는 편차가 부모 키 편차의 2/3라는 것을 제시했습니다. 간단히 말하면 자녀 집단의 키 차이는 부모 집단의 키 차이보다 작았습니다. 키에서도 평균으로 회귀가 나타난다는 것을 확인한 겁니다. 논문에서 골턴은 이것이 부모 이전의 여러 조상으로부터 온 유전적 영향 때문이라고 생각했습니다. 조상은 다양한 키를 가지고 있었을 텐데, 이 영향이 자녀에게 나타난다는 것이지요. 골턴은 이후에도 계속 이 문제와 씨름을 합니다.[3]

　골턴의 해석은 이제는 기본적인 통계학과 생물학을 배운 사람이면 누구나 틀렸다고 알고 있습니다. 유전자가 대대로 내려오긴 하지만 당장 제 키를 결정하는 것은 제가 부모로부터 받은 유전체 두 쌍뿐입니다. 제 조상의 키가 대를 이어 저에게 영향을 미친다고 생각하는 것은 이상하지요. 하지만 그저 골턴이 실수를 했구나라고 생각하는 것은 문제를 일부분만 바라본 것입니다. 골턴은 여기에서 심각한 오류를 저지르고, 이를 일반화했어요.

'평균으로의 회귀'라는 현상은 유전으로 나타나는 현상이 아닙니다. 이것은 통계적으로 나타나는 현상입니다. 예를 하나 들어 보겠습니다. 어느 날 선생님이 쪽지 시험을 냈는데, 문제가 상당히 어려웠습니다.[6] 시험을 본 학생 100명의 성적이 꽤 넓게 퍼져 나왔습니다. 그중 최상위 10명과 최하위 10명을 모아 다시 시험을 보게 했습니다. 보통 이 경우 최상위 10명의 평균은 내려가고 최하위 10명의 평균은 올라갑니다. 즉, 평균으로의 회귀 현상이 나타나게 됩니다. 왜 그럴까요? 최상위 10명은 성적을 잘 받아서 자만심에 공부를 안 했고, 최하위 10명은 성적에 충격을 받아 공부를 열심히 했기 때문일까요? 물론 그럴 수도 있지요. 하지만 이렇게 생각해 보면 어떨까요? 쪽지 시험이 어려운 경우, 성적에 영향을 미치는 것은 기본 실력과 운입니다. 기본 실력은 최상위 10명과 최하위 10명이 차이가 있겠지만, 운 또한 상당히 중요하게 작용합니다. 첫 시험에서 최상위 10명은 기본 실력도 있었겠지만, 당일 운이 좋았을 겁니다. 최하위 10명은 반대겠지요. 두 번째 시험에서 두 집단 학생들의 기본 실력은 크게 다르지 않을 테지만, 이들의 운은 첫 시험과 같지 않을 겁니다. 따라서 첫 시험에서 운이 좋았던 최상위 10명의 성적은 두 번째 시험에서는 떨어지게 됩니다. 반면, 최하위 10명은 운이 계속 나쁘지는 않을 테니 그들의 두 번째 성적 평균은 조금이라도 올라갈 겁니다.

골턴이 측정했던 키 또한 마찬가지입니다. 키에는 다양한 유전자가 영향을 미치고 환경적 영향이 더해져 표현형이 발현된다고 보는 것이 타당합니다. 부모가 키가 큰 경우에 아이는 부모 키를 크게 만든 여러 유전자 중 몇 가지의 영향을 받을 겁니다. 하지만 부모와 아이의 환경적 조건은 다릅니다. 따라서 부모 키를 크게 만들었던 유전적 요인과 환경적 영향은 아이 대에서는 다르게 나타납니다. 부모 대에서 평균을 벗어나게 한 '특이' 요인들이 아이 대에서 더 적게 나타나는 것은 당연한 일이지요. 물론 부모 키가 크면 아이 키도 클 가능성이 크긴 합니다. 하지만 키가 큰 부모를 모아 놓는다면, 그들 자녀의 키 평균은 당연히 부모 키 평균보다 작겠지요. 키가 큰 부모라고 무조건 키 큰 아이'만' 낳는 것은 아닐 테니까요.

골턴의 문제는 여기에 있습니다. 평균으로의 회귀를 분석하면서 골턴은 인간의 특성 발현을 모두 유전에 의한 것으로 해석하려 했습니다. 20세기 내내 논쟁이 끊이지 않았던 '본성 대 양육Nature vs. Nurture'이라는 표현을 처음 사용하고, 환경의 영향은 최소화하거나 무시하는 대신 유전적 특성만을 강조했던 사람이 바로 골턴이었습니다. 스티븐 제이 굴드는 『인간에 대한 오해』에서 골턴과 당대 우생학자들이 제기한 이런 생각을 '유전자 결정주의genetic determinism'라고 신랄하게 비판합니다.[7] 굴드의 말처럼 유전자 결정주의는 우생학을 통해 당시의 시대상과 결합하며 열성인자 제거를 위한 강제 불임 시술과 안락사라는 끔찍한 결과를 낳게 됩니다.

열등한 유전자만 골라내자는 속삭임

앞서 간단히 살펴보았지만 우생학은 크게 두 가지, 적극적 우생학과 소극적 우생학으로 나눌 수 있습니다. 적극적 우생학이란 '뛰어난' 남녀의 결혼을 장려해 이들이 더 많은 자손을 남겨 '좋은' 유전자가 더 많게 하자는 주장입니다. 소극적 우생학에서는 사회적 또는 의학적 개입을 통해 '모자란' 남녀가 아이를 낳지 못하게 하자고 합니다. 20세기 초, 절대 악의 대명사 나치 독일은 두 접근법 모두를 시행하였습니다.

아돌프 히틀러는 게르만족이 가장 우월한 민족이라고 주장한 한스 귄터의 『독일 민족의 인종학』을 따라 아리안족을 계승한 게르만족 혈통이 가장 우월하며, 따라서 이들이 세계를 이끌어야 한다고 주장했습니다.[8] 히틀러와 나치 독일은 게르만족의 순수성을 지키기 위해 적극적 우생학과 소극적 우생학을 모두 활용했습니다. 그들은 우수 혈통을 보존하기 위해 신체 조건 등을 토대로 선별한 남녀가 결혼하도록 주선하고, 이들이 자녀를 갖는 것을 장려했습니다. 또한 1933년 통과시킨 '유전병을 지닌 자녀 예방법'으로 조현병, 간질, 헌팅턴 무도병 등 유전된다고 여겨진 질환이 있는 환자에게 강제 불임시술을 시행합니다. 이는 이후 장애인 안락사 정책인 'T4 작전Aktion T4'으로 이어지며, 약 30만 명이 이 정책에 의해 살해된 것으로 알려져 있습니다.

독일이 패한 후 나치 시절 우생학 정책을 주도했던 칼 브란트*

등 의사 스무 명과 행정가 세 명은 반인륜적 범죄로 기소됩니다. 인체 실험과 안락사를 가장한 대량 학살에 깊이 관여했다는 죄목이었습니다. 독일 뉘른베르크에서 열렸고 기소당한 이들이 대부분 의사였기에 '의사 재판doctor's trial'으로 기록된 이 재판에서, 기소당한 나치 의사들은 미국 의사들 또한 자신들과 같은 행동을 했다며 자신을 변호합니다. 그 예로 제시되었던 것 중 하나가 '벅 대 벨 판결 Buck v. Bell'입니다.

콜드스프링하버 연구소 우생학기록사무실에서 일하던 해리 러플린은 우생학을 근거로 지적 장애인에게 강제 불임시술을 시행하는 법을 설계하고, 1924년에 몇 개 주가 이 법을 도입합니다. 이 법을 근거로 1924년 한 의사가 당시 18살이던 캐리 벅에 대한 불임시술을 허용해 달라는 청원을 넣습니다. 새로 도입한 우생학 법안을 시험해 보려는 목적이었죠. 그는 벅의 정신 연령이 9살 수준이라고 주장했습니다. 게다가 그 어머니 또한 정신 연령이 9살에 머물러 있고 매춘과 부도덕한 행위를 저지른 기록이 있다는 것이었습니다. 심지어 벅이 임신했는데 이는 벅이 "구제 불능"이라는 증거라고 그 의사는 말했습니다.** 대법원은 벅과 그 어머니가 "의지

---

* (앞쪽) 히틀러 친위대의 간부이자 의사였던 칼 브란트는 나치 독일에서 위생보건장관을 역임하였다. 장애인에 대한 강제 불임 시술과 안락사를 지휘하고 수행한 그는 종전 후 인간 대상 실험과 전쟁 범죄로 기소되었고 1948년 처형당했다.
** 이후에 밝혀진 바에 따르면 벅이 입양된 가정의 친척이 벅을 강간했고, 내쫓길 것을 두려워한 벅은 이런 사실을 밝힐 수 없었다고 한다.

박약"과 "난잡함"을 보이므로 국가가 불임시술을 시행하는 것이 타당하다는 판결을 내립니다.' 이 판결은 미국 대법원과 역사적인 명판사로 불리는 올리버 웬델 홈스*가 저지른 최악의 실수 중 하나라는 소리를 듣고 있지요.[10]

나치 의사들이 제기한 이런 사례를 그저 무시할 수만은 없었습니다. 결국 '의사 재판'은 단순히 나치 의사를 단죄하는 데에서 끝나지 않고, '뉘른베르크 강령'이라는 인간을 대상으로 한 연구 윤리 원칙을 채택하는 것으로 이어집니다. 뉘른베르크 강령은 국제 사회가 처음으로 채택한 생명윤리 원칙이기도 하지만, 제1강령에 대상이 자발적으로 동의해야 한다는 조항을 넣어 이후 생명윤리 논의가 나아갈 방향을 설정한 규약이라는 점에서도 중요합니다.

이후 우생학적 접근은 나치 독일이 벌인 가장 끔찍한 악행 중 하나이자 의과학이 남긴 어두운 역사로 남았습니다. 한동안 우생학이라는 말 자체는 금기어가 되었고 우생학은 유사과학으로 남았습니다. 여기서 하나 생각해 볼 것이 있습니다. 우생학 자체가 나쁜 것일까요? 아니면 우생학에서 받아들일 만한 부분도 있는 걸까요? 유전자 결정주의만 뺀다면 우생학은 괜찮은 것은 아닌지 생각해 볼 필요는 없을까요?

---

*   제멜바이스와 동시대에 산욕열을 설명했던 의사 올리버 웬델 홈스의 아들이다.

우리는 여전히 우생학 속에서 산다

유전자 결정주의, 즉 유전자가 한 인간의 모든 삶을 결정하는 요인이라는 주장은 이후 태아의 발달 과정에 미치는 환경의 중요성, 그리고 유전형 발현에서 환경의 영향을 연구하는 후성유전학이 자리를 잡으면서 이제 잘 받아들여지는 주장은 아닙니다. 하지만 이런 질문을 생각해 볼 필요는 있습니다. 산모가 태아를 임신했는데, 유전 질환을 지니고 있습니다. 산모가 임신 중절을 하겠다고 결정하는 것은 유전학적 이유라고는 하나, 그 결정은 우생학적입니다. 태어날 아이가 '좋은 삶'을 누리지 못할 것이라고 결정한 것이기 때문입니다. 그렇다면 이 산모의 임신 중절 선택은 잘못일까요, 잘못이 아닐까요?

이 질문에 대해 섣불리 답하기 어려운 이유는 문제가 품고 있는 결이 하나가 아니기 때문입니다. 이 판단은 부모에게, 사회에게, 태어날 아이에게 모두 영향을 미칩니다. 사회 수준에선 장애인에 관한 양육 부담을 짊어질 수 없다는 견해와 장애인까지 모두 받아들일 수 있는 사회가 바람직하다는 견해가 부딪칩니다. 부모 수준에선 막중한 양육 부담을 감내할 수 없다는 견해와 사회가 이를 받아줄 준비가 안 된 것은 잘못이지만 그렇다고 하여 개별적인 인간이 존재할지를 미리 판단하는 것 또한 문제라는 견해가 서로 화해하지 못합니다. 아이를 두고선 나쁜 삶을 강제할 수 없다는 견해와 그 삶이 나쁘다고 말하는 것이 이미 편견이라는 견해가 제시될 수 있겠지요. 이 모두는 섞여 있지만, 살펴볼 때는 억지로 나눠보아야 할 거예요.

먼저 사회적 차원에서 보겠습니다. 나치는 장애인을 안락사하거나 그들에게 강제 불임 수술을 시행할 수 있는 근거로 사회적 부담을 들었습니다. 소위 공리주의적 태도라고 할 수 있을 텐데, 사실 이런 견해는 상당히 보편적입니다.* 세금을 얼마나 내야 하는가에 관한 생각은 사람마다 다를지라도, 너무 많은 세금을 낼 수는 없다는 것은 당연하니 사회가 제공할 수 있는 보건과 복지 또한 한계가 있지요. 이 부담을 줄일 방법의 하나가 장애인 수를 줄이는 것이라면, 이미 태어난 사람에게 할 수 있는 말은 아니니, 태어나지 못하도록 할 수 있다면 그건 괜찮을 거라고 보는 관점이 있을 수 있겠지요.

반대편이 전제하는 것은 조금 다릅니다. 사회라고 하는 것이 그 안에 속한 성원이 살아갈 기반을 제공하는 것이라면, 장애인과 비장애인 모두 비슷한 수준으로 기본적인 편익을 누릴 수 있어야 할 겁니다. 그렇다면 장애인으로 태어났을 때 기본적인 활동에서 다른 사람에 비해 더 큰 불편을 겪어야 하는 사회는 그 역할을 충분하게 수행하지 못하고 있다고 볼 수 있지요. 장애를 가지고 태어

---

* 개인들 쾌락의 합이 가장 커지는 것을 추구하는 공리주의와, 사회의 이익을 개인의 이익보다 우선하는 나치의 전체주의적 이념에는 차이가 있다. 그러나 실제 상황에서 두 생각은 혼동되곤 한다.

날 아이에게 사회가 기본적인 편익마저 제시하지 못해 그 존재를 부정해야 하는 상황이라면 그 사회는 기본을 다하지 못한 것이며, 따라서 장애인을 임신했다고 고민하게 만든 사회가 잘못이라고 주장할 수 있을 겁니다.

다음은 부모의 입장에서 살펴 보겠습니다. 먼저 개인에게 너무 큰 부담을 지울 수 없다는 주장입니다. 사회적 차원에서 공리주의가 주장하는 바와 비슷할 수 있지만, 공리주의적 논의가 주로 경제적인 차원에서 이뤄진다면 부모 관점에서 볼 때 이 문제는 단순히 돈 문제가 아닙니다. 누가 돌보느냐는 것부터 시작해, 어떻게 돌볼 것인가, 어디에서 돌볼 것인가, 돌보는 과정에서 발생하는 어려움은 어떻게 관리하고 해결할 것인가와 같은 문제가 산적해 있습니다. 아이가 겪을 어려움은 잠깐 제쳐두고라도, 부모의 삶 또한 큰 어려움에 부닥칠 것은 자명합니다. 이런 어려움을 그냥 견뎌야 한다고 말하는 것은 오히려 더 큰 잘못 아니냐고 말할 수 있습니다.

한편, 한 개인은 자신과는 별개인 인간이 존재할지 말지를 결정할 수 없다는 주장도 제기할 수 있습니다. 생명권 중시라고 분류할 이 논의에 관해, 이전에는 신의 명령이라는 논거로 정당화했다면 이제는 존재 자체에 관한 물음으로 논의가 나아가고 있지요. 그 삶이 좋을지 나쁠지를 묻는 것은 이미 존재한다는 것을 가정하는 일입니다. 만약 삶이 끔찍하다는 생각에 부모가 중절을 선택한다면, 그것은 나중에 아이가 내릴 선택권을 빼앗는 일이라고 주장할 수 있습니다. 물론 이런 주장에는 무리가 따르는 것도 사실입니다. 아직 선택권을 부여받지 않은 태아에게 부모가 대리 선택을 하는 것이 법적으로 잘못된 일이 아닌데, 굳이 문제 삼는 것 아니냐는 것이죠. 하지만 부모가 내린 선택이 최선일 것이라고 마냥 가정할 수도 없습니다. 그렇다면 가정폭력이나 학대를 처벌할 수 있는 근거도 사라질 테니까요.

마지막으로 아이 쪽에서도 두 가지 입장을 생각해 볼 수 있을 것 같습니다. 아이가 살아갈 삶이 너무 끔찍하다고 생각해 부모가 장애가 있는 아이를 중절한다는 선택은 아이가 누릴 삶을 과연 어떻게 판단할 것인가라는 질문으로 이어집니다. 특히 유리하냐 불리하냐를 따질 때, 과거에는 객관적인 쾌락 혹은 불쾌를 기준으로 했다면 최근에는 주관적 웰빙이나 개인 선호를 판단 기준으로 삼고 있습니다. 과연 장애 아동이 보낼 삶은 끔찍하기만 한 것일까요? 그 삶은 '나쁜' 것일까요? 만약 아이가 누릴 삶이 나쁘다면 중절은 충분히 수용할 수 있는 선택일 겁니다. 하지만 만약에 부모가 아이의 삶이 나쁘지 않다고 생각한다면 중절을 선택하기는 쉽지 않습니다. 그렇다면 우리는 어떤 선택을 해야 할까요?

이런 여러 가지 문제를 한꺼번에 따져서 결정해야 하는 문제이기 때문에 위 질문은 질문자와 답변자를 심란하게 만듭니다. 아마, 우생학이나 유전자 조작을 둘러싸고 벌어지는 논의는 비슷한 층위의 문제를 모두 품고 있을 것 같습니다. 사회, 가정, 개인을 다층적으로 고려해야 하는 상황. 따라서 누가 답을 획하고 던져줄 수는 없을 것이고 사안마다 현명한 결정이 필요하겠지요. 여기에 고려할 점 하나만 얹고 이 글을 마무리하려고 합니다. 어떻게 하더라도, 우생학적 선택과 유전자 조작 결정은 차별을 만들어 낼 수 있는 수단이라는 점입니다.

미처 깨닫지 못한 일상의 온갖 차별들

차별은 우리 삶에 큰 영향을 미치고 있지만 철학적으로 많이 논의된 주제는 아닙니다. 정치철학자 카스페르 리퍼트-라스무센은 문제가 되는 차별은 기본적으로 '집단 차별'이라고 말합니다.[13] 개인이 지닌 어떤 특성 때문에 누군가에게 다른 대접을 받는 것은 포괄적으로 차별에 속하지만, 이를 문제 삼기 어려운 경우가 많습니다. 예컨대 어떤 사람이 배우자를 선택할 때 상대방의 신체적 특징을 그 이유에 넣는 것은 넓은 범위에서 차별이라고 할 수 있지만, 그렇다고 여기에 문제를 제기하는 것은 말도 안 됩니다. 중요한 것은 어떤 특징을 공통적으로 지닌 사람을 하나의 집단으로 묶었을 때, 누군가 이들을 그 집단에 속하지 않는 사람보다 더 나쁘게 대할 때, 그리고 그런 대우 때문에 그 사람이 처한 상황이 악화할 때 차별은 문제가 됩니다.

우생학은 어떨까요? 앞서 살핀 것처럼, 골턴이 족보, 키, 지능 검사를 통해 알아내고자 했던 특징이 유전되는 양상은 단지 생물학적 특징이 어떻게 유전되는가를 알고자 했던 것이 아닙니다. 그는 생물학적 특징이 정규분포를 따라 유전되며, 선택적으로 이뤄진 결합에서 탄생한 자녀 집단이 지닌 생물학적 특징은, 비록 정규분포 형태를 띠고 있더라도 그 평균이 상향하리라 생각했습니다. 즉, '훌륭한' 부모가 자녀를 낳으면 그들의 자녀는 평균적으로 더 뛰어난 생물학적 특징을 지닐 것이고, 이것이 누적되면 뛰어난 인종적 집단이 형성될 것이라고 본 것입니다. 유전자 조작이 그리는 미래 또한 이와 같습니다. 하지만 유전자 조작을 모두가 받도록 법으로 강제할 가능성은 없어 보입니다. 그렇다면 우생학과 유전자 조작은 당연히 뛰어난 인간과 모자란 인간 사이에 구분선을 긋는 결과를 낳을 겁니다.

줍게 보아 우생학이나 유전자 조작이 자녀가 정상 범위 내에서 뛰어난 능력을 갖출 가능성을 높이는 것뿐이라면, 이는 반대하기 어려운 일인지도 모르겠어요. 앞서 말한 것처럼 우리는 이미 환경이 인간 발달에 큰 영향을 미치고 있다는 것을 알고 있습니다. 자녀를 교육하는 방식을 법적으로 제한하지 않는데, 우생학이나 유전자 조작 또한 교육과 비슷한 결과를 가져오니까 조금 더 확실한 방법을 택하자는 건데 뭐가 문제냐 하는 것이지요. 그러나 저는 우생학이나 유전자 조작이 개인 능력을 향상하는 쪽으로 이용되지 않더라도 충분히 문제가 될 수 있다고 생각합니다. 예컨대 자연에 존재하지 않는 눈 색깔을 아이에게 주는 것은 어떻습니까? 눈 색 자체는 아이 능력에 아무런 영향을 미치지 않을 겁니다. 그러나 그 눈

색깔은 자연에 존재하지 않기 때문에 유전자 조작을 받은 사람과 받지 않은 사람을 명확히 구분할 수 있는 기준이 될 겁니다. 집단이 나눠질 때 그 사이에 차별이 생겨나는 것을 우리는 수없이 봐왔습니다. 피부색이 그랬고 민족성이 그랬고 성별이 그러했습니다. "사람은 모두 자유롭고 평등하게 태어난다"라고 인권 선언이 나왔던 것은, 이것을 지키려고 필사적으로 노력하지 않는다면 우리 삶은 계속 차별적일 것이라는 역사의 가르침 때문입니다.

우리는 은연중에 우생학적으로 사고하며 살고 있습니다. 물론 결혼 상대자를 찾을 때 서로 유전자 검사 결과를 요구하지는 않지요(지금은 모르지만, 곧 닥칠 미래일까요?). 하지만 누군가(특히 장애인의 경우) "책임지지 못할 임신을 했다"라고 숙덕거릴 때, 혹은 자녀가 들고 온 성적표를 빌미로 배우자의 '머리'를 탓할 때, 아니면 외국인과 결혼하는 것을 비난하고 다문화 가정의 아이를 이상한 눈으로 쳐다볼 때, 우리는 여전히 우생학적으로 생각하고 있습니다. 유전자 조작을 전적으로 허용해야 한다고 주장하는 이들은 "완벽이 왜 잘못인가"라고 묻습니다. 이런 모습은 우리 생각 깊이 뿌리 내려 있는 차별을, 그리고 그 바닥을 보여줍니다. 유전자와 관련하여 여러 이슈가 제기되고 있는 지금, 우리는 돌아보아야 하지 않을까요? 우생학이 우리 안에 깊이 뿌리 내려 있다는 사실을요. 그리고 자유와 평등은 피로 쟁취한 모두의 권리라는 것을, 차별을 없애기 위해선 필사적인 노력이 필요하다는 것을요.

낳지 않을 권리,
골라 낳을 권리

_ 마거릿 생어

2019년 4월 11일 헌법재판소는 형법 269조와 270조를 위헌이라고 결정했습니다. 형법 269조는 자기낙태죄로 낙태한 여성을 처벌하는 조항이고, 형법 270조는 동의낙태죄로 임신한 여성의 동의를 얻어 낙태한 의사를 처벌하는 조항입니다. 여기에서 문제가 된 것은 임신한 여성의 자기결정권이었습니다. 자기결정권이란 스스로 사고하고 판단할 수 있는 성인이 국가 권력의 간섭 없이 개인의 일을 직접 결정할 수 있는 권리를 말합니다. 하지만 개인이 모든 사항을 마음대로 결정할 수 있는 것은 아니죠. 이를테면 남에게 피해를 주는 일은 일반적으로 허용되지 않습니다.

태아의 생명과 여성의 선택 중 어느 쪽을 우선할 것인지를 놓고 양측은 임신 중절에 대해 논쟁을 벌여왔습니다. 생명권을 우선하는 쪽은 임신 중절이 태아의 생명을 앗아가므로 허용할 수 없다고 주장하지요. 반대쪽인 선택권 또는 자기결정권을 우선하는 쪽은 임신은 여성의 몸에서 일어나며 몸에서 일어나는 현상에 관해선 그 주체가 온전히 선택권을 가진다고 주장합니다. 여기에서 '태아는 언제부터 인간인가', '배아(또는 인간이라고 인정되기 전 태아)도 생명권을 인정받는가'와 같은 문제가 대두합니다. 아무리 여성이 자기 몸에 대해 선택할 수 있을지라도, 다른 사람 즉 아기의 생명을 빼앗으면서까지 선택권을 주장하기는 어렵기 때문입니다.

태아의 발달 과정은 연속적입니다. 그래서 중간 어딘가에 인간과 비인간을 나누는 선을 긋는 일은 자의적일 수밖에 없습니다. 이 논의는 파행을 거듭해 왔습니다. 예컨대 임신 12주 이내의 태아가 인간인지 아닌지를 법으로 판단하지 않겠다고 결정한 미국의 경우, 공화당과 민주당 어느 쪽이 집권하느냐에 따라 관련 제도와 환경이 계속 바뀌었습니다. 트럼프 대통령 집권기인 2019년 5월에 앨라배마주 정부가 인간생명보호법Human Life Protection Act를 가결하여 임신 중절을 금지하려는 시도를 했던 것은 이런 사정 때문입니다.

이런 논의와 맥락은 조금 다르지만 생명권과 자기결정권에서 벗어나 부부의 재생산권reproductive rights을 주장하는 사람들이 있습니다. 재생산권이란 무엇일까요? 1994년 카이로에서 열린 '인구와 개발에 관한 국제회의'는 재생산권이, "모든 부부와 개인은 자녀의 수와 자녀를 낳는 시기, 자녀들 간의 출생 간격을 자유롭게 그리고 책임 있게 결정하고, 이와 관련한 정보와 수단을 가질 권리가 있고, 가장 높은 수준의 성적 건강 그리고 재생산 건강을 누릴" 기본권에 바탕을 두고 있다고 봅니다.[1] 생명권 대 자기결정권 논의에서, 태아는 여성의 자기결정권을 방해하는 존재처럼 여겨집니다. 하지만 재생산권은 부모에게 책임 있는 결정을 내릴 권리와 그에 필요한 정보와 방법을 요청합니다. 여기에서 태아란 숙고하는 부모의 열망이 탄생시키는 존재입니다.

현실과 동떨어진 추상적인 논의일 뿐이라고 생각하실지도 모르겠습니다. 당장 임신 중절을 하느냐 마느냐 결정을 해야 하는데 책임 있는 결정과 재생산 건강의 권리가 무슨 소용이냐고 생각하시겠지요. 하지만 이 생각은 임신 중절 논의에서 빼놓을 수 없으며 정책적으로 엄청나게 중요한 의미가 있습니다. 예컨대 사후피임약을 생각해 볼까요. 생명권을 엄격히 주장하는 쪽에서는 사후피임약을 허용하는 것은 잘못입니다. 반면 자기결정권을 주장하는 쪽에서 사후피임약을 규제하는 것은 말도 안 된다고 할 겁니다. 재생산권은 책임 있는 개인이 충분한 정보를 습득한 상황에서 사후피임약에 접근할 것을 말하며, 그 활용에 관해 교육을 통해 일찍부터 알고 있을 것을 요청합니다.

이런 재생산에 관한 생각은 이미 20세기 초에 등장했습니다. 지금부터 약 백 년 전, 미국의 간호사이자 사회운동가인 마거릿 생어Margaret Sanger, 1883~1966는 "여성의 근본적인 자유는 어머니가 될 것인지, 몇 명의 아이를 가질 것인지 선택하는 데에 있다"라고 주장하며, 산아 제한 운동 Planned Parenthood을 펼치고 여성에게 피임법을 보급하고자 했습니다.[2] 당시 피임을 설명하는 출판물도, 피임과 임신 중절도 불법이었기에 생어는 여러 번 체포되었습니다. 하지만 점차 그의 운동은 결실을 맺었고, 1960년 생어가 그레고리 핀커스에게 의뢰하여 만든 경구용 피임약은 세계를 변화시켰습니다.

목표가 이뤄지는 것을 눈으로 보며 세상을 떠난 위대한 운동가 생어. 하지만 이후 여러 연구자는 생어를 비판하기 시작합니다. 그가 우생학과 관련되어 있다는 것이 주된 이유였습니다. 이미 살핀 것처럼, 제2차 세계 대전 후 전 세계를 뒤흔들었던 우생학은 뛰어난 인간의 출생을 장려하고 열등한 인간의 출생을 제한하여 인간 종을 개량하려던 거대한 기획이었습니다. 생어를 비판하는 측은 생어가 우생학을 어떤 형태로든 믿었으며 생어의 산아 제한 또한 더 나은 인종을 위한 기획의 일환이었다고 주장합니다. 반대편은 생어가 우생학의 개념을 활용했을지언정 그것은 재생산권을 위한 정치적 기획이었을 뿐, 우리가 생각하는 우생학과 생어의 생각에는 거리가 있다고 말합니다.

어느 쪽에 더 무게를 실어줘야 할까요? 많은 사람들이 생어가 훌륭한 업적을 남겼지만, 우생학에 발을 들인 것은 아쉽다 정도로 이야기하고 있습니다. 하지만 그가 우생학을 본격적으로 믿었다고 말한다면, 생어의 기획이 빛을 잃게 되는 것도 사실입니다. 유대인의 절멸을 정당화했던 나치의 우생학을 그대로 받아들일 수는 없기 때문입니다. 따라서 생어의 삶을 간략히 짚어보고 그가 우생학과 어떻게 연결되는지, 그리고 그는 정말 '우생학을 믿었는지' 살펴보려고 합니다. 그 과정에서 앞서 언급한 재생산권의 위치를 분명히 자리매김할 수도 있을 겁니다. 탄생에 개입하는 일이 지닌 복잡한 결을 살필 수 있는 좋은 예이기 때문입니다.

왜 내가 임신과 출산을 결정하면 안 되는가

생어라는 인물의 일대기를 살피는 일이 흥미로운 것은, 그가 '정직한' 보고자가 아니었기 때문입니다. 그의 책 『산아 제한을 위한 나의 투쟁』과 『자서전』은 정치적 목적을 위해 사실 관계를 바꾼 부분이 여럿 있습니다.[3] 나중에 다시 말씀드리겠지만, 생어는 목적 달성을 위해서라면 적과 손잡는 일도 서슴지 않았습니다. 이를테면 그는 당시 불법이었던 피임 시술을 합법화하기 위해, 의사(당시 거의 남성)만이 피임 시술을 할 수 있도록 권한을 모두 양도했습니다.[4] 아직 불법이었던 시기, 피임 시술은 여성의 영역이었습니다. 이를테면 20세기 초 미국의 의료 상황을 적나라하게 보여 주는 드라마 〈더 닉The Knick〉을 보면 수녀가 피임과 임신 중절을 돕는 장면을 볼 수 있습니다. 여성 산파와 산모에게만 허용되어 금남의 자리였던 출산이 의학의 영역으로 들어오면서 남성이 이를 주도하게 되었던 것처럼, 피임 시술도 같은 길을 가게 되었던 것입니다.

생어를 소개하는 장면은 그의 정치적 면모를 잘 보여줍니다. 생어에 관한 책은 대부분 뉴욕 브루클린에 있던 클리닉에서 그가 체포당하는 순간으로 시작하곤 합니다.[5] 신문과 잡지 발간으로 여성에게 피임에 관한 정보를 보급하던 생어는 1916년 산아 제한 클리닉을 열었지요. 피임에 관한 정보를 담은 전단을 나눠주고, 클리닉을 방문한 여성에게 피임법을 알려주었습니다. 이 모두가 불법이었지요. 클리닉은 대성황이었고 근처에서 몰려온 여성으로 인산인해를 이뤘습니다. 며칠 뒤, 뉴욕시 경찰이 들이닥쳤고 생어는 구치소에 갇혔습니다. 보석금으로 풀려난 생어는 바로 클리닉을 열었고 경찰이 다시 들이닥쳤습니다. 이 과정에서 일어난 소요는 대중의 눈을 끌었고, 그것이 생어가 바로 겨냥했던 것이었지요. 피임을 사람들의 입에 오르내리게 만든 그는 재판을 통해 원하는 바를 성취합니다. 1918년 산아 제한 클리닉에 대한 판결에서 뉴욕시의 항소법원 판사 프레더릭 크레인은 질병의 예방이나 치료를 위한 경우라면 의사가 피임기구를 처방하는 것은 가능하다고 판시하게 됩니다. 생어는 의사가 아니었다는 이유로 한 달 동안 형을 살게 되었지만요.

1873년 입법된 컴스탁 법Comstock Laws은 피임과 산아 제한에 관한 공적 담론을 금지해 왔습니다. 이 법은 정치가 앤서니 컴스탁의 이름을 딴 것으로, 그는 사회의 도덕성을 강화하기 위해 음란한 것을 검열해야 한다고 주장했습니다. 그 결과 중 하나가 컴스탁 법이었는데, 이 법은 미국 우정공사United States Postal Services가 음란물, 피임

기구, 낙태 도구, 성 기구 등 성과 관련된 내용을 담고 있는 우편물을 배달하는 행위를 범죄로 규정했습니다. 법은 곧 다른 운송 수단이나 개인이 해당 내용의 출판물을 판매·대여·전달하는 것을 금지하는 데까지 확대됩니다.

컴스탁 법을 여러 집단이 반대했지만, 그중 가장 주목할만한 운동을 벌였던 사람이 생어였습니다. 아일랜드 이민자 출신인 생어는 어머니가 임신과 출산을 반복하다가 세상을 일찍 뜬 것을 보고 자랐습니다. 또, 주변의 많은 여성들이 원치 않는 임신으로 고통받고 있는 것도 보았습니다. 생어는 책과 강연에서 간호사로 일할 때의 경험을 예로 들며 피임법 보급의 중요성을 역설하기도 했습니다. 생어가 든 예 중 색스 부인의 이야기를 살펴보겠습니다.[3] 1912년 여름 응급 전화를 받고 달려간 생어는 스스로 임신 중절을 하려고 독극물을 먹어 빈사 상태에 빠진 색스 부인을 발견합니다. 28살의 색스 부인은 이미 세 아이의 엄마였습니다. 다행히 목숨을 구한 색스 부인은 의사에게 한 번 더 임신하면 죽는게 아니냐고 묻습니다. 의사는 무분별하게 행동하지 말라며 남편보고 딴 방에서 자라고 조언할 뿐이었죠. 석 달 뒤 다시 임신한 색스 부인은 사망하고 맙니다.

한편, 20세기 초 당시 미국의 부유층은 몰래 임신 중절을 하고 있었습니다. 이전 우리나라처럼 낙태죄가 있는 상황이라 음성의 낙태 클리닉이 운영되었고 의사들은 비싼 돈을 받고 낙태 시술을 해주곤 했지요. 생어는 저소득층과 노동자가 임신 중절에 접근할 수 없는 현실에 분노했습니다. 유럽에 갈 기회가 생긴 그는 그곳에서 현지에서 이뤄지고 있는 산아 제한 방법을 배웠습니다. 1914년 미국으로 돌아오자 생어는 《여자 반란The Woman Rebel》이라는 신문을 발간하며 여성이 임신이라는 생물학적 노예 상태에서 벗어나야 한다는 주장을 펼치기 시작했습니다. 컴스탁 법에 전면으로 저촉되는 일이었습니다.

1916년 산아 제한 클리닉의 개설과 폐지, 1923년 산아 제한 연맹의 개설, 산아 제한 클리닉의 재개설, 여성용 피임 기구 밀수, 1929년 산아 제한 입법 국가위원회 조직 등 생어의 운동은 계속됩니다. 1932년 일본에서 선적한 피임기구가 불법 기구로 세관에 걸리자, 생어는 소송을 제기하지요. 상고법원이 의사가 피임기구를 요청하여 선적한 경우 환자의 복지를 위해 이를 막을 수 없다는 판결을 내리면서 칠십 년 동안 굳건했던 컴스탁 법은 마침내 무너지고 맙니다.

'그 약'이 모든 여성의 삶을 바꾸다

생어는 여성이 아이를 갖는 것을 결정할 수 있기를, 그리고 태어난 아이에게는 세상이 더 안전한 곳이 되길 바랐습니다. 즉, 앞에서 말씀 드린 재생산권의 초기 형태를 주장했던 것입니다. 이런 목적을 달성하기 위해 조력을 얻었던 집단이 우생학자와 인구조절론자였습니다. 인구조절론은 인구는 기하급수적으로 늘어나는데 반해 식량 생산은 산술급수적으로 증가해 결국 식량이 부족해진다는 토머스 맬서스의 인구론에 기대고 있었습니다. 이들은 산아 제한을 통해 빈곤층의 인구수를 감소시켜야 한다고 주장했고, 생어는 재생산권을 얻기 위한 투쟁에서 이들과 손을 잡습니다.

인구조절론은 인구학과 가족계획이라는 이름으로 오랫동안 사회에 영향을 미쳐 왔습니다. 인구 분포를 분석하고 여기에 개입하려는 인구학적 접근이 잘못이라고 보기는 어렵습니다. 가족계획은 아직 출생률이 높던 시절 산아 제한을 말했으나, 이후 저출산이 국제적인 문제로 떠오르면서 출생률을 높이는 방법을 고민하고 있지요. 여기에서 인구 분포를 조절하려는 초점은 경제적 성장에 맞춰져 있습니다. 따라서 인구조절론이 주장한 산아 제한과 생어의 산아 제한은 그 목적에서 큰 차이를 보입니다. 하지만 생어는 수단으로서의 '산아 제한'은 얼마든지 활용할 수 있다고 생각한 것 같습니다.

당시 우생학과 인구조절론은 선진 과학으로 여겨져 많은 지원을 받았고, 사회 각 분야에 큰 영향력을 행사하고 있었습니다. 이렇게 당시 유력 인사들과 함께하며 힘을 기른 생어는 1950년 그레고리 핀커스에게 피임약 개발을 의뢰하게 됩니다. 핀커스는 1930년대에 토끼의 체외 수정을 연구했던 시대를 앞선 생물학자였으며, 포유류 번식에 관한 연구를 주로 하고 있었습니다.[6] 하지만 당시 사람들은 그의 실험에서 메리 셸리의 소설『프랑켄슈타인』을 떠올리고는 핀커스를 괴짜라고 생각했지요.

그런 핀커스에게 생어가 부탁합니다. 저렴하며, 사용하기 쉽고, 절대 실패하지 않는 피임약을 개발해 달라고. 핀커스는 여성 호르몬인 프로게스테론을 토끼에게 주입하면 배란을 막을 수 있다는 연구가 이미 1937년에 수행되었다는 것을 알고 있었습니다. 인간에게도 같은 실험을 해볼 법했지만, 당시엔 피임약 개발에 대한 요구가 없었습니다. 핀커스는 프로게스테론을 경구^{經口} 투여하는 방법을 개발하기만 하면 될 것이라고 생각했습니다. 이미 자연은 피임의 방법을 마련해 놓고 있다고 믿으면서요.

핀커스는 저렴하면서도 확실한 투약 방법을 찾기 위해 노력합니다. 합성 프로게스테론을 찾고 다양한 실험을 통해 경구 투여에 적절한 형태로 만들어냈죠. 운도 따랐습니다. 그가 선택한 합성 프로게스테론인 노르에티노드렐에는 우연히 합성 에스트로겐인 메스트라놀이 섞여 있었습니다. 오염된 약이 더 좋은 결과를 낳았습니다. 결국 노르에티노드렐에 메스트라놀을 적정 비율로 더한 이노비드^{Enovid}가 탄생했습니다. 이노비드는 미국 식품의약국^{Food and Drug Administration, FDA}의 승인을 받는 데 어려움을 겪었지만,* 1960년 마침내 시장에 등장합니다.

1960년 당시 미국의 출산율은 여성당 3.65명이었습니다. 출

---

* 그래서 1957년에 월경 관련 증상 치료제로 먼저 출시되었다.

산율이 높다 낮다 말하는 데에는 정치·경제적 고려가 들어가지만, 지금 기준으로 볼 때(2017년 기준 미국 출산율은 여성당 1.80명입니다) 상당히 높은 편이었죠. 많은 여성이 이노비드를 원했고, 첫해에 가격이 10달러로 현재 가치로 약 10만원에 가까운 가격임에도 불구하고 40만 명의 여성이 처방을 받았습니다.[7] 1963년 가격이 내려가면서, 처방받는 여성의 수는 230만 명으로 증가하지요. 우리나라에선 그렇게까지 대중화되지 않았기에 적절한 명칭이 없지만, 미국에선 굳이 다른 수식 없이 "그 약the Pill"이라고 부르는 이노비드 덕분에 세상은 다른 모습을 띠게 되었습니다.

이렇게 컴스탁 법 철폐, 피임약 개발과 같은 엄청난 업적을 남긴 생어는 1965년 미국 대법원이 결혼한 부부의 피임약과 피임 기구의 구입과 사용을 막는 법이 사생활의 권리를 침해한다고 해석한 그리스월드 대 코네티컷Griswold vs. Connecticut 판결까지 목격하게 됩니다. 1966년 사망한 생어는 당당한 승리자였어요. 그런데, 이후에 생어에게 혐의를 두고 비난하는 사람들이 나타나기 시작합니다. 그에게 우생학 찬동자이자 인종차별주의자라는 혐의를 씌운 것입니다.[8]

임신과 출산은 내가 결정해야 한다

다시 1920년대로 돌아가 볼까요. 당시 우생학을 지지하던 사람들을 하나의 집합으로 묶어내긴 어렵습니다. '우생학 지지자'라는 하나의 이름으로 불리지만 이들의 생각이 폭넓고 다양했기 때문입니다. 물론 우생학이 '적합한' 출생을 권장하고(긍정적 우생학) '부적합한' 출생을 막는(부정적 우생학) 두 가지 형태로 구분할 수 있는 탓도 있지만, 당시 우생학의 내용과 실체를 속속들이 알고 있는 사람은 많지 않았습니다. 누군가는 우생학이 탁월한 능력을 갖춘 집단의 출생을 장려하는 학문이라고 생각했고, 누군가는 가난한 자와 도덕적이지 못한 자의 출생을 막는 학문이라고 생각했으며, 또 누군가는 정신질환자나 장애인과 같이 생물학적 문제를 유전시킬 수 있는 자에게 불임 시술을 하는 학문이라고 생각했지요.

이후 미시시피 충수절제술*이나 '벅 대 벨 판결' 등이 사람들에게 회자하기 시작합니다. 국가가 개입하여 사람들을 불임시술한 것은 나치 독일에서나 벌어지는 줄 알았는데, 알고 보니 우리 동네에서도 같은 일이 일어나고 있었던 겁니다. 사람들은 말 그대로 경악하여 관련된 모든 사람들을 비난하기 시작했습니다. 불임 시술 대상이 장애인과 가난한 흑인이었기에, 사람들은 우생학을 인종차별과 동의어 정도로 생각하게 됩니다.

---

* 강제 불임수술에 관련한 법이 제정된 20세기 초부터 미국 남부에서는 수천 명으로 추산되는 흑인 여성에게 강제 불임수술이 시행되었다. 시민운동가 패니 루 헤이머 Fannie Lou Hamer는 이 수술을 널리 알리기 위해, 맹장 절제를 받는 맹장염 환자에게 어떤 고지나 동의도 없이 자궁 절제를 같이 시행한다며 '미시시피 충수절제술Mississippi Appendectomies이라는 이름을 붙였고 곧 유명해졌다.

생어는 "적합한 이들로부터 더 많은 아이를, 부적합한 자들로부터 더 적은 아이를, 바로 이것이 산아 제한의 핵심 이유다"라는 말을 비롯해 우생학을 옹호하는 여러 글과 책을 남겼다고 공격을 받게 됩니다.[9] 실제로는 생어가 이런 말을 남긴 것이 아니라, 글을 발표했던 학술지에 연달아 실려 있던 사설에 실린 표현이라고 합니다. 게다가 생어가 우생학 지지자 집단에서 주도적인 역할을 한 것도 아니었습니다. 생어는 출생 조절에 외부적 강제를 가하는 것에는 관심이 없었습니다. 하지만 생어는 지적장애가 있는 사람에게 강제 불임시술을 시행할 필요가 있다고 주장했고, 이 부분은 충분히 문제가 됩니다. 이런 주장은 우생학의 문제에 포함되지요.[10] 생어는 지적장애인이 자발적으로 산아 제한을 할 수 없다고 생각했습니다.

하지만 생어가 '적합자'의 출산을 장려하는 것에 관심이 없었던 것은 분명합니다. 생어는 여성이 출산을 결정할 수 있기를 바랐을 뿐, 더 많이 낳아야 한다는 주장을 한 적은 없었습니다. 생어의 관심은 여성이 충분한 정보를 가지고 스스로 임신에 관해 결정하는 것에 집중되어 있었고, 그것은 저소득층과 노동자 계층 여성을 주 대상으로 하고 있었습니다. 그들이 자유롭지 못하고, 원치 않은 임신에 시달리며 고통받고 있다고 믿었기 때문입니다.

피임, 여성의 자기결정권, 그리고 낙태

생어의 삶은 미국의 산아 제한, 더 넓게는 임신에 관한 여성의 자기결정권이 확대되어 가는 역사를 그대로 보여 줍니다. 생어가 온 힘을 다해 싸운 끝에 이제는 누구나 피임에 관해 물을 수 있고 또 알 수 있게 되었습니다. 또한 피임약의 개발은 여성이 남성과 같은 위치에 서게 하는 데 가장 큰 영향을 미쳤다고 해도 과언이 아닙니다. 피임약의 개발 이후 미국 내 여성의 대학 진학률은 급상 승했습니다.[11] 생어의 성공은 자신의 활동을 전략적으로 펼쳤기 때문이기도 합니다. 산아 제한 클리닉을 개설하고, 미국 내 불법이던 루프와 같은 피임 기구를 유럽에서 수입하고, 피임 시술을 합법화하는 과정에서 생어는 작은 것을 내주고 중요한 것을 취해 마침내 원하는 것을 얻어냈습니다. 그럼 인구조절론이나 우생학과의 협력도 이런 이대도강李代桃僵의 하나로 보면 되는 걸까요?

앞서 말씀드린 것처럼 생어가 열렬한 우생학 지지자라거나 본격적인 인종차별론자라고 주장한다면 그건 사실이 아닙니다. 물론 생어가 가졌던 생각이 일부 우생학의 주장과 겹치기는 합니다. 그러나 결국 생어의 삶을 보면서, 그리고 이후에 일어났던 논쟁을 보면서 모든 문제는 '강제성'에 있다는 것을 알게 됩니다. 어느 누구도, 어떤 입장과 지위도, 사람의 출생을 좌우해선 안 됩니다. 필요하다면 정보와 방법을 제공해야 할 것이며, 자신을 위해 어떤 선택을 내리는 것이 좋은지 충분한 교육을 받아야 하고, 사회는 아이가 태어나 삶을 이어갈 수 있도록 제도와 문화를 마련해야 합니다. 그러나 그 과정에서 선택은 부모의 것이어야 합니다. 이토록 찬란한 업적을 남긴 생어의 삶을 흐리고 있는 것은 결국 그가 '비적격자' 일부의 임신을 강제로 조절해야 한다고 주장했기 때문일 겁니다. 그런 주장은 어떤 식으로든 정당화될 수 없고요.

이야기를 낙태죄 위헌 결정에서 시작했습니다. 이와 관련하여 여러 다양한 생각을 갖고 계실 겁니다. 저도 어떤 하나의 방향이 정답이라고 생각하진 않습니다. 단, 이후 제도가 어떻게 결정되든 간에, 그 결정은 부부가 충분히 숙고하여 아이를 갖는 결정을 하고, 태어날 아이를 기다리며 준비하는 데 도움이 되는 방향이어야 할 겁니다. 국가나 사회가 출산에 강제로 개입해서는 안 되며, 그럴 수도 없습니다. 굳이 하나 더 덧붙이자면, 모두 아시는 것처럼 2020년 한국의 출산율은 역대 최저이자 세계 최저를 기록하고 있지요. 임신 중절을 막는 것이 결코 출산율을 높이는 방법이 될 수 없습니다. 오히려 지금 필요한 것은 아이를 낳고 기를 수 있는 환경을 마련하는 것이고, 그것이 부모와 자녀에게 기쁨이 될 수 있도록 준비하는 것입니다. 자녀에게 나쁜 세상을 주고 싶은 부모는 없을 테니까요. 우리에게 필요한 것은 태어난 아이가 행복하게 살 수 있는 세상을 만들기 위한 노력입니다. 백 년 전, 생어가 말했던 것처럼요. "나는 아기들에게 더 안전한 세상을 만들기를 원합니다."[12]

정신질환자는
통제의 대상인가

_ 에밀 크레펠린

 예전 소설을 읽다 보면 조발성 치매早發性癡呆라는 표현을 종종
보게 됩니다. '일찍 발병하다'라는 뜻의 조발이니, 이 병은 요즘
40~50대에 찾아와 사람들을 걱정하게 만드는 조발성 알츠하이
머병을 말하는 걸까요? 그렇지는 않습니다. 이 명칭은 '근대 정
신의학의 아버지'라고 불리는 에밀 크레펠린Emil Kraepelin, 1856~1926이
1899년 우울증에 의해 나타나는 무관심과 부동不動 상태에 붙인
이름입니다.[1] 우울증으로 의욕이 상실된 사람을 보고 크레펠린은
조발성 치매에 걸렸다고 부른 겁니다. 정신질환의 분류가 막 시작
되던 시기였기에 조발성 치매라는 이름은 다양한 증상에 폭넓게

활용됩니다.

　그런데 얼마 뒤인 1908년 스위스의 정신의학자인 오이겐 블로일러*가 조현병schizophrenia이라는 질병을 정의하고는, 조발성 치매의 증상을 기술하는 데 이 명칭을 사용하면서 혼란이 발생합니다. 같은 증상에 블로일러가 붙인 이름과 크레펠린이 붙인 이름이 뒤섞여 사용된 것입니다. 프로이트는 이미 1914년에 발표한 「나르시시즘 서론」에서 정신분열증(조현병의 이전 명칭)과 조발성 치매를 구분하여 사용하고 있었고,[2] 그로부터 한참 뒤인 1960년에 로널드 랭** 또한 『분열된 자기』에서 조발성 치매와 단순형 조현병의 임상 양상을 구분하고 있습니다.[3] 아마도 블로일러라면, 두 질병을 구분하는 걸 이상하게 생각했을 겁니다.

　반면, 최근에 나오는 글은 '조발성 치매란 조현병을 기술하기 위해 과거에 사용하던 표현이다'라는 식으로 간략하게 정리합니다. 이 병의 명칭을 정리한 이유는, '조발성 치매'라는 명명 자체에 문제가 있기 때문입니다. 프로이트의 생을 향한 욕망, 즉 리비도가 억압된 부동 상태가 특정 질환에서만 나타나는 상태라고 보긴 어려우니까요.

---

*　　스위스의 정신의학자이자 우생학자로 정신질환에 관한 여러 용어를 만들어 내는 데 기여하였으며, 지그문트 프로이트와 교류하였다.

**　英국의 정신의학자로, 실존철학에 영향 받아 당시 힘을 얻고 있던 정신질환의 약물 치료와 전기 충격 요법을 반대했다. 그는 조현병이 이론적 명칭일 뿐 실제 질환이 아니라고 주장하여 1960년대 휘몰아친 반정신의학에 힘을 보탰다.

이런 혼란이 발생한 것은 당시 크레펠린이 정신의학계에서 차지하던 중요성 때문일 겁니다. 크레펠린의 권위를 무시하는 것처럼 보인 블로일러의 새로운 용어 정의는 빠르게 퍼지지 못했습니다. 정신질환에 대한 여러 생각이 난립하던 시절, '정신의학의 과학화'라는 기치를 들고 정신질환의 신체적 원인에 기반을 두고 이를 분류한 사람이 바로 크레펠린이었기 때문입니다. 그는 그때까지 정신의학의 성과를 집대성한 『정신의학Psychiatrie』을 집필하고 개정판을 꾸준히 발간하면서 현대 정신건강의학의 토대를 쌓았습니다.

인간의 정신은 화학 물질로 조절할 수 있다

아니, 현대 정신의학 하면 프로이트 아니냐고요? 정신건강의학을 일단 의자에 앉아서 내담자와 상담자가 나누는 대화에서 출발하는 것이라고 생각한다면 그 생각은 어느 정도는 맞지만 그게 전부는 아니라고 얘기해야 할 것 같습니다. 물론 지금 기준으로 그야말로 '무식해' 보이던 19세기의 정신질환 치료법에 획기적인 변화를 가져온 것은 프로이트와 그 후계자들이 일군 정신분석학이 맞습니다. 이미 살폈지만, 당시에는 많은 사람들이 정신질환이 발병하는 이유를 도덕적 원인에 돌렸습니다. 따라서 사람들은 소위 '건강한 신체에 건강한 마음'을 치료법으로 선택하여, 운동과 자극 요법(냉수마찰, 회전 기계 등 그 목록은 상상을 초월합니다)으로 정신질환자의 정신을 '개조'하려 했습니다. 이런 상황에서 프로이트의 '대화 치료'가 가져온 변화는 획기적인 것이었습니다.

하지만 정신건강의학이 현재의 지위에 오르는 데 가장 큰 영향을 미친 것은 1950년 합성된 클로르프로마진입니다. 항히스타민제인 클로르프로마진은 중추신경 억제제로 환자를 멍하게 하는 효과가 있습니다. '소라진Thorazine'이라는 제품명으로 판매된 클로르프로마진은 전 세계의 정신병원에 보급되어 정신질환을 앓고 있는 사람들을 무력하게 하는 데 큰 역할을 했습니다. 당장 환자들의 행동을 통제할 수 없었던 병원에는 구원과도 같은 일이었습니다. 백 년 전인 1831년 합성되어 마취와 진정에 사용되었던 클로랄 하이드레이트chloral hydrate가 있었지만, 실제로 정신약리학 혹은 정신약학psychopharmacology의 시대를 가져온 것은 클로르프로마진이었습니다. 약물로 정신질환을 치료 또는 통제하는 시대가 왔으니까요.

하지만 약물에 의한 정신질환 치료는 정신분석학과는 무관합니다. 정신질환을 억압된 기억의 촉발로 나타나는 이상 행동이라고 해석하는 정신분석학은 무의식과 어떻게 화해할 것인가를 다룹니다. 그에 반해 정신약학은 정신질환이 신체적 원인(예를 들어, 뇌의 구조적 이상)에서 나타나므로 이를 화학적으로 해결하겠다는 것입니다. 이렇게 정신분석학과 정신약학은 정신질환의 원인 진단에서 전혀 다른 관점을 취하고 있습니다. 그래서 정신질환을 신체적 원인에 의한 것이라고 주장했던 크레펠린과 그의 분류가 다시

금 주목받는 것은 이런 상황에서 당연한지도 모릅니다. 정신분석학이 실제로 치료 효과가 있느냐와는 별개로, 차분히 앉아 오랜 상담을 통해 이뤄지는 정신분석 진료의 특성상 비용이 많이 들 수밖에 없었으니까요. 정신질환을 앓고 있다고 여겨지는 사람 모두를 상담하는 것은 사실상 불가능했습니다. 그런 의미에서 정신분석학이 중산층의 전유물이라는 후대의 비판은 정당합니다.

상황이 이렇다 보니 크레펠린의 생각이 현대 정신건강의학에 미친 영향은 생각보다 강력합니다. 그는 실제로 알코올이나 커피 등이 미치는 심리학적 영향을 연구했기에 정신약학의 기초를 놓은 사람이라고 봐도 과언이 아닙니다.[4] 그때까진 효과를 낼 수 있는 약물이 만들어지지 않았을 뿐이죠. 무엇보다 그는 관찰을 통해 정신질환을 분류하고자 했습니다. 여러 증상이 공통적으로 나타나는 사람들을 같은 질병으로 묶는 이 틀은 세계 대전 이후 신크레펠린주의자neo-Kraepelinian들에 의해 주목받으면서 현재 정신질환 분류 체계의 기본이 되었습니다.[5]

정신질환은 어디에서 오는가

흥미로운 점은 그가 정신질환을 두 가지로 분류했다는 것입니다. 그는 정신질환이 자연적 존재라고 보았습니다. 즉, 환자 안에서 질환의 존재를 어떻게든 찾을 수 있다고 믿은 것입니다. 그 결과, 크레펠린은 정신질환을 분류하기 위해 정서적 요인을 기준으로 삼았습니다. 정서적 요인에 의해 나타나는 질병을 조울증(현재 분류로 양극성 장애)으로, 정서적 요인이 아닌 것에 의해 나타나는 질병을 앞서 말한 조발성 치매로 분류한 것입니다. 크레펠린은 조울증은 정서적 요인에 의해 발생했으니 상대적으로 치료가 양호한 반면, 조발성 치매는 신체의 결함으로 인해 나타난 질병이기 때문에 치료가 어렵다고 생각했습니다.[6]

이 분류를 '크레펠린 이분법Kraepelinian dichotomy'이라고 부릅니다. 이 분류는 정신질환을 유전학적으로 연구하기 전까지 정신건강의학의 기본으로 자리잡았습니다.[7] 그 뒤로 수백 가지의 정신질환이 분류되었지만, 크레펠린 이분법의 틀을 쉽게 벗어나지 못했습니다. 그러나 유전학적 연구에 의해 조발성 치매와 조울증의 두 질환에서 유전학적 경향성과 질병의 작용 부분이 연관성이 있거나 서로 공유하는 영역이 있다는 것이 알려졌고, 신경생물학적 발견이 거듭되고 이런 이분법이 더이상 들어맞지 않는다는 것이 밝혀지며 이 이분법은 그 힘을 차츰 잃어가고 있습니다.

하지만 크레펠린의 이분법이 지난 백 년간 정신건강의학 담론에 미친 영향은 쉽게 사라지지 않았습니다. 충분히 이런 질문을 할 수도 있을 겁니다. 이런 이분법이야 틀리기도 하고 그래서 바뀔수도 있지만, 그건 그냥 학문의 문제일 뿐이지 우리 삶과 무슨 상관인가 하는 것이죠. 하지만 그렇지 않습니다. 이 분류는 우리가 정신질환을 어떻게 통제하려고 하는가와 밀접한 관련이 있기 때문입니다. 정신질환 통제의 목적은 사회의 안전입니다. 그런데 사회의 안전은 현재 어떻게 유지되고 있을까요?

이 물음을 조발성 치매와 조울증 각각에서 살펴보면, 모두 흥분의 통제라는 결론에 도달하게 됨을 알 수 있습니다. 크레펠린이 정의한 조발성 치매는 신체적 결함에 의해 신경 조직이 서서히 파괴되어 환자가 의욕과 인지 기능을 상실하는 것을 말합니다. 물론 이런 정의는 그 이름을 대체했다고 하는 조현병, 즉 망상, 환각, 언어와해 등의 특징으로 정의되는 사고 장애와는 차이가 있으며, 현재까지 크레펠린의 정의가 그대로 활용되고 있는 것은 아닙니다. 하지만 여전히 크레펠린의 분류를 따라 조현병이 신체의 결함에 의한 것이라는 생각이 남아 있지요. 예컨대 조현병을 설명하는 데 오랫동안 동원되어 온 도파민 가설은 질환이 나타나는 이유를 뇌에 위치한 도파민 신경 세포의 과다 활성 때문으로 설명합니다. 이 신경 세포는 운동 신경과 감정을 조절하는 역할을 하며, 도파민이 과다하게 분비될 경우 두뇌 활동이 증가합니다. 이것이 과다한 경우, 즉 도파민 신경 세포가 너무 흥분하게 된 상태를 조현병의 원인으로 보는 것입니다. 따라서 조현병에 사용되는 주요 약물은 주로 도파민 수용체와 결합하여 신경 세포의 흥분을 줄이는 기능을 합니다.

한편, 조울증은 세부적인 영역에서는 많이 변했을지라도 큰 틀은 여전히 크레펠린의 분류를 따르고 있습니다. 이 질환은 조증과 울증으로 기분이 양극단으로 나타날 수 있는 장애라 양극성 장애라고 부르는데, 크레펠린은 이를 흥분할 수 있는 능력의 문제라고 생각했습니다.[8] 일반인의 안정된 정서 상태와 달리 조울증 환자는 흥분에 정신을 내맡기며, 즐겁게 만드는 흥분이나 슬프게 만드는 흥분에 쉽게 영향을 받는다는 것입니다. 그렇다면 이 질환을 치료하려면 흥분할 수 있는 능력을 없애면 되겠죠. 여러 항우울제는 도파민과 노르에피네프린 등 감정에 영향을 미치는 신경전달물질의 재흡수를 억제하는 방식으로 작용합니다. 세로토닌은 신경이 너무 흥분하거나 불안하지 않도록 만드는 기능을 하며, 항우울제는 세로토닌 신경 기능이 활성화되도록 합니다.

정신질환이 어떻게 발생하고 진행되는지 그 실체를 아직 완전히 규명하지는 못했습니다. 물론 교과서에서 설명하는 방식이 있지만, 그에 상충하는 연구 결과들도 있으므로 확답을 내릴 수 없는 상황입니다. 여기에는 앞서 말씀드린 정신약학의 성공도 일부 영향이 있습니다. 치료되는지 알 수 없는 정신질환을 어떻게든 붙들어 매놓은 것이 약물이었고, 여전히 우리는 그 치료를 위해 약물에 의존할 수밖에 없으니까요. 그런데 살펴본 것처럼 이런 약물의 작동은 주로 흥분을 통제하는 것으로 이뤄집니다.

흥분을 통제하면 사회가 안정된다

크레펠린의 이분법은 오래 전에 생겨났지만 여전히 우리 곁에서 작동하고 있습니다. 그가 나눈 정신질환의 두 극에서, 한쪽은 과다한 흥분과 집중이 나타나는 것을 막고, 다른 한쪽은 흥분과 불안으로 급격히 쏠리는 것을 막는 것을 치료법의 틀로 삼았습니다. 물론 실제 임상으로 들어갔을 땐 이렇게 무 자르듯 나누지는 않고, 훨씬 섬세한 접근과 기술들이 활용됩니다. 하지만 조금 더 추상적으로 접근해 보자면 이런 접근은 인간이 어떤 과도함이나 지나침에 빠지는 것을 경계하는 시각과 일치합니다. 우리는 무언가에 너무 집착하거나 외부 환경에 따라서 급격하게 마음이 변해선 안 됩니다. 존재의 평안과 사회의 평안은 일치하며, 우리의 일상적인 삶은 그 평안을 확보할 때 가능합니다.

집착 또는 불안정이 일상이라면 우리는 살아갈 수 없습니다. 하지만 때로 집착이나 불안정이 필요할 때가 있습니다. 예컨대 진화인류학자이자 정신의학과 의사인 박한선은 조현병의 특성이 수렵 생활 시기의 인류에게 유리한 형질이었을 것이라고 말합니다.[7] 조현병 환자가 망상에 빠져 신의 뜻을 외치는 것을 두고, 고대인은 이를 지도자의 특질이나 신의 뜻을 받아들이는 자로 이해했을 수도 있다는 것입니다.

한편, 현대 사회는 가끔 사람들을 온건하게 만드는 데 많은 노력을 기울이는 것처럼 보입니다. 벨기에의 법학자 드 쉬테르는『마취의 시대』에서 진정제를 통해 흥분을 옭아매어 사회를 통제하려는 전략을 파헤칩니다. 흥분은 "군중의 이론가와 우울증의 의사, 밤의 경찰, 산아 제한 운동가" 모두의 경계 대상이었다는 겁니다.[8] 우리는 얼마 전 세월호라는 거대한 재난 앞에서 흥분을 억제하려는 모습을 직접 보았습니다. 광화문에 걸린 노란 리본을 치우려는 것은, 사회의 흥분을 막으려는 통제의 노력이었죠. 때로 과도한 흥분이 정체된 현 상황을 바꾸게 하는 주된 동력이라는 것을 잊은 채 말입니다. 그것은 현상을 어떻게든 유지하려는 전략, 쏠림을 막아 사회를 보호하려는 방식이었습니다. 세월호의 침몰이 가져온 트라우마를 그저 병으로 취급하고 잊어야 한다는 강요가 그 뒤에 깔려 있었습니다.

또한 이분법은 양극단 외에 여러 다양한 선택지가 있는데도 오직 두 극단만이 특권을 부여받는다는 문제도 있습니다. 성^性도 그렇습니다. 성적 지향은 남성 이성애자와 여성 이성애자의 두 가지 외에 다른 분류가 있을 수 있지만, 이들이 대다수라는 이유로 다른 성적 지향은 곧잘 무시되거나 배척됩니다. 오랫동안 철학의 두 축이었던 주체와 객체는 어떤가요? 이성을 가진 인간이라는 주체와 인간의 관찰과 조작의 대상인 객체라는 이분법은 우리가 마주하고 있는 여러 이슈를 인간과 사물로 나눠 생각하게 했습니다.

크레펠린의 이분법도 마찬가지입니다. 정신질환은 다양한 양상으로 나타나고, 그것이 속한 사회문화에 따라 여러 형식으로 바뀌 표현됩니다. 그러나 조발성 치매와 조울증의 도식은 정신질환을 두 극에 위치시켜 이들을 중심으로 사고하게 만듭니다. 그리고 두 질환의 치료법은 흥분을 가라앉히는 데 초점이 맞춰져 있지요. 그렇다면 우리가 정신질환을 억누르고 통제해야 한다고 생각하는 것에는 정신질환을 일소해야 할 것으로 보았던 일제 강점기의 정신위생 개념이 미친 영향에 더하여,[10] 여전히 남아있는 크레펠린의 영향력이 크다는 것을 알 수 있습니다.

정신질환은 억제의 대상일 뿐일까

2019년 봄 법무부 장관은 당시 잇달아 발생한 정신질환자 강력 사건이 국민들의 안전을 위협하니 치료명령을 강화해 범죄를 예방하겠다는 뜻을 밝혔습니다. 2018년 말 임세원 교수 살해 사건이나 2019년 봄 진주 방화 및 살인 사건 등으로 국민들 사이에 경각심이 높아진 상황에서 나온 주장이었습니다.[11] 이런 조치는 정신질환자를 범죄자로 인식시킬 수 있다는 점에서 정신질환 당사자 단체는 반발 의견을 표명했습니다.[12]

물론 정신질환자의 범죄를 예방하는 것이 중요합니다. 하지만 이런 정책이 국민에게 정신질환자는 잠재적 범죄자라는 기존의 인식을 강화할 것이라는 점도 생각해봐야 합니다. 그리고 정신질환 치료 기반 확충에 대한 의지 없이 규제와 명령만 강화하는 부분도 고려할 필요가 있습니다. 정신질환은 여전히 억제의 대상일 뿐이고, 환경 개선을 통한 치료가 필요하다는 생각은 정책 논의의 바깥에 있기 때문입니다. 여러 사건으로 문제의식은 높아졌지만, 정작 구조적 문제의 해결을 위한 재원 마련과 체계 보완에는 관심이 거의 없습니다.

그런 접근법에는 앞서 살핀 것처럼, 우리가 정신질환을 붙들어 매야 할 어떤 것, 안전을 위해 억제해야 할 것이라고 바라보는 시각이 깔려 있습니다. 그리고 그 뒤에는 정신질환의 대표적인 두 분류, 조현병과 양극성 장애가 흥분을 가라앉히는 약물로 조절이 가능해지면서 나타난 안타까운 결과가 있지요. 크레펠린의 분류가 남긴 영향을 바라보면서 이런 생각을 해봅니다. 정신질환이 모두 억제되어야만 하는 걸까요? 오히려 심하지 않은 질환은 일상 생활을 영위할 수 있도록 돕고, 어려운 상황이 될 때만 타인에게 발생할 피해를 막는 방식으로 접근할 필요가 있지 않을까요? 하지만 그 무엇보다 정신질환을 무조건 문제라고 생각하지 않는 관점의 전환이 필요합니다. 많은 노력이 필요하고 적지 않은 시간이 흘러야 가능한 일일 겁니다. 이를 위해 앞서 스쳐 가면서 언급한 반정신의학에 관해 좀 더 살펴보려 합니다.

정신질환은
사회가 만든다

_ 토머스 사즈

영화 〈뻐꾸기 둥지 위로 날아간 새〉를 인상 깊게 보신 분들 많으리라 생각합니다. 켄 케시가 쓴 원작 소설을 〈아마데우스〉로 유명한 밀로스 포먼이 연출한 작품입니다. 스티븐 스필버그의 〈죠스〉, 스탠리 큐브릭의 〈배리 린든〉 등 걸작들이 경쟁을 벌인 1975년 아카데미 시상식에서 작품상, 감독상, 각본상, 남우주연상, 여우주연상의 주요 5개 부문을 모두 수상한 명작으로, 2007년 미국 영화 연구소 선정 미국 100대 영화에 선정될 정도로 좋은 평가를 받은 작품입니다.

영화에서 주인공 맥머피(잭 니콜슨)는 반항적 인물입니다. 상습적으로 범죄를 저질러 붙잡혔지만, 감옥에 가기 싫어 정신병원에 들어갑니다. 검사 결과 정신질환이 없다는 판정을 받지만, 정신병원이 편한 그는 그곳에 남습니다. 맥머피가 가게 된 병실은 겉으로는 별 문제 없이 운영되고 있지만 메마른 규율만 강요하는 수간호사의 억압적 정책 때문에 환자들의 불만이 높습니다. 그런 분위기에서 새로 들어온 맥머피는 다른 환자들과 인간적으로 친해지며, 딱딱한 규율을 거부하고 인간적인 생활을 누려보려 합니다. 이들을 얽매려는 수간호사와 여기에서 벗어나려는 맥머피의 갈등은 점차 커져가고, 마침내 선을 넘은 맥머피가 병원에 의해 '처벌'받는 것이 영화의 내용입니다.

냉전으로 우경화하며 점차 강화되고 있던 미국 사회의 권위주의적 지배에 대한 은유라고 영화를 해석하는 사람들이 많았습니다. 하지만 사람들에게는 당시 엄혹하던 정신병원의 문제를 고발하는 영화로 더 많이 알려졌지요. 영화가 명성을 얻으면서 미국 대형 정신병원의 인권 침해에 사람들의 관심이 쏠렸습니다. 〈뻐꾸기 둥지 위로 날아간 새〉 덕분에 여러 운동가와 학자에 의해 만들어지고 있던 반反정신의학anti-psychiatry이 사람들의 주목을 받게 되고, 당시 심심치 않게 행해지던 전기 충격 요법과 장기 강제 입원 등 반인권적인 정신의학의 행태가 표면으로 떠오르게 됩니다. 결국 이 영화는 주류 정신의학에 대항하는 반정신의학과 사회과학, 인권 운동을 결집하여 '탈원화de-institutionalization* 운동'을 탄생시키는 촉매가 됩니다.

여기에서 중요하게 살펴봐야 할 것은 반정신의학 운동입니다. 한때 제도권 정신의학을 비판하며 불처럼 타오르던 반정신의학 운동은 이제 흐릿해졌고 그 이름은 이제 잊혀지고 있습니다.[1] 그러나 이들이 제기했던 문제는 여전히 남아있습니다. 최근 몇 년 사이 정신질환과 관련한 문제가 사회적으로 크게 불거졌고, 특히 2018년 말 양극성장애 환자에게 공격당해 사망한 임세원 교수와 관련한 논의를 어떻게 다뤄야 할지 방향을 잡지 못한 우리 사회에서 반정신의학의 주장을 살피는 것은 중요한 통찰을 전해 줍니다.

반정신의학의 선두에 섰던 인물로 정신의학자 로널드 랭과 토마스 사즈Thomas Stephen Szasz, 1920~2012, 철학자 미셸 푸코, 사회학자 어빙 고프먼을 꼽곤 합니다. 미셸 푸코는 정신질환자를 감금하는 것은 이성과 합리가 광기와 광인을 배제하기 때문이라는 시각을 『광기의 역사』에서 전개합니다. 사람들의 일상을 사회학의 연구 대상으로 삼아 미시사회학을 완성했다는 평을 듣는 고프먼은 『수용소』에서 '총체적 기관' 개념을 논의했습니다. 정신병원에서 개인이 억압당하며 지배의 대상이 되는 방식을 살핀 것이죠. 로널드 랭 또한 조현병 환자를 자신 그리고 세계와 불화하는 사람으로 이해한 『분열된 자기』라는 책을 내놓았습니다.

---

* (앞쪽) 정신질환자가 수용시설이나 병원에 입원해 치료를 받지 않고, 가정에 머물면서 지역사회나 사회복귀시설에서 제공하는 프로그램을 통해 치료하는 방법을 말한다.

한편, 사즈에 관한 논의는 아직 우리나라에서는 살펴보기 어려운데, 그것은 사즈의 주장이 위 네 사람 중에서도 가장 극단적이었던 탓인지도 모르겠습니다. 거꾸로 말하면, 그의 주장을 살펴보면 우리는 반정신의학의 주장이 무엇인지 더욱 분명하게 파악할수 있게 됩니다. 이를 통해, 우리 사회가 정신질환에 대해 가진 시각을 반성하고, 현재 우리가 겪고 있는 난점에 접근하기 위한 사즈의 몇 가지 제안을 살펴보려고 합니다.

정신병원에 보내다니, 야만적이다

사즈는 헝가리 태생으로 부모와 함께 미국으로 이주해 1944년에 신시내티 의과대학을 졸업합니다. 신시내티 종합병원에서 레지던트 과정을 밟았고 시카고 정신분석 연구소에서 근무했습니다. 정신적 고통이 신체적 증상으로 나타난다는 정신신체의학 psychosomatic medicine을 전개한 프란츠 알렉산더가 설립한 기관이었습니다.

그곳을 떠나 뉴욕주립대 의과대학 교수가 된 사즈는 명강의로 이름을 날렸지만, 정신과적 진단에는 회의를 품고 있었습니다.[2] 예컨대, 수업 시간에 만성 우울증 여성의 치료에 관해 학생이 질문을 던지자 사즈는 오히려 묻습니다. "정확히 뭘 치료하는 겁니까? 끔찍한 기분이 드는 상태, 함께 이야기할 사람이 필요한 상태, 그게 의학적 질환입니까?" 당황한 학생에게 사즈는 더 이야기합니다. "그가 우울증이라고 불리는 질환에 걸린 겁니까, 아니면 그를 불행하게 만드는 여러 문제와 사건들에 둘러싸인 겁니까?" 사즈가 보기에 문제는 환자가 아니라 사회였습니다. 불행한 상황에 부닥치게 해놓고는 그에게 '우울증'이라는 딱지를 붙여버린다는 것인데, 사회가 정신질환을 만든다는 반정신의학의 기본 주장이 이미 나타나고 있었던 것입니다.

그는 1958년 논문 「정신의학, 윤리, 형법」에서 정신질환은 이론일 뿐이지 사실이 아니라고, 과거 악마가 씌웠다는 판단이 하나의 이론이듯 지금 정신의학도 새로운 이론을 제시한 것뿐이라고 주장하여 논쟁을 불러일으킵니다.[3] 그는 점차 정신질환이 그저 인간이 정한 명칭일 뿐이라는 생각을 구체화해 나갔으며, 이는 1960년 『정신질환의 신화』라는 책에서 분명하게 드러납니다.[4] 실증주의의 영향을 강하게 받은 이 책은 신체적 질환과 정신질환을 구분하고, 생물학적 원인을 발견할 수 있는 신체적 질환과 달리 정신질환은 실체가 없으며 단지 생활의 문제를 해결하고 다스리기 위한 명칭일 뿐이라는 주장을 펼칩니다.

1961년 사즈는 미 상원에서 열린 '정신질환자의 헌법적 권리'라는 공청회에서 발언대에 섭니다. 이 공청회는 정신병원 입원 환자가 점차 늘어가던 상황에서 강제 입원이 개인의 자유를 침해하는지를 논의하기 위해 열렸습니다.[5] 여기에서 그는 정신과 의사가 환자 편에 서 있다는 생각을 다시 한번 확인할 필요가 있다고 주장하며, 현실에서 정신과 의사가 치료자인지 관리인인지 구분할 수 없다고 말합니다. 지금과는 달리 당시엔 정신질환자의 처우에 관한 논의가 별로 없었고 실제로 정신병원의 환경이 열악했던 상황에서, 사즈의 주장은 상당한 설득력을 얻었습니다. 그리고 사즈의 주장을 뒷받침하는 사례가 나타납니다. 바로 1962년 마이클 호멘토프스키 재판이었습니다.

호멘토프스키는 1955년, 기관총과 38구경 권총을 허가 없이 소지했다는 죄로 체포됐습니다.[1] 그가 살던 지역에 쇼핑센터 건설이 예정되었는데, 이를 위해선 그가 일하던 주유소를 철거해야 했습니다. 호멘토프스키는 사는 곳에 쇼핑센터가 생기는 것이 마음에 들지 않았습니다. 그가 여러 번 항의해도 받아들여지지 않자, 총을 메고 주유소 주변을 순찰하기 시작했습니다.[2] 그러던 중 어느 날, 건축 현장 표지판을 설치하러 두 남자가 다가오는 것을 본 호멘토프스키는 하늘을 향해 총을 두 발 발사해 경고합니다. 남자들은 달아났고, 경찰관이 호멘토프스키를 체포하러 왔다가 차 트렁크에서 고장 난 기관총을 발견합니다. 기관총은 무용지물이었으나, 소지는 불법이었습니다.

감옥에서 호멘토프스키는 정신병원으로 호송됩니다. 당시 뉴욕주 법규는 지능이 떨어져 기소 내용을 이해할 수 없다고 판단되는 경우 정신병원에서 정신 상태를 점검하도록 정하고 있었습니다. 호멘토프스키는 정신과 의사에게 자신은 그저 군인으로서 근무 위치로 걸어가고 있었을 뿐이며 자신이 종교적 환상을 보았다고 진술합니다. 미국 정신의학회는 『정신질환의 진단 및 통계편람』 초판을 완성한 상태였고, 그 기준에 따르면 호멘토프스키의 진단은 조현병이었습니다. 가족은 바로 항소했지만, 진단명을 더 확실하게 할 것 같아 호멘토프스키에게 정신과 의사와 상담할 때 아무 이야기도 하지 말라고 당부했습니다. 그렇게 그는 7년 동안 여러 정신병원에 입원해 있었습니다. 그동안 무려 일곱 명의 정신과 의사가 호멘토프스키가 정신질환으로 감금 상태에 있어야 한다고 확인했고, 그의 진단명을 반복해서 확증했습니다.

호멘토프스키 가족은 사즈를 만나 사정을 말했습니다. 첫 진단은 그렇다 치지만, 이후 여섯 번의 진단에서 호멘토프스키는 어떤 말도 하지 않았는데도 진단은 계속 확증되었습니다. 정신질환이라는 진단이 생활의 통제를 위한 명칭에 불과하다는 사즈의 주장을 잘 보여 주는 사례였습니다. 호멘토프스키에게 내려진 것은 진단이 아니라 판결이었으며, 그를 감금 상태로 놔두었던 것은 정신질환의 상태에 관한 판단이 아니라 잠재적 위험이 있는 사람에 대한 치안 행위라고 사즈는 생각했습니다.

재판 과정에서 검사는 사즈에게 호멘토프스키에 대한 의견을 묻는 것을 넘어, 그가 정신질환에 대해 어떤 생각을 갖고 있는지 묻습니다. 검사는 사즈에게 묻습니다. 당신은 정신질환이 신화라고 주장하는데, 그렇다면 사즈 당신은 정신질환이 존재하지 않는다고 생각하는 거냐고. 우리는 일상에서 이상한 행동을 하는 사람들을 만나는데, 그들에 관해 어떤 견해를 갖고 있냐고 말입니다. 검사의 질문에 사즈는 대답합니다.

신화란 존재하지 않는 것을 가리키는 말이 아닙니다. 그것은 사람들의 집단적 추론을 가리킵니다. 사람들을 당혹하게 하는 이상한 일들, 그러니까 부모를 살해하고 아이를 창밖으로 던져 버리는 끔찍한 일은 분명히 존재합니다. …… 문제는 이것이 무엇이냐는 겁니다. 신화라고 말한 건, 사람들이 이것을 의사가 치료할 수 있는 질환이라고 생각하기 때문입니다. 나는 그들이 틀렸다고 말합니다. 그것은 사람이 치료할 수 있는 질환이 아닙니다. 그들은 정신질환이라는 표현을 잘못 사용하고 있습니다. 술에 취해 아내를 때리는 사람, 저도 이런 사람을 혐오하지만, 그들이 미쳤다고 생각하지 않습니다. 나는 그들이 엄청난 실수를 했고, 무지하며, 어리석고, 오도되었으며, 화가 났다고 생각하지만, 그들이 폐렴에 걸린 것과 같은 방식으로 아프다고 생각하지 않습니다.

더 나아가, 사즈는 정신병원 입원을 "야만"이라고 표현하며, 약을 원치 않는 사람에게 약을 주는 것을 비판합니다. 이런 생각은 이미 논문과 책으로 발표되었던 것이지만, 호멘토프스키 재판으로 인해 사즈의 말은 대중의 주목을 받게 됩니다. 정신의학과 의사들도 사즈의 견해를 비판하기 시작하고, 대학에도 압력이 가해져 사즈는 진료하던 병원을 옮기게 됩니다. 이런 일련의 상황은 사즈를 박해받는 사람으로 만들었고, 그는 자신의 견해를 여러 매체에 발표할 기회를 얻게 됩니다. 논쟁은 점차 격렬해졌고, 반정신의학이라는 이름 아래 사람들이 모이기 시작합니다. 이후 상황은 앞에서 말씀드린 것과 같습니다. 정신의학 내부의 문제의식은 사회학의 비판적 관점과 결합했고, 〈뻐꾸기 둥지 위로 날아간 새〉로 인해 이들의 주장은 대중들의 관심을 받게 되었습니다. 그러나 반정신의학의 이름은 곧 잊혔습니다. 그리고 호멘토프스키는 결국 풀려납니다. 하지만 그것은 사즈의 증언 때문이 아니라 영화의 성공에 따른 의회의 탈원화 결정 때문이었습니다.

사회는 정신질환을 치료하는가, 통제하는가

사즈의 견해는 흥미롭습니다. 우선 그가 실증적 관점에 깊이 매여 있다는 것과, 현재 정신건강의학의 방향과 사즈의 견해가 상당히 일치하고 있다는 점 때문입니다. 이것은 정신건강의학이 자신을 신화라고 생각한다는 게 아니라, 정신의학이 신경과학의 발전과 더불어 정신질환의 생물학적 원인을 찾아내는 데 주력하고 있다는 의미입니다. 하나씩 살펴보도록 하겠습니다.

먼저 실증주의는 검증 가능한 것만을 확실한 지식으로 보는 관점을 말합니다. 이런 접근은 오랜 역사가 있으며 근대에 들어서 그 중요성이 부각되어, 과학의 영향력이 커지던 상황에서 학문의 모든 영역으로 확대되었습니다. 사즈가 정신질환을 신화라고 비판하는 것은 이런 실증주의적 바탕 위에 있습니다. 당시엔 정신질환의 생물학적 원인을 밝혀내는 것이 불가능한 상황에서 정신분석학과 정신약학만이 그럴듯한 해결책으로 존재하던 상황이었음을 상기해야 합니다. 이런 사즈의 질환에 관한 관점을 이해하기 위해 2007년에 발표한 『일상생활의 의료화』에 나온 텔레비전 은유를 살펴볼 필요가 있습니다.[6]

텔레비전을 보다가 사람들이 문제를 느끼는 경우는 두 가지입니다. 하나는 텔레비전 수상기 부품에 문제가 생긴 경우이고, 다른 하나는 텔레비전 수상기에서 상영되고 있는 프로그램에 문제가 있는 경우입니다. 하드웨어와 소프트웨어의 차이라고 할까요. 사즈는 이것을 질환에 빗대어, 신체적 질환이 부품의 문제라면, 정신질환은 프로그램 내용의 문제라고 봅니다. 부품을 수리하는 방식과 프로그램 내용에 대한 문제 제기는 전혀 다른 방식으로 이뤄져야 합니다. 프로그램 내용이 이상하다고 텔레비전 제조사에 가서 항의하면 이상한 일일 겁니다. 마찬가지로 정신질환을 논한다고 신체 질환에서 확립된 표현과 생각을 이용하는 것은 사즈가 보기에 오류입니다. 정신질환은 텔레비전의 프로그램 내용과 같은 것인데, 기계를 고치는 것과 같은 신체적 질환의 해결책을 정신질환에 그대로 옮겨 오다 보니 정신의학에 문제가 생긴다는 것이 사즈의 진단이었던 겁니다.

이런 사즈의 주장은 이분법에 기초하고 있습니다. 그의 주장은 비과학적이라기보다는 오히려 너무나 과학적이라고 할 수도 있을 겁니다.[7] 인간이 겪는 고통을 MRI 스캔 결과와 일치시킬 수 있다면 또 모르나, 그럴 수 없는데도 고통을 치료하겠다고 의학이 달려든다면 그것은 학문적 과장이라는 것입니다. 사즈가 제시하는 해결책은 사람들이 서로 정신분석가의 역할을 맡아 대화를 나누는 것입니다. 그러나 이런 대화가 의사나 분석가라는 전문직의 역할이 되어선 안 된다고 반복해서 주장합니다. 이런 대화를 제도화하려다 보니 국가가 강제력을 행사하게 되었고, 이것이 더 큰 폭력으로 이어진다는 생각과 함께 말입니다.

그의 생각은 단순하기에 강력하지만, 그만큼 분명하게 한계를 드러냅니다. 세상의 일을 둘로 딱 잘라 설명할 수 있다면 많은 것들이 명쾌하고 분명해지겠지만, 그런 구분에 수많은 문제가 있을 수밖에 없다는 것을 최근의 여러 정치, 사회, 문화 이슈는 잘 보여주고 있습니다. 당장 텔레비전 은유만 해도, 텔레비전 시청의 문제는 훨씬 다양하게 나타납니다. 수상기가 정상이고 프로그램도 문제가 없으나 시청자가 이상하게 해석할 수도 있고, 수상기도 일부 비정상이고 프로그램도 조금 문제가 있으나 시청자가 잘 받아들여 별문제가 없는 경우도 가능하고, 수상기가 오작동을 일으켜 프로그램을 엉뚱하게 보여줘 해석을 완전히 바꿔 놓을 수도 있습니다. 컬러 텔레비전인데 문제가 있어 흑백으로 나오거나, 스피커에 문제가 있어 일부 소리가 들리지 않을 경우, 프로그램의 원래 의도와는 다른 방식으로 시청자에게 전달됩니다.

정신질환도 마찬가지로 신체 변화가 인식의 차이로 나타나기도 하고(사소한 예일 수 있으나, 위험한 곳에 이성과 함께 가면 무서워서 늘 어난 심박수를 상대방에 대한 호감으로 착각하게 됩니다), 몇 가지 장애는 본인이 적응만 하면 그 안에서 정상적으로 사는 것이 가능합니다. 신체적 이상과 정신질환은 사즈가 생각한 것처럼 명확하게 구분되는 것이 아니고, 그것은 치료에서도 마찬가지입니다. 그가 말한 개인 간의 정신분석적 대화도, 진행하는 사람이 전문가가 아니라 해도 누군가는 듣는 위치에 다른 누군가는 말하는 자리에 있어야 합니다. 이것은 결국 어느 한 쪽이 치료자의 역할을 맡아야 한다는 것인데, 전문가가 행하지만 않으면 문제가 없다는 식의 접근은 너무나 순진합니다. 국가 통제와 개인 자율을 구분하는 것도, 국가 통제는 악이고 개인의 자율은 선이라는 생각은 냉전이 한창이던 당시에는 잠깐 통용될 수 있을지 몰라도, 국가의 역할이 계속 변화하고 있는 현대 사회에서 지속할 만한 견해는 아닙니다.

그렇다고 사즈의 견해를 모두 무시할 수 없는 것은, 실제로 현대 정신건강의학이 생물학적인 방식으로 정신질환을 설명하려 하고 있기 때문입니다. 정신건강의학 내에서도 신경과학과 함께 뇌에서 발생하는 병변이나 호르몬의 역할, 신경전달물질 등이 정신질환과 연결되는 방식을 점차 많이 연구하고 있습니다. 정신역학은 정신질환의 원인을 역학적으로 설명하려 하고, 유전자나 환경의 영향 등을 대규모 자료를 통해 검증하려 노력합니다. 이런 경향은 물론 사즈의 영향 때문이라고 말할 수 없으며, 심지어 사즈가 생각했던 정신질환의 병인론과는 많은 차이가 있습니다. 그러나 신경과학이 계속 성장하고 있으며 여전히 생물학이 모든 인간학을 설명할 수 있다는 통섭consilience*의 오만함이 사라지지 않은 지금, 정신건강의학은 사즈가 생각했던 모습에 가까워지고 있습니다. 만약 사즈가 오십 년만 늦게 태어나, 지금 정신의학과 의사를 하고 있다면, 상당히 다른 논의를 전개하고 있을지도 모르겠습니다.

정신질환자를 잠재적 범죄자로 본다면

다시, 지금 여기의 문제로 돌아가려 합니다. 가족 중 한 사람이 정신질환을 앓습니다. 이때 환자와 가족의 삶은 어떻게 될까요? 예를 들어 아들이 조현병을 앓는다고 한번 생각해 볼까요? 퓰리처상을 수상한 작가 론 파워스는 조현병으로 둘째 아들을 잃고, 첫째 아들도 조현병으로 투병하는 경험을 담아 『내 아들은 조현병입니다』라는 책을 냈습니다. 조현병이 가족에게 안기는 재앙 같은 고통을 전하는 파워스의 경험은 끔찍하지만, 그래도 극복과 희망으로 이어집니다. 그런 결과가 이곳 우리나라에서도 가능할까요?

---

*   미국의 사회생물학자 에드워드 윌슨이 1998년 『통섭』에서 주장한 개념으로, 자연과학과 인문학의 통합을 주장했다. 그러나 그 이면에는 생물학(과 물리학)으로 인문학과 사회과학을 다 설명할 수 있다는 자만이 숨어있다. 잠시 인기를 끌었지만 이제는 잘 언급되지 않는 표현이다.

미국 또는 유럽이라고 조현병 환자를 잠재적 범죄자 취급하지 않는 것은 아닙니다. 그러나 우리나라에서는 최근 벌어진 일련의 사건들로 조현병 환자, 더 나아가 정신질환자 일반을 향한 사회의 편견은 강화되고 있습니다.[8] 주변에서 정신질환자와 지내보지 않은 사람들은 대중매체를 통해 정신질환에 관한 정보를 습득하는데, 대중매체는 정신질환자의 공격성과 위험성을 강조합니다. 사람들은 정신질환자와 친구가 되기 어렵다고 생각합니다. 또, 이들은 능력 여하와 상관없이 고용 대상에서 배제되어 취업에서 상당한 차별을 겪고 있기도 하고요. 전문가 집단도 예외는 아닙니다. 정신보건 전문가 집단에서 정신질환의 치료 가능성에 부정적인 의견을 내는 비율이 일반인보다 높게 나타납니다. 이런 상황이라 정신질환자는 질병이 가져오는 무게에 더하여 사회적 편견의 짐까지 함께 지고 있습니다.

이것은 환자뿐만 아니라 가족에게도 큰 부담으로 작용합니다. 정신질환자 돌봄의 부담은 고스란히 가족에게 부여되고, 국가에서 운영하는 정신건강복지센터의 운영은 궤도에 오르려면 멀었습니다.[9] 사즈, 그리고 반정신의학자들이 주장했던 탈원화란 그저 정신병원의 강제 입원을 철폐하는 것을 의미하지 않습니다. 정신질환자들이 사회로 나와서 의학적 도움으로 치료를 받으며 사회구성원의 일부로 생활하는 것이 탈원화의 진정한 의미입니다. 그러나 현재 우리나라에서 정신질환자와 그 가족에겐 입원 아니면 돌봄의 두 가지 선택밖에 없습니다. 그런데 돌봄에는 가족의 희생이

따를 수밖에 없습니다. 이는 국민건강보험공단 요양 급여 자료에서도 드러나는데, 치매를 제외한 다른 정신질환의 경우 입원료로 일 인당 200만 원이 사용하는 반면, 진료 상담과 치료에는 5만 원만 사용되는 데다 돌봄에 필요한 비용은 아예 책정돼 있지 않습니다.[10]

　사회적 편견과 외래 진료의 비활성화는 정신질환자와 그 가족이 사회 구성원과 함께 생활하는 것을 어렵게 합니다. 아니, 이들을 사회에서 배제하는 역할을 하고 있습니다. 앞에서 사즈가 바로 지금 여기에서 정신과 교수로 일한다면 다른 말을 하지 않았을까 한다는 말씀을 드렸습니다. 호멘토프스키 재판에서도 살폈지만, 사즈가 문제 삼았던 것은 "정신질환은 없다" 류의 자극적인 주장이 아니었습니다. 그는 정신질환에 관한 담론인 정신건강의학이 치료가 아닌 사회 통제를 위한 도구가 되는 것에 반대했습니다. 우리가 정신질환을 대하는 방식은 아슬아슬한 선 위를 걷고 있습니다. 완벽한 치료법이 없는 상태에서 지속적인 치료가 어긋나게 될 때 문제가 일어납니다. 그리고 그 문제가 일정 수준을 넘으면 사회는 정신질환을 억압하고 통제하게 됩니다. 그렇다면 우리는 지속적인 치료를 어떻게 구현할지, 환자가 사회에서 함께 생활하는 방식이 무엇인지 계속 고민해야 합니다. 억압과 통제로 넘어가지 않으면서 함께 사회를 꾸릴 방안을 말입니다.

4부

의료,
개인과 사회의
각축장

현대 의학의 발전을 살펴볼 수 있는 방법이 여럿 있습니다. 대표적으로는 기술의 발전을 따라 생각해 보는 것입니다. 1940년대 페니실린의 활용, 1950년대 장기이식의 성공, 1960년대 뇌사 정의의 변화, 1970년대 항암제의 개발, 1980년대 인공 심장의 등장, 1990년대 HIV/AIDS 연구와 인간 유전체 규명 계획의 완성처럼 굵직굵직한 기술 변화가 의학을 어떻게 바꿔 놓았는지 살피다 보면 의학의 미래에 흥분과 기대를 하지 않을 수 없습니다.

하지만 이런 변화는 인간, 사회, 의학이 서로 관계 맺는 방식에 큰 영향을 미칩니다. 이를테면 이전에는 심장이 멈춰야 사망 선언을 했지만, 장기이식이 현실화되자 사회는 신선한 장기를 환자에게 유지하기 위해 뇌사라는 새로운 사망 기준을 만들어 냈습니다. 몸만 살아있는 사람이라는 생각은 말기 환자의 생을 다르게 바라보게 했고, 존엄사와 안락사 논의를 촉발했습니다. 의학의 변화는 개인과 사회가 다른 방식으로 연결되도록 이끈다고 말할 수 있을 겁니다.

이제 소개하는 사람들은 모두 이런 개인과 사회의 연결 방식이 달라지는 상황에 처했던 사람들입니다. 몸에서 장티푸스균이 배출되었다고 언론의 낙인을 받고 반평생을 격리된 채 살아야 했던 메리 맬런, 자궁경부암 조직에서 '불멸의 세포'를 남겼지만 정작 본인과 가

죽은 아무것도 모른 채 지낸 헨리에타 랙스, 국가의 보건의료적 개입이 잘못되었을 때 용기 있게 내부 고발자가 된 피터 벅스턴과 왕 슈핑, 죽음으로 산업 보건의 필요성을 한국에 널리 알린 문송면. 누군가는 사회에 의해 갇혔고, 누군가는 사회에 의해 지워졌으며, 누군가는 사회 변화의 도화선이 되었습니다. 이들의 이름은 의학을 매개로 개인과 사회가 빚는 긴장을 잘 보여줍니다.

이런 긴장 위에서, 두 사례를 살펴보려 합니다. 아직 정복되었다고 말하기 어려운 HIV/AIDS의 치료 사례가 된 베를린 환자와 런던 환자의 이야기. 그리고 바이오산업 분야 최고의 스캔들이 된 엘리자베스 홈스의 테라노스 이야기. 두 사례는 현재, 의료기술과 삶이 어떻게 얽혀 들어가고 있는지, 개인과 사회는 어떻게 만나야 하는지 잘 보여줍니다. 이제, 의료 속 개인과 사회의 각축장으로 떠나려 합니다.

감염병 환자의 사생활은
어디까지 보호해야 하는가

_ '장티푸스' 메리 맬런

　코로나19를 빼놓고 2020년을 떠올리긴 어려운 상황이 되었습니다. 2020년 3월 세계보건기구^{WHO}의 팬데믹^{pandemic} 선언 이후 코로나19는 그야말로 전 세계를 휩쓸고 있습니다. 2021년 1월 전 세계 누적 감염 환자 수는 1억 명명을 넘겼습니다. 2020년, 단일 질병 최다 사망자 수를 기록한 질병도 코로나19입니다. 어느 정도 막았다고 생각한 국가에선 후속 파도가 연이어 나타나고 있고, 북반구와 남반구를 가리지 않고 전 세계에서 폭발적으로 증가하고 있습니다. 코로나19 대응에 의료 자원이 몰리면서 다른 질병을 관리하기 힘들어지고 있으며, 의료진은 쉼 없는 상황에서 탈진을 호소하고 있습니다.

이런 상황에서 코로나19 확산과 관련하여 여러 사람의 이목을 끌었던 것 중 하나는 무증상 감염자의 존재였습니다. 감염자 본인은 별다른 증상을 나타내지 않지만, 타인에게 질병을 옮길 수는 있는 무증상 감염자는 고열 유무를 통해 일단 환자를 거르려 했던 초기 방역 지침을 뚫고 코로나19가 지역사회 감염으로 확산하는 데 중요한 역할을 했습니다. 여기에서 지역사회 감염이란 감염 경로를 확인할 수 없는 경우를 말합니다.

역사에 변화에 가장 큰 영향을 미친 것으로 전쟁을 꼽을 수 있습니다. 하지만 병원체와의 전쟁 또한 역사에 큰 영향을 미쳤습니다. 파죽지세로 세계를 삼키던 알렉산더 대왕을 막은 것은 열병이었고, 스파르타와의 전쟁에서 승리하며 고대 그리스의 패자가 되었던 아테네를 쓰러뜨린 것 또한 감염병이었습니다. 『총, 균, 쇠』에서 재러드 다이아몬드가 지적했듯 8만 명이 넘는 잉카 군대를 168명의 스페인 병사들이 이길 수 있었던 것은 감염병에 의한 혼란 때문이었습니다.' 14세기 유럽을 휩쓸었던 흑사병으로 약 1억명이 사망하자 기존 질서를 대변하던 종교는 권위를 잃었습니다. 심지어 세균 감염 이론이 어느 정도 자리를 잡고 공중보건이 시작된 20세기 초에도 스페인 독감은 전 세계를 강타했지요. 스페인 독감의 경우 20~40대 사망률이 높아서 제1차 세계 대전의 종결에 영향을 미쳤습니다.

이런 감염병의 공격에 맞서 백신과 치료제가 속속 개발되며 인류는 한숨 돌린 것 같았습니다. 그러나 코로나19를 비롯해 새롭게 등장하는 감염병은 우리 일상이 여전히 감염병의 손아귀에 붙들려 있음을 여실히 보여 주었습니다. 과학 기술이 상당히 발달했다는 지금도 그러한데, 예전에는 어땠을까요?

물론 역사 이래 감염병을 어떻게 다뤘는지를 살펴보는 것도 필요합니다. 하지만 19세기만 해도 감염병은 나쁜 공기에 의해 발생한다고 생각했습니다. 따라서 감염병을 다루는 방식이 지금과 크게 달랐습니다. 사람들은 나쁜 공기를 피해 휴양지로 떠났고 나쁜 공기를 내뿜는 '타자들', 즉 이방인과 빈민을 거주 지역 밖으로 내쫓았습니다.[2] 로베르트 코흐가 1877년 탄저균을 발견하고 세균 이론이 정식으로 받아들여진 후에야 사람들은 지금과 비슷한 관점으로 감염병을 바라보게 되었습니다. 세균에 관한 이론이 막 정립되고 있었지만, 아직 예방이나 치료법이 없던 시기의 기록을 살펴보는 것은 우리가 지금 마주한 사태를 따져보는 데 큰 도움이 될 수 있습니다.

이번 글에서는 20세기 초엽 미국의 한 인물을 살펴보려 합니다. 아일랜드 이주민으로 요리사로 일하던 메리 맬런Mary Mallon, 1869~1938입니다. 맬런은 미국에서 발견된 최초의 장티푸스 무증상 보균자로, 수십 명에게 장티푸스를 옮겼다는 이유로 신문 1면을 장식하고 평생을 감금당했던 인물입니다. 당시 발견된 장티푸스 무증상 보균자가 맬런밖에 없었던 것도 아니었는데 말이죠.

'건강한 보균자'가 감염병을 옮기다

맬런의 삶을 살피기 전에 먼저 장티푸스에 관해 간략히 알아보겠습니다. 장腸티푸스typhoid fever는 티푸스균에 의해 발병하는 질환의 하나입니다. 장티푸스는 살모넬라 타이피Salmonella Typhi*에 감염되어 발생하며, 주로 균에 오염된 음식이나 물로 옮겨집니다. 고열, 오한, 두통이 나타난 뒤 복통과 설사를 동반하기에 증상에 관한 적절한 처치와 함께 항생제를 투여하게 됩니다. 최근에는 장티푸스로 사망하는 경우가 1퍼센트 이하로 낮아졌습니다.[3] 하지만 치료법이 없던 시절 10퍼센트의 사망률로 악명이 높던 장티푸스이기에 지금도 발생 즉시 방역 대책을 수립해야 하는 제1군 감염병으로 분류되어 있습니다.

20세기 초에도 뉴욕은 대도시로 부자와 빈자는 각기 자신의 영역에서 살고 있었습니다. 대부분 이민자였던 가난한 이들은 창문이 없어 빛도 들지 않고 환기도 안 되는 좁디좁은 방에 모여 살았습니다. 열악한 주거 환경에 과밀집된 인구가 위생에 신경 쓸 여유는 없었습니다. 많은 사람이 여러 감염병으로 고생할 수밖에 없었습니다. 장티푸스도 사람들을 괴롭혔던 병 중 하나였습니다. 1912년에 발표된 논문을 보면, 1907년 맨해튼에선 매주 최소 19명

---

* 인간만 감염시킨다고 알려져 있었으나, DT104A 변종은 인간과 동물을 모두 감염시킬 수 있다는 것이 확인되었다.

에서 107명까지 장티푸스에 걸렸다는 것을 확인할 수 있습니다.[4]

감염병을 차단하기 위해선 일단 사람 사이의 물리적 거리를 확보하는 것이 중요합니다. 가까이 있는 사람들 사이에서 병이 확산하므로, 사람들을 서로 멀리 떼놓으면 감염병을 옮길 가능성을 줄일 수 있습니다. 하지만 당시 뉴욕에서 이런 개념을 떠올릴 수 있는 사람은 아무도 없었습니다. 물론 감염병 차단을 위해 환경 개선이 중요하다는 것은 알려져 있었지만, 이를 해결하기 위한 환경 개선 노력은 실천으로 이어지지 않았습니다. 그나마 사진을 통해 사회를 바꾸려 했던 제이컵 리스가 사진집 『세상의 절반은 어떻게 사는가』를 통해 이민자들이 공동주택에서 겪는 고통을 널리 알렸습니다.[5] 그가 담아낸 공동주택의 실상은 끔찍했습니다. 전 세계에서 미국으로 건너온 수백만 명의 이주자가 뉴욕에 살고 싶어 했고, 그들은 공동주택에서 여럿이 함께 거주할 수밖에 없었습니다. 불량한 거주 환경은 부족한 영양 상태, 가혹한 노동 조건과 결합하여 온갖 질병을 끊이지 않게 만들었습니다. 그중 가장 치명적이었던 것이 단연 감염병이었고, 폐렴과 콜레라 등이 사람들을 괴롭혔습니다. 이에 영향을 받아 뉴욕주는 1901년 공동주택규제법안 Tenement House Act을 마련해 공동주택 시설을 규제하기 시작했습니다.

이런 상황에서 사람들은 질병의 원인을 찾아내려고 노력했습니다. 세균 감염 이론은 이전의 나쁜 공기를 통한 감염 이론과 달리, 감염원을 분명하게 확정할 수 있는 기반을 마련해 주었습니다. 이때 활약했던 사람들이 위생 공학자sanitary engineer였습니다. 이들은 상하수도 시설 개선 컨설팅을 했지만, 감염을 퍼뜨리는 원인이 무엇인지 찾는 작업도 함께 했습니다. 이런 위생 공학자 중 한 사람이었던 조지 소퍼는 뉴욕주에 살던 톰슨 부부로부터 의뢰를 받습니다.[6] 톰슨 부부는 휴가철에 빌려주는 주택을 근교에 가지고 있었는데, 지난 여름에 이 주택을 사용한 가족에게 장티푸스가 생겨서 그 원인을 찾아달라는 것이었습니다.

소퍼는 물이나 음식 등에 의한 장티푸스 감염이 시작되었는지 조사해 보았지만, 뭔가 이상했습니다. 이 지역에서 해당 기간에 장티푸스에 걸린 곳은 이 집안뿐이었던 겁니다. 식자재나 물은 주변 사람들 모두 같은 곳에서 공급받기 때문에 이 집에서만 장티푸스가 나타날 이유가 없었지요. 주변 상황을 수소문해 가던 소퍼는 장티푸스 발병 3주 전 요리사가 바뀌었다는 것, 그리고 요리사가 훌륭한 복숭아 아이스크림을 만들어 내놓았다는 것을 알게 됩니다. 이 사실을 종합해 소퍼는 대담한 추론을 내놓습니다. 이 요리사가 '건강한 보균자healthy carrier', 즉 본인은 증상을 보이지 않고 다른 사람에게 세균을 옮길 수 있는 인물이라고 생각한 것입니다.[7]

이 사람을 찾으면 자신이 미국 최초의 건강한 보균자를 발견하리라 확신한 소퍼는 메리 맬런이 요리사로 일한 집을 찾아다니기 시작합니다. 맬런이 일했던 여러 집에서 장티푸스 발병 사례가 있었다는 것을 확인한 소퍼는 이제 자신의 추론을 확신합니다. 맬런은 일하던 곳을 여러 번 바꿨는데, 그가 일했던 곳에서 총 22명이 장티푸스에 걸렸습니다. 그는 마침내 맬런이 일하는 장소를 찾아닙니다. 맬런은 당시 바운 가족의 요리사로 일하고 있었는데, 이미 그 집에도 장티푸스에 걸린 사람이 둘이나 있었습니다. 소퍼는 맬런이 건강한 보균자이며 다른 사람에게 질병을 옮길 수 있다는 것을 설득해 검사에 필요한 혈액과 소변, 대변을 채취하려 하지만 실패합니다. 이것은 맬런이 소퍼의 말을 이해할 정도의 과학 지식이 없었기 때문이기도 하고, 소퍼가 위협적으로 접근했기 때문이기도 합니다. 소퍼는 뉴욕시 보건 위원회에 도움을 요청합니다. 결국 공중 위생 개선에 혁혁한 공을 세운 의사 조세핀 베이커가 경찰과 함께 도주하던 맬런을 붙잡게 됩니다.

맬런이 건강한 보균자라는 증거가 있었다면 보건 위원회가 신병을 구속한 일은 정당화될 수 있었을 겁니다. 하지만 그때까지 나온 자료는 맬런이 일한 곳에서 장티푸스가 발병했다는 정황 증거뿐이었습니다. 그 정도로 충분하지 않냐고요? 앞서 말씀드린 것처럼, 당시 뉴욕에선 한 주에 수십 명의 장티푸스 감염자가 발생했습니다. 맬런이 일했던 곳과 장티푸스 발병 위치가 우연히 겹쳤을 가능성도 큽니다. 하지만 맬런이 요리사로 일했던 게 문제였습니다. 맬런이 손을 잘 씻지 않았기 때문이었는지는 알기 어렵습니다.* 지금처럼 손 소독제가 흔한 것도 아니었으니, 당시 위생 도구로 손을 씻

---

* 그러나 상당히 오랫동안 맬런의 개인 위생이 미비해서 장티푸스를 옮겼다는 이야기가 널리 퍼졌다. 지금도 장티푸스 메리에 관한 글에서 이런 표현을 자주 찾아볼 수 있다.

었다 해도 세균을 완전히 제거하기는 어려웠을 겁니다. 단, 그가 일했던 곳이 '보통은 장티푸스 감염이 생기지 않는' 부잣집이었다는 게 문제였어요. 네, 맬런은 못 사는 사람에게만 걸리는 감염병을 부자에게 옮기는 더러운 존재로 여겨졌던 겁니다.

맬런은 처음에 뉴욕에 있는 윌러드파크 병원에 수용되었다가, 이후 뉴욕 근교 노스브라더 섬의 리버사이드 병원으로 옮겨집니다. 그동안 맬런에게서 검사 대상물을 채취했고, 대변에서 살모넬라균이 검출되면서 그가 장티푸스 무증상 보균자라는 결론이 내려졌습니다. 이 사실이 언론사로 넘어갔고, 《뉴욕 아메리칸》*의 1909년 6월 20일 자 신문은 "장티푸스 메리"를 자극적인 그림과 함께 1면에 대문짝만하게 실었습니다. 요리를 하는 한 여성이 죽음의 기운을 뿌리고 있는 광경이 미국 전역으로 퍼지는 순간이었죠.

'장티푸스 메리', 미혼의 가난한 이민자 여성

구금 당시 38세였던 맬런은 리버사이드 병원에서 나오기 위해 노력했습니다. 병원을 상대로 소송을 걸었고, 자신이 보균자가 아

---

*　미국의 언론 재벌이자 정치가인 윌리엄 랜돌프 허스트가 운영한 조간신문. 조지프 퓰리처가 발행하던 《뉴욕 월드》와 경쟁하면서 흥미 위주의 선정적 보도를 하는 황색 언론의 대명사가 되었다.

신문은 메리 맬런의 이름과 구금 장소를 실명으로 내보내며 '장티푸스 메리'라는 별명을 붙였다. 하지만 무엇보다 눈길을 끈 것은 죽음을 뿌리는 요리사 그림이었다. 이 그림은 신문 1면의 절반을 차지했고 당연히 사람들의 눈길을 끌었다. 역사에 맬런의 기록이 남게 된 것은 이 신문 기사 때문이었다.

님을 증명하기 위해 외부 연구소로 검사 대상물을 보내기도 했지요. 하지만 맬런의 노력은 모두 실패로 돌아갑니다. 문제는 맬런이 가장 먼저 확인된 장티푸스 무증상 보균자이기는 했지만, 1909년에는 이미 뉴욕에만 다섯 명의 보균자가 확인되었다는 데 있습니다. 이들은 맬런과 달리 모두 남성이었고, 어느 누구도 구금되지 않았습니다. 1910년 12월 2일 《뉴욕 타임스》에는 「걸어 다니는 장티푸스 공장을 소개한다」라는 기사가 실렸어요.[8] 이 기사에 소개된 "장티푸스 존"은 36명에게 장티푸스를 옮겼지만, 그가 치료에 협조적이라는 이유로 구금되지 않았습니다.

당시에 장티푸스 치료법 같은 건 없었습니다. 여러 화학 약품이 치료라는 명목으로 환자에게 바로바로 적용되곤 했습니다. 장티푸스균이 쓸개에 모여 있다고 생각한 의사들은 맬런에게 담낭 절제술을 권하기도 했습니다.[9] 하지만 맬런은 이를 거절합니다. 당시는 아직 마취학이 충분히 발달하지 않았던데다, 출혈에 대한 대응도 확실하지 않았습니다. 항생제도 없던 시절이라 수술을 거부하는 경우도 적지 않았습니다. 더구나 강제 구금되어 주변 환경을 신뢰할 수 없던 맬런의 처지라면 어땠을까요. 또, 당시엔 의사들이 연구를 위해 사람을 납치하고 알 수 없는 치료를 시행한다는 출처 불명의 괴담이 퍼져 있었습니다. 의사와 환자 사이에 극단적인 정보 비대칭이 존재했다는 것을 생각해 보면 제대로 설명없이 시행되었던 치료나 위생법이 납치와 실험으로 과장되었을 법 합니다.

검사하자는 조지 소퍼의 제안도 거부하고, 보건 위원회의 조세핀 베이커로부터도 도망쳤으며, 병원의 지시도 잘 따르지 않은 맬 런에겐 여러 겹의 낙인이 찍힐 수밖에 없었습니다. 맬런이 남성이 었다면, 이민자가 아니었다면, 부유한 계층 출신이었다면, 당대의 여성을 향한 고정관념(적당한 나이에 결혼하고, 아이를 낳고, 가정에 충실하며, 일하지 않는)을 벗어나지 않았다면, 장티푸스 무증상 보 균자라는 이유로 평생 구금이 되는 일은 없었을 겁니다.

맬런은 한번 풀려나긴 합니다. 구금된 지 3년이 지난 1910년, 맬런은 자유의 몸이 됩니다. 조건은 다음과 같았습니다. 직업을 바 꿀 것, 개인 위생을 철저히 할 것, 한 달에 한 번씩 보건국에 보고 할 것. 여기에 동의한 맬런은 일 년 넘게 조용히 지냅니다. 훨씬 고 되고 급여도 적은 세탁부로 직업도 바꿨고 보고도 충실히 했습 니다. 하지만 시간이 지나고 모두의 관심에서 벗어나자, 맬런은 사 람들의 시선으로부터 사라집니다. 문제는 그 후 맬런이 다시 요리 사로 돌아갔다는 겁니다.

1915년 초, 뉴욕 맨해튼에 있는 슬로언 여성 병원에서 장티푸스 감염이 발생합니다. 25명이 감염되었고, 조사에 들어간 사람들은 한 요리사가 취직했다가 사라졌다는 것을 찾아내게 됩니다. 메리 브라운이라는 이름을 쓴 그 요리사가 맬런이었다고 사람들은 확 신합니다. 결국 맬런은 붙잡혀 다시 리버사이드 병원에 구금되었 고, 이번엔 23년 동안 섬에 갇혀 살게 됩니다. 그가 왜 다시 요리 사로 일했는지는 알려지지 않았고, 사실 그 요리사가 정말 맬런이 었는지도 확실하지 않습니다. 중요한 것은 맬런이 여러 정황 증거만으로 총 26년의 구금 생활을 했다는 것, 그리고 그 증거로 제시된 것이 과학적인 자료가 아니라 맬런에게 씌워진 일종의 낙인이었다는 겁니다.

비난의 화살을 맞을 사람이 필요하다

맬런 이야기는 감염병에 걸린 사람을 현대 사회가 어떻게 대하는지 보여 주는 중요한 사례입니다. 우선 맬런에게 부여된 악명은 우리가 질병의 원인을 사람이나 지역에 붙들어 매고 싶어하는 태도를 잘 보여줍니다. 코로나19 초기에 사용된 '우한 폐렴'은 '장티푸스 메리'와 그런 의미에서 닮은 꼴입니다. 그것이 정치적으로 옳고 그르냐를 떠나, 현대 사회는 감염병의 인과를 확인하려는 강박에 매여 있습니다. 또 이것은 이렇게 이름을 붙이는 것이 감염병을 대처하는 데 과연 효과적이냐는 질문을 던집니다.

또한 맬런의 사례는 격리에 관해서도 중요한 지점을 웅변하고 있습니다. 격리 자체가 잘못은 아닙니다. 감염 경로나 병의 원인, 치료법 등이 알려지지 않은 감염병에 대해 적절한 격리는 시간을 벌어 문제에 대응할 수 있도록 하는 오래된 대처법이고, 이 방식이 여전히 유효하다는 것은 코로나19가 또한 증명하고 있습니다. 그러나 '적절한'이라는 말에는 언제나 함정이 숨어 있습니다. 충분한 격리 기간과 방법은 얼마나 혹은 어떤 것일까요? 이런 방법을 설정하는 데 어떤 기준을 적용해야 할까요? 49명에게 장티푸스를 옮겼다는 이유로 한 사람을 평생 동안 구금한 것은 타당할까요? 이 질문이 불편한 이유는 감염병 환자를 대할 때 우리는 언제나 이중적인 태도를 보이기 때문입니다.

환자 혼자서 질병의 결과를 떠안는 다른 질환과 달리, 감염병은 주변 사람들에게 전파된다는 점에서 생각을 무척 복잡하게 만듭니다. 감염병 환자를 다른 사람과 똑같이 대하자니 주변 사람에게 피해를 줄 것 같고, 자유를 제한하는 강제적인 방법을 적용하자니 환자의 권리를 침해하게 됩니다.

개인과 사회가 감염병을 놓고 정면으로 충돌할 때, 저는 '중간 높이의 시점'에서 사태를 바라볼 필요가 있다고 생각합니다. 개인의 눈높이에서 본다면 사회가 병을 이유로 개인의 권리를 제한하기는 어렵습니다. 사회의 눈높이에서 본다면, 사회 성원의 보호를 위해 개인에게 강제력을 행사할 수 있는 것은 당연하게 됩니다. 이두 관점 중 어느 한쪽에 매몰되지 않을 때, 우리는 문제 해결을 향해 한 걸음 디딜 수 있게 될 겁니다.

예컨대 우리는 평소에는 감히 적용할 수 없는 방식으로 코로나19 감염자의 정보를 수집하고 있습니다. 2015년 메르스 사태 이후 개정된 「감염병의 예방 및 관리에 관한 법률」 제76조의2(정보 제공 요청 및 정보 확인 등)와 「감염병의 예방 및 관리에 관한 법률 시행령」 제32조의2(제공 요청할 수 있는 정보)에 따르면, 감염자의 주민 등록번호, 주소, 휴대전화번호, 처방전, 진료기록부, 출입국관리기록, 신용카드·직불카드·선불카드 사용, 교통카드 사용, 영상정보, 위치정보를 파악할 수 있습니다. 이런 정보를 평소에 수집한다고 하면 이는 민간인 사찰이라고 해도 과언이 아닙니다. 하지만 감염병 확산이라는 특수 상황에선 어느 정도까진 수집을 허용할 수 있고, 이는 시민의 이동과 접촉이 이전과는 상상도 할 수 없을 만큼 늘어난 현대 사회에선 효과적인 해결책이라고 할 수 있습니다. 그렇다면 정말 중요하고 필요한 것은, 어디까지, 얼마나 오래, 어느 정도나 정보 확인을 허용할 것이며 이는 어디까지 공개될 수 있는가에 관한 구체적이고 정밀한 논의입니다. 정보 수집이 만사를 해결한다는 생각은 조지 오웰의 『1984』에 등장하는 빅브라더를 허용하는 일로 이어질 것이고, 반대로 정보 수집은 절대 안 된다는 생각은 효과적일 수 있는 방법을 그저 발로 차버리는 일이 될 테니까요.

마지막으로, '장티푸스 메리' 사례는 언론이 어떤 힘을 가졌는지, 그 역할은 무엇이어야 하는지에 관한 경고이기도 합니다. 특히나 사람들이 공포에 휩싸여 있을 때는 그 영향력이 더욱 커지게 됩니다. 뉴스가 더 많은 노출을 위해 자극적인 제목과 그림을 보여준다면, 그 뉴스를 마냥 신뢰할 수는 없습니다. 아직 언론이 여론의 상당 부분을 대변하는 상황이기는 하지만, 언론은 경제적 수익을 위해 강한 자극을 추구하고 있습니다. 코로나19 확산 과정에서 언론의 자극적 기사로 고통받은 사람들이 있습니다. 지나친 자극이 우리를 해치는 지경에 이르렀고, 이는 인간의 동물적 본성을 어떻게 다룰 것인가 하는 고민과 연결되어 있습니다. 이에 관한 고민은 언론에 일차적 책임이 있지만, 우리 모두에게도 해야 할 역할이 있다는 점을 분명히 보여 주고 있습니다.

나도 모르게 내 몸이
의학 연구 재료로 쓰인다면

_ 헨리에타 랙스

2019년 초 '인보사-케이 주$^{INVOSSA-K}$'(이하 '인보사') 판매 중단 사태는 한국 생명과학 연구에 커다란 질문을 던졌습니다. 코오롱생명과학은 성장촉진물질인 TGF-β1을 생산하는 유전자를 넣은 형질전환 연골세포를 만들었다고 주장했습니다. 그리고 이 세포가 쥐를 대상으로 한 실험에서 연골을 생성했다고 발표해 국내 29호 신약으로 허가를 받았습니다. 그런데 인보사를 구성하는 세포가 사실 연골세포가 아니라 HEK293 세포주라는 것이 밝혀진 것입니다.

세포주細胞株, cell line란 생체 밖에서 키울 수 있는 세포 집단을 말합니다. 이들은 균일한 조직에서 유래하여 유전적으로 동일한 특징을 갖는 세포들입니다. 간단히 말해, 생물에서 세포를 채취하여 조작을 통해 암세포로 만든 것입니다. HEK293 세포주는 1973년 네덜란드에서 적법하게 낙태된 태아의 신장 세포를 처리하여 만들었습니다. 백신 제작, 재조합 단백질 생성, 신경 말단 형성 분석에 활용되는데, 세포생물학 연구에서 가장 많이 활용되는 세포주라고 합니다.[1] 원래 있어야 할 연골세포 대신 신장 세포, 그것도 세포주 확립을 위해 처리한 무한 증식 암세포가 나타난 셈이니 황당함은 이루 말할 데가 없지요.

발표에 의하면 성장촉진물질 유전자를 연골세포에 넣기 위한 바이러스 제작에 HEK293 세포주가 사용되었다고 합니다.[2] 벡터 형질주입을 통해 HEK293 세포를 GP2-293 세포로 변형했고, 이 세포가 만드는 레트로바이러스 입자가 성장촉진물질을 만든다는 것이 인보사의 생산 과정이었습니다. 그러나 중간 과정에서 GP2-293 세포를 완전히 제거하지 못했고, 레트로바이러스와 GP2-293 세포가 연골세포에 주입되면서 성장이 훨씬 빠른 GP2-293 세포가 연골세포를 압도해 버린 것입니다.

그런데 이런 세포주는 인보사의 경우처럼 대상 세포를 오염시키기도 하지만, 세포주끼리 서로 오염되기도 합니다. 워낙 분열을 잘하고 다양한 환경에서 살 수 있는 세포주이다 보니, 그중에서도 분열이 빠르고 잘 살아남는 세포가 다른 세포주 대신 자라나는 경우가 있습니다. 매우 강력한 생명력을 지녔기에 여러 세포주를 오염시킨 세포, 아니 사실 세포 배양이라는 것을 가능하게 했던 최초의 세포가 있습니다. 이번에 살펴볼 헬라 세포주HeLa cell line가 바로 그것입니다.

헬라는 1951년 자궁경부암을 앓던 헨리에타 랙스Henrietta Lacks, 1920~1951의 환부에서 채취한 세포입니다. 당시 동물 세포는 생체 외부에서 배양이 가능했지만, 인간 세포 배양은 계속 실패하던 상황이었습니다. 존스홉킨스 병원에서 세포 배양 연구에 끈질기게 매달리던 조지 가이에게 헨리에타 랙스의 종양 세포가 전달됐고, 이 세포는 죽지 않고 끝까지 살아남아 세포생물학과 관련 연구에 큰 자취를 남기게 됩니다.

헬라 세포주는 백신 개발, 독성과 질병 연구, 유전자 지도 작성 등 수많은 분야에 활용되었습니다. 심지어 원자력 발전소와 우주선에도 들어가 방사능이나 우주 환경이 인간 세포에 미치는 영향을 탐구하는 데 쓰였다고 합니다. 그러나 표본을 제공한 헨리에타 랙스 본인은 자신이 표본을 제공했는 지도, 자기 세포가 실험실에서 활용된다는 사실도 모른 채 자궁경부암으로 사망했고 가족들도 관련 내용을 전혀 몰랐어요. 누군가의 몸에서 떨어져 나온 세포는 계속 분열하며 영생을 누리고 과학계에서 명성을 얻었지만 정작 그 세포가 어디에서 나왔는지에 대한 관심은 없었던 겁니다.

과학과 의학 분야의 글을 쓰던 레베카 스클루트는 과학 시간에 우연히 듣게 된 '헨리에타 랙스'라는 이름을 마음속에 간직하고 있다가 본격적으로 이 이름에 얽힌 역사를 탐구하기 시작합니다. 그는 랙스 가족의 고난에 찬 삶, 인체에서 유래한 세포의 연구 윤리 문제, 이 모두와 얽혀 있는 인종차별과 정의의 문제를 엮어 2010년『헨리에타 랙스의 불멸의 삶』이라는 책을 씁니다. 책은 6년 동안《뉴욕 타임스》베스트셀러에 이름을 올렸습니다. 이 책이 많이 읽히면서 존스홉킨스 병원은 새로 지은 건물에 헨리에타 랙스의 이름을 붙여 그 공헌을 기렸으며, 유명 방송인 오프라 윈프리가 헨리에타의 딸 데버라 역할을 맡아 2017년 동명의 영화를 제작하기도 했지요.

생명윤리와 관련된 얽히고설킨 문제를 이렇게 깊이 있게 담아낸 책을 만나기는 쉽지 않습니다. 물론 학술적으로 깊이 있는 내용을 다룬 명저는 많지만, 생명과학 연구가 한 가족의 삶에 미친 영향을 이렇게까지 파고들어 이를 다시 삶의 이야기로 바꾸어낸 책은 드문 편입니다. 2012년『헨리에타 랙스의 불멸의 삶』은 국내에도 번역되었고 번역한 분들의 정성이 돋보이지만 안타깝게도 절판되었습니다.[3]

이번에는 이 책을 중심으로 헨리에타 랙스의 이야기를 살펴보려 합니다. 이 사례는 생명과학 연구가 계속되는 한 계속해서 떠올려 말해야 할 내용입니다. 더불어 책이 미처 다루지 못했던 고민을 좀 더 들여다보려 합니다. 조직 채취를 넘어 개인 정보와 관련한 윤리적 문제는 과연 어떻게 바라봐야 할까요.

불멸의 세포가 태어나다

1920년 버지니아주에서 태어난 헨리에타 랙스는 전쟁이 한창이던 1941년 철강 공장이 많던 볼티모어로 남편, 아이들과 함께 이주합니다. 이 지역에는 자산가인 존스 홉킨스가 건립한 존스홉킨스 병원이 있었습니다. 1951년 아래쪽 배가 이상했던 받은 헨리에타는 동네병원을 찾았고, 성병으로 인한 불편감이 아니라고 본 의사는 존스홉킨스 병원으로 가볼 것을 권합니다.

노예해방 이후에도 미국에는 여전히 인종차별이 확고하게 자리 잡고 있었습니다. 법은 모두를 평등하게 보호해야 하지만 인종은 서로 분리되어 있어야 한다는 "분리하지만 평등하게separate but equal" 라는 원칙이 깊이 뿌리 내려 있었습니다. 당시 존스홉킨스 병원은 자선병원이었습니다. 병원을 찾는 환자의 대다수는 흑인이었고 병원 시설 또한 분리되어 백인과 흑인을 다르게 대우하고 있었습니다.

흑인 환자가 무조건 나쁜 치료를 받았다는 의미는 아닙니다. 그러나 의학 연구와 관련하여 흑인은 종종 실험 대상이 되곤 했고, 그것은 공익을 위해 당연한 선택으로 정당화되곤 했습니다. 1972년 사실이 밝혀지면서 미국 전역을 충격에 빠트린 터스키기 매독 실험은, 항생제를 주면 나을 수 있는데도 질병의 자연사(개입이 없는 상태에서 질병이 어떻게 나타나고 사라지는지에 관한 지식)를 연구한다는 구실로 매독에 걸린 흑인들을 40년 가까이 관찰하기만 하기도 했습니다. 앞서 언급했지만, 1920~30년대엔 열등한 유전을 막겠다는 우생학적 이유로 가난한 흑인 여성에게 구체적 설명 없이 자궁절제술을 시행하면서 이를 초년 의사들의 수술 연습 기회로 활용한 미시시피 충수절제술 사건도 있었습니다.

연구 윤리는 1970년대에 들어와서야 생겼고, 그 이전 과학자들은 대를 위해 소를 희생할 수 있다는 생각에 강하게 경도되어 있었던 것이 사실입니다. 물론 백인은 좀 더 신경을 쓰기는 했겠지만, 백인이라고 보호를 받고 흑인이라고 무조건 홀대를 받은 것은 아니었습니다. 그래도 헨리에타가 흑인이었음이 어찌 보면 이 모든 상황을 복잡하게 만드는 출발점인 것은 사실이고요.

존스홉킨스 산부인과에서 검사를 받은 헨리에타는 자궁경부암 확진을 받고 당시 암 치료법이었던 라듐 치료를 받기로 합니다. 아직 방사선 조사기가 없던 시절에는 방사성 동위원소인 라듐을 해당 부위에 일정 시간 놓아두고 방사선으로 암 조직을 (물론 정상 조직까지도) 사멸하는 방법을 사용했습니다. 당직의였던 로런스 와튼은 종양 세포를 일부 떼어내고는 라듐 튜브를 환부에 고정하여 암 치료를 시작합니다.

떼어낸 조직은 조지 가이의 실험실에서 일하던 연구보조원 메리 쿠비체크에게 전달되었습니다. 실험실에서는 인간 세포를 배양하겠다며 수많은 조직을 대상으로 시도했지만 실패만 거듭했습니다. 조지 가이는 실패를 거듭하며 세포 배양을 위한 장치와 기법들을 하나씩 개발했습니다. 지금이야 세포배양 방법이 확립되어 있지만, 참조할 자료가 아무것도 없던 조지는 그야말로 맨땅에 헤딩하는 수밖에 없었던 것이죠. 배양액도, 세포배양용 시험관 회전통도 모두 조지가 개발했습니다.

메리는 아무 기대 없이 늘 하던 대로 랙스의 조직을 잘라 시험관에 옮기고 배양액에 넣었습니다. 예전과 마찬가지로 며칠 있다 죽으리라 예상하면서. 하지만 예상을 뒤엎고, 랙스의 세포는 엄청난 속도로 자라나기 시작했습니다. 정상 세포의 스무 배나 되는 속도로 분열하는 세포를 보며 가이는 역사상 최초로 죽지 않는 인간 세포를 배양했다는 것을 알게 됩니다. 헨리에타 랙스의 앞 두 글자를 따 헬라HeLa 표본, 이후 헬라 세포주로 불리게 된 불멸의 세포가 탄생하는 순간이었습니다.

끝없이 분열해 지구를 뒤덮다

하지만 이 사실은 헨리에타 본인도 가족도 아무도 몰랐어요. 당시에는 이런 일을 피험자에게 설명해야 할 필요성을 아무도 느끼지 못했기 때문이죠. 심지어 환자에게 동의를 받아야 하는 일이라는 것도 당시엔 아무도 생각하지 않았습니다. 헨리에타가 얼마 안 있어 자궁경부암으로 사망한 뒤, 헬라 세포에 관한 관심 때문에 조지 가이가 시신을 부검해도 되는지 헨리에타의 남편에게 물어본 게 전부였습니다.

이렇게 헨리에타 랙스는 잊혔지만, 헬라 세포는 조지 가이의 손을 통해 전 세계로 퍼져나갔으며, 곧 공장에서 수조 개 단위로 생산되었습니다. 그 생산은 소아마비 백신 개발 때문이었습니다. 미국에서 1916년부터 시작해 1952년 절정에 이른 소아마비로 5만 7628명이 감염되었고 이중 3145명이 사망했습니다.[4] 부모들의 공포 또한 최고조에 달했던 1952년, 피츠버그 대학교의 조너스 소크가 세계 최초로 소아마비 백신을 개발했다고 발표합니다.

하지만 아이들에게 접종하기 위해선 안전성을 검증해야 했고, 검증을 위해 사용한 것이 헬라 세포였습니다. 아동에게 백신을 접종한 뒤 혈액을 채취해서, 혈청과 폴리오바이러스(소아마비를 일으키는 병원체), 헬라 세포를 섞습니다. 만약 아동에게 면역력이 생겼다면 혈청이 바이러스를 무력화할 것이고, 세포는 안전할 것이었어요. 원래 헬라 세포 대신 원숭이 세포를 사용했지만, 원숭이 세포는 너무 비싼 데다 임상시험을 완료하는 데 필요한 원숭이 수는 2백만 마리나 됐습니다. 아무리 급하다 해도 이만한 수의 원숭이를 빠르게 구하는 것은 불가능했지요.* 반면, 헬라 세포는 증식력이 엄청난 데다, 별다른 처리 없이도 폴리오바이러스에 쉽게 감염되었습니다. 소아마비 백신 실험에는 최적의 조건을 가지고 있던 거지요.

---

*	더불어 실험용 원숭이는 당시 중국에서 들여 왔는데 정치적 이유로 중국이 원숭이 수출을 중단하며 수급에 큰 문제가 생긴 상태였다.

이를 시작으로 헬라 세포는 여러 세포 실험에 활용되기 시작합니다. 과학자들은 헬라 세포를 온갖 바이러스에 노출시켰습니다. 세포 냉동법을 개발하여 세포를 손상 없이 운송하고 보존할 수 있었던 것도, 세포배양기법이 표준화를 이룬 것도 모두 헬라 세포 덕이었습니다. 최초로 복제된 인간 세포 또한 헬라 세포였지요. 1953년 한 유전학자는 실수로 헬라 세포를 터뜨렸고, 그 결과 세포 안에 있던 염색체를 관찰할 수 있었습니다. 인간 염색체가 46개라는 것을 밝힌 것 또한 헬라 세포의 덕이었습니다.

어떤 연구자는 헬라 세포를 환자에게 주입하여 암에 대한 면역력이 생기는가를 관찰했고, 러시아는 헬라 세포를 위성에 실어 우주로 보냈습니다. 세포벽 처리를 하여 두 개의 체세포를 결합하는 체세포 융합에도 활용되어 인간-동물 잡종세포hybrid cell를 만드는 데 사용되기도 합니다.

하지만 너무 많이 퍼졌던 탓일까요. 앞에서 말씀드린 인보사 사태처럼, 헬라 세포는 발견되면 안 되는 곳에서도 발견이 되었습니다. 헬라 세포 이후 여러 암세포가 배양되기 시작했고 이는 세포주관리위원회Cell Culture Collection Committee의 발족으로 이어졌습니다. 위원회는 박테리아, 곰팡이 등 미생물 원형을 보관하던 미국 기준배양주관리원American Type Culture Collection, ATCC이 세포주도 마찬가지로 보관하도록 이끌었습니다. 이후 여러 환자의 각기 다른 부분에서 채취한 세포가 세포주로 등록되기 시작했습니다.

1967년 유전학자 스탠리 가틀러는 당시 실험에 사용되던 19개의 세포주를 검사했는데 모두가 글루코스-6-인산탈수소효소-A를 가지고 있었습니다.[5] 이 효소는 흑인에게만 나타나는데, 특히 미국 흑인에게 많이 발견되는 효소입니다. 그런데 문제는 실험에 사용된 세포주가 백인에게서 유래했다고 알려졌기 때문에 이런 결과는 일어날 수가 없는 일이었습니다. 결국 가틀러는 헬라 세포가 다른 세포주들을 오염시켰다고 보고합니다. 이것은 그동안 암 치료를 위해 사용되었던 수많은 연구비가 헛되이 낭비되었다는 이야기이기도 했습니다.

개인의 의료 정보는 의학 연구의 공공재일까

세포생물학 연구를 둘러싼 여러 가지 사건 때문에 헬라 세포는 생물학계에서 엄청나게 유명한 세포가 되었습니다. 그러나 랙스 가족은 여전히 이 사실을 몰랐습니다. 연구자들은 세포주 오염을 검사하기 위해, 즉 세포주가 헬라 세포로 오염되었는지 확인하기 위해 랙스 가족의 혈액을 채취할 때에도 동의를 받지 않았습니다. 가족들은 그것이 세포 확인을 위한 DNA 추출이 아니라 암 검사인 줄 알고 있었습니다.

이들이 헬라 세포에 대해 알게 된 것도 며느리 보벳 랙스가 국립 암 연구소에 일하던 친구 남편에게 우연히 사실을 듣게 되었기 때문이었습니다. 마침 헬라 세포를 가지고 연구하던 그는 세포가 헨리에타 랙스라는 여성으로부터 유래했다는 글을 읽었고, 아내 친구의 성이 랙스라고 하니 신기하다고 생각했던 겁니다. 하지만 랙스 가족에게 그건 신기한 이야기가 아니라 끔찍한 이야기였습니다. 가족도 모르게 자기 엄마의 세포가 이십 년 동안이나 살아있었다니.

1950년대에는 인간을 대상으로 한 의학 실험에서 피험자에게 이득과 손해에 관해 충분히 설명하고 동의를 받아야 한다는 생각이 존재하지 않았습니다. 이런 생각을 '충분한 설명에 의한 동의informed consent'라고 부릅니다. 이 표현을 처음 사용한 사람은 1957년 살고 대 스탠퍼드 대학교 재판Salgo vs. Leland Stanford Jr. University Board of Trustees에 참여한 변호사 폴 겝하드였어요. 마틴 살고는 방사선 검사를 받던 중 하반신 마비에 빠졌는데, 겝하드는 의사가 방사선 검사에 관련된 내용을 충분히 설명한 후 살고에게 동의를 받지 않았다는 점을 문제로 삼았죠. 살고가 부작용이 있을 수 있다는 것을 알았다면 검사를 받지 않았을 거라면서요. 법원은 환자의 손을 들어 주었고, 충분한 설명에 의한 동의는 점차 당연한 것으로 자리를 잡게 됩니다.

오랫동안 의사와 과학자들은 '충분한 설명에 의한 동의'는 불가능하다고 주장해 왔습니다. 진료와 연구로 바빠 설명할 시간도 없지만, 설명하면 환자도 피험자도 모두 도망갈 거라고 생각했던 거지요. 의학의 발전을 위해선 어느 정도 정보를 감춰야 한다는 생각이 그 뒤에 자리잡고 있었습니다. 이런 분위기는 1970년대 현대 생명윤리가 탄생하고 여러 법적, 윤리적 논쟁을 거쳐 반전되었지만, 검사를 위해 채취된 세포를 보관하고 세포주로 확립하기 위해 환자에게, 특히 사망한 환자에게 설명과 동의를 받아야 한다는 것이 지침으로 확립된 것은 극히 최근의 일입니다.[6] 아무도 헬라 세포의 보존을 위해 가족에게 동의를 받아야 한다거나 관련 사항을 설명해야 한다고 생각하지 않았습니다. 헬라 세포 때문에 헨리에타 랙스의 이름이 주목을 받고 교과서에까지 실린 후에도, 영국 BBC가 헨리에타와 헬라 세포를 다룬 다큐멘터리를 방영한 뒤에도.

앞서 당시 만연하던 인종차별에 관한 이야기를 잠깐 말씀드렸습니다. 인종차별의 역사는 오랫동안 조용히 곪아들어 갔고, 이후 여러 일을 복잡하게 만드는 원인이 됩니다. 헬라 세포를 둘러싼 랙스 가족과 존스홉킨스 병원의 관계도 이 때문에 복잡해진 사례 중 하나입니다. 조지 가이는 헬라 세포를 요청하는 사람들에게 무료로 나눠주었으며, 존스홉킨스는 헬라 세포를 통해 이익을 취한 적이 없다고 공식 발표했습니다.[7] 하지만 랙스 가족이 관련 사실을 존스홉킨스로부터 직접 듣지 못했고, 가족이 헬라 세포와 관련된 내용을 대충이나마 알았을 때는 헬라 세포주가 이미 너무 유명해져 있었기 때문에 랙스 가족은 존스홉킨스가 어떤 이익도 취하지 않았다는 사실을 받아들일 수가 없었습니다. 게다가 오랫동안 차별받아왔던 기억은 헬라 세포 또한 착취의 결과물이라고 인식하게 했습니다. 처음에는 터스키기 실험처럼 인체를 가지고 뭔가 알 수 없는 실험을 한 건 아닌지, 다음엔 병원과 과학계가 부당하게 이득을 취하고 있으며 정작 그 원천인 가족에겐 아무것도 나눠주지 않기 위해 사실을 숨긴 건 아닌지 의심했던 거죠.

물론 헬라 세포주를 공급하는 회사가 있으며 가격도 꽤 되기 때문에, 헬라 세포로 경제적 이득을 보는 사람이 분명 있습니다. 그러나 헬라 세포를 채취했거나 배양했던 사람이 처음부터 경제적인 이득을 기대했던 건 아닙니다. 굳이 그들의 욕망에 이름을 붙이자면 공명심이 맞을 겁니다. 최초로 세포 배양을 한 사람이 되고자 했던 그 욕망을 비난할 수는 없겠지요. 단, 그것이 성공했다면 그 성공을 가져다준 사람에게, 그 사람이 사망했다면 그 가족에게 감사를 표하고 영예를 함께 나눴어야 했습니다.* 존스홉킨스 의과대학은 중간에 손을 내밀고자 했지만, 소송이 두려웠는지 발을 뺐고, 결국 스클루트가 책을 쓰기 위해 취재하는 과정에서 가족을 만나 치유의 과정을 겪을 때까지 상처는 낫지 않고 더께가 계속 쌓일 수밖에 없었던 것입니다.

스클루트의 글쓰기는 말 그대로 상처를 치유하는 과정이었습니다. 스클루트가 가족을, 특히 딸 데버라 랙스를 만나 모든 의심과 비난을 받아주고 껴안아 주는 과정은 그 자체로 심리상담 과정이었습니다. 그 상처를 다 털어낼 수 있었기에 『헨리에타 랙스의

---

*   2020년 말 헬라 세포주를 많이 활용한 몇몇 연구소가 헨리에타 랙스를 기리며 헨리에타 랙스 재단에 기부금을 출연하기로 결정했다.

불멸의 삶』은 세상으로 나올 수 있었고, 6년 동안이나 베스트셀러 자리를 지킬 수 있었던 거겠죠.

의료 정보, 사생활 보호와 공공성의 경계 그 어딘가에

헨리에타 랙스의 이야기는 인체 조직과 세포에 대한 채취, 보관, 이용, 폐기의 윤리에 질문을 던졌습니다. 우리나라에서는 2015년에 인체 조직을 채취할 때 환자와 가족의 동의를 받도록 법률이 개정되었습니다. 하지만 이 물음은 이제 인간의 생물학적 데이터와 연결된 개인 정보로 확장되고 있습니다. 특히 개인의 유전자를 분석할 수 있고 이를 데이터베이스화하여 질병에 걸릴 위험도 확인할 수 있고 심지어 성격이나 특질의 발현 가능성까지 예측할 수 있게 된 지금, 과연 연구를 위해서 유전자 정보를, 더 나아가 특정이 가능한 개인의 정보를 요청하는 것이 애초에 가능한 것이냐는 질문이 제기되고 있습니다.

예전에는 임상이라는 의료 행위와 의학 연구가 명확히 구분되었습니다. 현대의 의료윤리는 그 구분의 산물입니다. 임상에 적용되는 의료윤리의 원칙이 있고, 의학 연구의 원칙이 있지요. 그사이에는 틈이 존재합니다. 연구윤리는 연구 지침의 표준화와 지식 획득의 엄밀성을 위한 것입니다. 여기에서 탄생한 이중맹검 무작위 대조군 시험double-blind randomized controlled trial은 개별 환자의 처지에선 받아들이기 어려운 부분이 있었습니다. 이를테면 에이즈 치료제의 효용성을 확인하기 위해 한 에이즈 환자에겐 치료제를, 다른 에이즈 환자에겐 가짜 약placebo을 준다는 것입니다. 물론 지금은 이렇게 확인하는 경우는 잘 없습니다만, 그런데도 개별 환자의 자율성과 복지를 최우선으로 하는 임상윤리와 다수의 이득을 추구하면서 연구 참여자를 보호하려는 연구윤리는 잘 들어맞지 않을 수 있습니다.

하지만 의학 또한 변화하고 있습니다. 우리는 이미 임상에서 나온 정보를 분석해 기존 치료를 수정·개선·발전시키는 학습 보건의료 시스템*의 시대에 들어서 있습니다. 환자의 정보 없이 의학은 발전하기 어렵습니다. 기술의 발전은 일부 영역에서 기존의 의학 연구가 확립해 온 느리지만 확실한 방법을 벗어나 빠르면서도 정확한 방법을 제시하고 있습니다. 따라서 일각에선 환자는 더 나은 치료를 받을 권리를 누리는 대신, 반대 급부로 사회의 이익을 위해 정보를 제공할 의무가 있다고 주장하기도 합니다.[8] 물론 이 경우 환자가 공개한 정보로 누군가 이익을 독점하는 일이 벌어져선 안 되겠지요. 그렇다 해도 우리의 정보 제공 범위는 어디까지일까요?

---

*　1990년대 전자 의무 기록의 확산은 그동안 종합이 어렵다고 여겨진 임상 자료를 데이터베이스화해 통계적 분석을 가능하게 했고, 빅데이터 분석은 실제 임상 진료를 발전시키는 동력이 될 수 있다는 것을 보였다. 과거에는 자료 수집부터 시작해야 했던 임상 연구와 당장 환자를 치료하는 데 뛰어들어야 했던 임상 진료는 별개 영역이었으나, 이제 두 영역의 선은 흐릿해지고 있다.

헨리에타 랙스의 이야기는 이 모든 논쟁에서 유념해야 할 지점을 제시합니다. 조직은, 세포는, 유전자는, 정보는 어디까지 개인의 것일까요? 공익을 위해서 우리는 어디까지 이런 개인의 시료와 정보에 접근할 수 있으며 이 경우 그 개인에게 우리는 어떤 대가를 지급해야 할까요? 앞서 살핀 이야기는 아마 가능한 여러 경우의 수 중 최악으로 흐른 결과의 하나라고 할 수 있을 겁니다. 랙스 가족이 겪었던 고통과 엄연히 존중받고 예우받았어야 할 한 여성의 존재가 그저 이름과 세포주에 붙은 명칭으로만 남았던 오랜 시간을 생각하면 말이죠. 그리하여 헨리에타 랙스라는 이름은 다시 이런 일이 벌어지지 않게 하기 위한 경고 표식으로, 그리고 정보와 관련하여 의학의 발전이 맞고 있는 전환점 앞에서 우리가 어떻게 행해야 할지 알려주는 지침으로 계속 남아있을 겁니다.

폐쇄적 보건의료 정책이 만든
내부 고발자

_ 피터 벅스턴과 왕슈핑

의학 이야기에서 의료인은 영웅입니다. 수많은 사람을 살려낸 수술법을 개발한 명의, 역사를 바꾼 약물을 개발한 과학자, 공중 보건과 공공의료 정책을 혁신해 사회와 사람들의 생활을 바꾼 정치가와 운동가를 보여 줍니다. 그들의 열정과 공로를 치하하는 일은 아름답습니다. 하지만 이 책에서는 영웅담을 다루지 않습니다. 오히려 문제를 일으킨 사람들의 이야기를 통해 현실을 고민하고 있지요. 이번에 등장하는 두 사람의 이야기는 영웅담입니다. 조금 특별한 영웅인데요, 아마 어떤 면에서는 여전히 문제를 지니고 있다고 말할 수도 있겠네요. 바로 내부 고발자에 관한 이야기입니다.

내부 고발자 하면 미국 국가안보국의 감시 프로그램을 폭로한 에드워드 스노든을 떠올리는 분들이 많을 것 같습니다. 미국 정부가 대량 감시 프로그램을 통해 민간인을 언제든 감시하고 감청할 수 있다는 사실이 알려지면서 엄청난 반향을 불러일으킨 사건입니다. 스노든 본인은 러시아로 임시 망명했으며 미국 언론은 한동안 그를 물어뜯느라 분주했습니다. 이는 내부 고발자가 받는 대접을 잘 보여 주는 사례일 겁니다. 폭로는 그를 영웅으로 만들기도 하지만, 한편으로 적이나 배신자로 만들기도 하니까요.

보건의료 계열에도 내부 고발자가 있었습니다. 영화 〈인사이더〉에 나온 제프리 와이갠드는 미국의 거대 담배회사에 근무하던 연구원으로, 회사가 담배에 화학물질을 첨가하여 중독 효과를 높인다는 사실을 폭로하여 유명해졌습니다. 그의 폭로는 사실이었지만 회사는 그에 대한 나쁜 소문을 퍼뜨리고 주변 사람들을 통해 압박을 가해 와이갠드는 한동안 어려운 시간을 보내야 했습니다.

이번에 소개하고자 하는 내부 고발자는 두 사람입니다. 한 사람은 미국인 피터 벅스턴Peter Buxtun, 1937~ 이고, 다른 한 사람은 2019년 9월 세상을 떠난 중국인 의사 왕슈핑王淑平, 1959~2019입니다. 익숙한 이름은 아닙니다. 하지만 이 두 사람은 공통점이 있습니다. 국가가 저지른 보건 의료 문제를 폭로했다는 것입니다. 벅스턴은 미국 공중위생국US Public Health Service이 주도한 비윤리적 실험인 '흑인 남성의 치료하지 않은 매독에 관한 터스키기 연구', 줄여서 '터스키기 연구'를 1972년에 폭로하여 생명윤리라는 개념이 탄생하고, 생명 관련 연구 윤리가 정립되는 데 큰 영향을 미쳤습니다. 1990년대 중국 중부 지방에서 일하던 왕슈핑은 중국 정부가 헌혈 관리를 제대로 하지 않아 C형 간염과 에이즈가 확산되었다는 사실을 폭로했습니다. 왕슈핑은 중국을 떠나 외국으로 나가야 했습니다. 이후 중국 정부가 에이즈 감염 확산을 방조했다는 사실을 시인하고 관련 지침을 개선토록 해 결과적으로 수만 명의 목숨을 구할 수 있었습니다.

이 두 명의 내부 고발자 이야기는 내부 고발이 사회에 어떤 이익을 가져다주는지, 그리고 그 과정에서 어떤 어려움이 발생하는지를 잘 보여줍니다. 더불어 내부 고발자에 관한 이야기는 우리 사회 내부도 돌아보게 합니다. 황우석 사태에서 내부 고발자였던 강원대 류영준 교수는 이후 오랫동안 자신을 숨겨야 했습니다. 내부 고발자는 영웅과 문제아 취급을 동시에 받는 인물입니다. 이런 상황에서 우리는 내부 고발을 어떻게 받아들여야 할까요?

연구를 위해 매독 환자를 지켜만 보다

먼저 터스키기 연구가 어떤 것인지 알아보겠습니다. 터스키기 연구란 미국 정부가 매독의 자연사를 연구하기 위해 40년 동안 매독에 걸린 흑인 환자를 치료하지 않고 계속 관찰하기만 했던 연구 과정을 말합니다. 앞서 언급한 것처럼 자연사란 치료 등 외부 개입이 없을 때 질병이 어떻게 진행되는지를 살피는 것입니다. 그래서 이런 변화를 살피기 위해선 질병을 치료하지 않아야 합니다. 물론 질병을 치료할 방법이 없다면 크게 문제가 되지 않을 겁니다. 예컨대 알츠하이머병의 경우 이를 치료하지 않고 놓아둔다고 비난할 수는 없습니다. 아직 치료 방법을 알지 못한다는 것이 안타까울 뿐이죠.

문제는 터스키기 연구가 시작된 1930년대엔 이미 매독에 관한 효과적인 치료제가 있었다는 겁니다. 독일의 화학자 폴 에를리히가 개발한 최초의 화학요법제 살바르산이 매독의 치료제였고, 1940년대엔 플레밍이 발견한 항생제 페니실린이 매독에 매우 효과적이라는 것이 확인됩니다. 제2차 세계 대전 전에는 페니실린의 대량 생산이 어려웠고, 전쟁 중에는 병사들을 치료하는데 페니실린의 대부분이 사용되었기 때문에 그나마 변명거리라도 있었습니다. 하지만 전쟁이 끝나고 페니실린을 쉽게 구할 수 있게 된 1950년대에도 치료를 하지 않았다는 것은 이해하기 어렵습니다.

더구나 미국은 1946년에 이미 승전국의 자격으로 유대인, 장애인, 전쟁 포로 등을 대상으로 인체 실험을 자행한 나치 의사들에게 전범으로 형을 내린 '뉘른베르크 의사 재판'을 이끈 바 있습니다. 나치 의사에게 형이 내려진 이유 중 하나가 바로 대상자의 동의 없이 의학 실험을 시행했다는 것이었습니다. 그런 미국이 자국민을 대상으로 관련 정보를 숨기면서 의학 실험을 진행하고 있었던 겁니다. 더구나 사건이 폭로된 1972년은 흑인 인권 운동을 이끌던 마틴 루서 킹 목사가 암살당한 지 4년밖에 지나지 않아 인종 갈등으로 여전히 들썩이던 때였습니다. 흑인에 대한 인종 차별에 더해 앨라배마주 터스키기에 대한 지역 차별, 인간 대상 연구에 관한 윤리적 기준의 미비와 부실을 압축적으로 보여준 이 사건은 한동안 미국 사회 전체를 뒤흔들어 놓았습니다.

신기한 것은 40년이나 진행된 터스키기 연구가 그동안 외부에 알려지지 않았다는 사실입니다. 벅스턴 이전에는 왜 이 연구가 주목받지 않았을까요? 먼저 벅스턴이 연구를 폭로하기까지 어떤 일이 있었는지 알아보겠습니다.

1960년대 초까지 사람들은 인간 대상 연구에서 발생하는 문제에 대해 별다른 인식이 없었습니다. 앞서 언급한 나치 의사들의 실험은 호러 소설에나 나올 법한 끔찍한 일이었지만, 이 실험이 실험 대상자들에게 이득을 가져다준다면 그 실험은 정당화될 수 있다고 생각했지요. 이것이 틀린 것은 아닙니다. 지금도 인간 대상 실험은 그것이 실험 대상자 또는 인류 전체에 가져올 이득이 위해보다 크다면 시행할 수 있다는 조건을 유지하고 있으니까요. 문제는 당시 실험 대상자에게 주어지는 이득이 실제보다 과대 평가되었다는 데 있습니다. 터스키기 연구 참여자들은 무료 건강 진단과 의료 보험, 무료 식사 그리고 약간의 보수를 받았습니다. 그러니까 당시 실험의 기획자들은 그 정도면 연구 참여의 대가로 충분한 이득을 줬다고 생각한 겁니다.[1]

벅스턴은 1965년 공중위생국에 취직합니다. 성병에 관한 역학 연구를 수행하고 있던 부서에서 벅스턴은 독일 역사 전공을 살려 보고서를 작성했지요. 그러던 중 그는 연구실에서 깜짝 놀랄만한 이야기를 듣게 됩니다. 한 나이 많은 직원이 옛날 이야기를 하고 있었습니다. 터스키기 지역에 60대 환자가 있었는데 어느 날 정신 이상 증세가 나타났다는 겁니다. 매독 감염이 오래되면 이차 증상으로 정신이상이 나타나기도 합니다. 그런데 이 환자에게 의사가 페니실린을 주며 치료를 했는데, 연구 대상자를 망쳤다는 이유로 위생국 관리자가 그 의사를 질책했다는 이야기였습니다.

벅스턴은 동료들을 통해 더 많은 이야기를 수집하기 시작했습니다. 기존에 발행된 보고서를 읽은 벅스턴은 터스키기의 현실과 연구 보고서 사이의 괴리에 다시 한번 놀랐습니다. 보고서에는 이런 이야기가 언급도 되지 않았던 겁니다. 정보를 충분히 모은 벅스턴은 터스키기 연구를 뉘른베르크 재판과 비교하고 문제점을 정리해 상사에게 보고서를 제출합니다. 하지만 어느 누구도 관심을 가지지 않았고 보고서는 철저히 무시당했습니다. 1966년 벅스턴은 당시 질병관리센터 성병관리국 국장 윌리엄 브라운에게 다시 한번 문제를 제기했지만, 연구 대상자는 충분히 보상을 받고 있으며 참여는 자발적이고 연구 결과는 귀중하므로 중단할 수 없다는 응답을 듣게 됩니다.

1968년 벅스턴은 공중위생국을 그만두고 법학대학원에 진학합니다. 그해 마틴 루서 킹의 암살과 시위를 보고 벅스턴은 브라운

에게 다시 편지를 씁니다. 이번엔는 터스키기 연구가 인종차별이
며 공중위생국과 질병관리센터는 정치적 문제를 일으키고 있다는
점을 강조합니다. 무엇보다 연구 대상자가 모두 흑인이었으니까요.
이에 관해 브라운은 전문가를 소집하여 회의를 열고 의견을 모으
지만, 전문가로 참여한 의사들은 과학적 부분에는 문제가 없고 단
지 정치적으로 문제가 될 수 있으니 대상자의 복지에 좀 더 신경
을 쓰자는 결론을 내립니다. 벅스턴에게는 전문가가 아니니 이 건
에 관해 왈가왈부할 자격이 없다는 내용의 회신이 전부였습니다.

　친구들에게 터스키기에 관해 이야기하고 다니던 벅스턴은 AP
통신의 젊은 기자 에디트 레더러를 우연히 만나게 됩니다. 엄청
난 스토리라는 것을 직감한 레더러는 벅스턴을 꼼꼼하게 인터뷰
해 보도국에 가져가고, 상사는 경험 많은 기자 진 헬러를 붙여 추
가 취재를 하게 합니다. 1972년 7월 26일, AP 통신은 "미국에서
매독 연구 피해자가 40년 동안 치료받지 못하다"라는 기사를 내보
냅니다. 기사가 나가자, 더 이상 변명을 늘어놓는 것은 불가능했습
니다.

　벅스턴 이전에도, 벅스턴 퇴직 후에도 내부에서 문제를 제기한
사람들이 있었습니다. 하지만 이들의 목소리는 무시당했습니다.
그들은 과학 발전이 가져다줄 사회의 이득을 가늠하지 못하는 사
람으로 취급당하거나, 충분한 보상을 받는 자들에게 굳이 무언가
를 더 얹어 주려는 사람 정도로 여겨졌습니다. 하지만 터스키기 연
구에서 문제는 이득이 아닙니다. 국가 기관이 시민들에게 정보를

숨기고 일을 진행했다는 것, 그리고 관련된 연구자가 많았지만 그들 대부분이 실험 과정의 문제점을 제대로 인식하지 못했다는 게 진짜 문제였지요.

이에 터스키기는 두 가지 유산을 남깁니다. 하나는 다른 여러 판례와 함께 충분한 설명에 의한 동의 원칙을 연구에서 확립했다는 것입니다. 그 결과 이후에 진행되는 모든 의학적 치료와 인간 대상 연구에서 의사와 연구자는 해당 내용을 충분히 설명해야 하고, 환자와 대상자는 이를 이해한 다음 동의해야 한다는 것이 법적·윤리적으로 중요하게 다뤄지게 됩니다. 다른 하나는 임상연구 심의위원회Institutional Review Board, IRB의 설치입니다. 인간 대상 연구의 윤리성과 타당성을 판단하는 데에 있어 의사나 과학자의 심사와 판단만으로는 충분하지 않으므로 반드시 외부 인사가 참여하여 연구를 심의하고 승인하도록 하는 제도는 터스키기 이전에도 이미 논의됐지만, 이것이 법적·제도적으로 자리잡게 된 것은 터스키기 연구 때문이었습니다.

중국의 에이즈 대유행을 막다

중국의 소설가 위화의 『허삼관 매혈기』는 현대사의 격변기마다 피를 팔아 가족을 건사하는 허삼관의 파란만장한 이야기가 주 내용입니다. 이야기 곳곳에는 국공내전, 문화대혁명과 같은 중국 근대사의 거대한 사건들이 자리잡고 있지요. 여기에서 피를 팔아 돈을 버는 일은 과거의 안타까운 기억처럼 보이지만, 1990년대까지도 중국에선 사람들이 피를 팔곤 했습니다. 특히 중부의 가난한 지역에서 매혈은 여전히 쏠쏠한 벌이였지요.

피를 파는 것도 신체 일부를 판매하는 일이기에 윤리적 질문을 던지긴 합니다. 하지만 정작 문제는 중국 정부가 채혈과 수혈 과정에서 필요한 조처를 충분히 취하지 않아 발생합니다. 비용을 줄이기 위해 혈액 채취용 튜브와 주사 바늘을 재사용하기도 했고, 여러 공여자에게서 나온 혈액이 별다른 검사 없이 뒤섞이는 일도 있었습니다.[2] 공여자가 혈액으로 전파되는 감염병을 앓고 있었다면, 그 질병은 뒤섞인 혈액과 함께 여러 사람에게 쉽게 퍼질 수밖에 없는 상황이었던 겁니다.

간염 전문가였던 왕슈핑은 1991년 저우커우周口에 있는 혈액원에서 일했습니다.[3] 왕슈핑은 채혈하러 내원하는 지역 주민들 중 여러 사람이 C형 간염에 걸린 것 같아 조사에 착수합니다. 왕슈핑의 회고에 의하면 조사 결과 당시 C형 간염 양성 비율은 무려 84.3퍼센트였다고 합니다. 이 문제를 해결하기 위해선 절차를 개선하고 혈액 검사를 도입해야 했는데, 이렇게 되면 채혈 비용이 늘어나게 될 터였습니다. 하지만 상황은 그대로 놓아둘 수 없는 지경이었습니다. 왕슈핑은 중국 위생부에 보고했고, 결국 1993년부터 채혈 시에 공여자가 C형 간염에 걸렸는지 아닌지를 검사하는 절차가 추가되었습니다. 하지만 밉보인 탓에 왕슈핑은 지역 위생국으로 좌

천됩니다.

　하지만 문제는 거기서 끝이 아니었습니다. 20세기 말 미국에서 에이즈가 발견되고 전 세계가 공포에 떨고 있었지만, 중국은 자국 내에서 에이즈가 발생할 것이라고 믿지 않았습니다. 단지 미국에서 혈액을 수입하지만 않으면 된다고 생각했지요. 하지만 그것은 착각이었습니다. 중국 내에도 HIV 감염자가 있었지만 파악이 되지 않은 상황이었던데다, 감염자가 채혈을 하러 왔어도 인지할 수 없던 상황이라 HIV/AIDS는 급속도로 퍼져 나가게 됩니다.

　이미 C형 간염이 어떻게 퍼졌는지 잘 알고 있던 왕슈핑은 에이즈 역시 같은 경로로 확산할 거라고 생각했고, 상부에 보고했지만 역시 비용 문제로 무시당합니다. 직접 혈액 표본을 검사해본 왕슈핑은 경악할 수밖에 없었습니다. 400개의 혈액 표본 중 13퍼센트에서 에이즈 양성 반응이 나왔습니다. 이는 중국 중부 지역에 에이즈가 확산되고 있다는 분명한 증거였습니다.

　공산 국가는 대부분 국가 주도의 보건의료 체계에 자부심을 갖고 있었습니다. 소련과 쿠바가 대표적이었죠. 돈 때문에 치료를 받지 못하고 죽는 환자가 속출하는 미국을 비웃으면서요. 중국도 마찬가지였습니다. 하지만 1978년 개혁개방 이후 중국의 의료 체계는 차츰 민영화되어 공공 보건 의료가 무너지고 있었습니다. 1990년대 초까진 그래도 사회보장과 건강보험에 관한 믿음이 있었습니다. 하지만 이 시기에 왕슈핑은 산부인과 의사인 가오야오제高耀潔, 1927~ 와 함께 에이즈 캠페인을 벌여 중국 국민에게 채혈에 의한 에이즈 감염의 실상을 알렸고, 이는 국가 보건의료 체계에 대한 신뢰를 크게 무너뜨립니다.

　두 사람의 노력 덕분에 중국 정부는 혈액 관리 체계를 다시 점검하게 되었고, 감염이 확산되는 것을 막을 수 있었습니다. 하지만 그 후 왕슈핑과 가오야오제는 엄청난 공격에 시달리게 됩니다. 일자리에서 잘리고 폭력과 협박에 노출되었으며 결혼 생활도 지속할 수 없었습니다. 그러다 결국 2001년에 왕슈핑은 미국으로 떠나게 됩니다. 그해 중국 정부는 중부 지방에 에이즈가 널리 퍼져 50만 명이 감염되었으며, 이것이 혈액 관리 체계의 잘못 때문에 발생했다는 사실을 인정합니다.⁴ 이런 왕슈핑의 이야기는 〈지옥 궁전의 왕The King of Hell's Palace〉이라는 연극으로 만들어져 2019년 영국 런던의 햄스테드 극장에 올려집니다.

　내부 고발자로서 왕슈핑은 단순히 한 부서의 잘못을 밝히는 것을 넘어 국가와 싸웠습니다. C형 간염 치료제가 나온 것이 2014년이고 에이즈 병원균인 HIV는 아직 치료제가 없으니, 왕슈핑의 노력은 수많은 사람을 살린 셈입니다. 또, 이 사례는 비용을 이유로 필요한 절차를 밟지 않을 때 보건의료 영역에서 벌어질 수 있는 끔찍한 결과를 잘 보여 주고 있습니다. 하지만 무엇보다, 왕슈핑은 주변의 모두가 부정할 때 끝까지 자신의 옳은 판단을 밀고 나갈 수 있는 용기가 어떤 것인지 잘 보여줍니다. 자신을 속이지 않겠다는 결심이 주변 사람들의 일방적인 비난에 허물어지는 일이 얼마나 많은가요.

내부 고발자가 된다는 것은

2005년 보건복지가족부는 '요양기관 내부종사자 공익신고 포상금 제도'를 도입합니다.[5] 요양기관에 근무하는 자가 건강보험 허위청구 사실을 신고하면 환수한 부당 이득금의 일부를 포상금으로 지급하여 허위청구 신고를 유도하는 정책입니다. 덕분에 여러 거짓·부당청구가 적발되었고 2019년 포상금으로 지급된 금액은 3억 6000만 원에 달합니다.[6] 하지만 내부 고발이 악용될 가능성 또한 부정할 수 없습니다. 이를테면 병원 직원이 원장에게 불만을 품고 병원을 고발하기도 하니까요. 1996년 미국의 제약회사 TAP 파마슈티컬을 고발한 내부 고발자 더글러스 듀런드는 1억 달러가 넘는 포상금을 받았지만 회사는 결국 무죄 판결을 받은 사건이 있었습니다.[7] 이런 일은 내부 고발을 악용하는 사례가 발생할 가능성이 적지 않다는 걸 말해줍니다.

즉, 내부 고발이라는 행위가 자체로 선한 것은 아닐 수 있습니다. 오히려 누군가 내부 고발을 한다는 것은 상당히 복잡하고 다양한 문제를 포함하고 있지요. 한 체계 안에 속한 인물이 그 체계의 부당성을 폭로하는 것이 내부 고발의 핵심입니다. 이때 내부 고발자는 체계의 부당성을 어떻게 확신할 수 있을까요? 벅스턴의 사례처럼 기관 내부의 다수가 문제를 인식하지 못하고 있을 때, 그가 옳은 주장을 하고 있다는 것을 보장할 방법은 무엇일까요? 왕슈핑이 처했던 상황은 더 복잡하지요. 자신이 속한 국가가 문제를 부정하는 사태 앞에서, 왕슈핑이 자신이 옳다는 것을 알 방법은 무엇일까요?

당연한 걸 묻는다고 생각할 수도 있습니다. 벅스턴은 의료윤리를, 왕슈핑은 과학적 진실을 좇았고 그 신념이 자신들이 옳다는 믿음을 보장했습니다. 하지만 벅스턴이 뉘른베르크 재판 결과를 터스키기 연구에 적용하기 위해선, 또 왕슈핑이 모두 "아니오"라고 하는 상황에서 사재를 털어 감염 증거를 확보하기 위해서는 도약이 필요했습니다. 자신이 속한 공동체의 울타리에서, 자신을 보증해 주는 주변의 시선에서 벗어났을 때, 그는 허공 속 보이지 않는 계단을 올라야 합니다. 무협지 주인공이 허공답보로 하늘을 걷는 것처럼요. 누구도 지켜주지 않고, 어디에도 자신을 보장해 줄 바닥이 없는 상태에서 떨어지지 않으리라고 믿으며 앞으로 나아가는 일. 그러나 동시에 보이지는 않지만 그곳에 받침이, 계단이 있다고 믿으며 내딛는 한 걸음. 이렇게 자신이 속한 세계에서 결함을, 문제를, 이상을 발견하는 일은 자신의 존재 근거를 위협하는 일이기도 합니다. 그렇다면 한 걸음 바깥을 딛는 일은 자신마저 부정할 수 있는 위험을 감수해야 할 겁니다.

저는 허공을 향한 이 한 걸음이 자칫하면 체계에, 담론에, 기준과 절차에, 학문과 그 성과에 매몰되기 쉬운 우리의 삶을 바로 잡아준다고 생각합니다. 예컨대 벅스턴의 이야기를 보면서 살폈던 생명윤리란, 생명과학이라는 거대한 체계 바깥으로 한 걸음 내딛는 일이었죠. 왕슈핑이 중국 보건의료 체계 바깥으로 한 걸음을 내디뎠기에 수많은 사람은 목숨을 구할 수 있었습니다. 예측할 수 없는, 하지만 그 도래를 기다릴 수밖에 없는 미래는, 위험하지만 귀한 한 걸음을 내디딜 때 우리 앞에 다가오게 됩니다.

직업병, 사회가 책임져야 할 개인의 건강

_ 문송면

2020년 1월, 산업안전보건법이 시행되었습니다. 한국발전기술에서 계약직으로 일하던 김용균 씨가 2018년 12월 10일 컨베이어 벨트에 끼면서 그 자리에서 사망했습니다. 회사는 이 사실을 즉각 알리지 않은 채 처리를 늦췄고, 경찰은 회사에 책임을 묻지 않고 살인죄 대신 업무상 과실치사죄를 적용했습니다. 노동자를 향한 한국 사회의 대응이 참으로 무책임하다는 것을 반성한다는 의미에서 '김용균법'이라는 별칭으로도 불리는 이 법이 탄생한 것입니다. 물론 김용균법의 기초는 구의역에서 스크린도어 정비를 하던 청년이 사망하면서 마련되었으나, 통과가 된 것은 김용균 씨 사고 이후였습니다.

　그러나 산업안전보건법으로 충분하지 않은 것 같습니다. 당장 2020년 1월과 2월 산업재해로 58명의 노동자가 사망했음이 보도되었습니다.[1] 많은 글은 '효율성'이나 '외주화'의 문제를 지적했습니다. 위험한 업무가 하청 노동자에게 집중되는 현상, 즉 '위험의 외주화'가 그 원인으로 지목됩니다.[2] 적절한 분석이며, 이 문제를 해결하는 데 사회적 역량을 시급히 기울여야 합니다. 더 나아가 그 이면에, 노동자의 건강을 교환 가능한 재화로 여기는 문제 또한 점검해 볼 필요도 있습니다. 이를 국내 의료 제도와 연결해서 살펴봐야 하는 것은 물론입니다.

　국내 의료 제도는 여러 방향에서 고찰해 볼 수 있습니다. 그러나 어쩌면 지금의 관련 제도들은 노동력을 빠르게 회복시켜 환자를 산업 전선에 되돌려보내기 위한 것은 아닐까 하는 생각이 들 때가 있습니다. 저는 사회학자가 아니다 보니, 제도를 논의할 때 기원의 문제를 살펴보곤 합니다. 어떤 제도가 생겨났던 출발점으로 거슬러 올라가, 그 특징이 현대에 미치는 영향을 확인해보는 겁니다. 이런 접근을 국내 의료 제도에 적용해 본다면, 노동자의 건강을 재화로 다루는 한국 의료 제도의 방식은 한국 전쟁까지 거슬러 올라갈 수 있을 것 같습니다. 전쟁이 끝나고 빠르게 국내에 자리잡았던 서양 의학은 주로 외상을 치료하는 재건의학reconstruction medicine이었습니다.[3] 망가진 신체를 고쳐 다시 일할 수 있게 하는 의학은 망가진 국토를 고쳐 이뤄낸 한강의 기적과 함께 이 땅에서 발전해 갔습니다. 그것은 서양에서 전래한 기술의 신비이자 기적으로 다가왔고, 여전히 서양 의학과 한의학이 병존하던 한국의 의학적 지형을 급속히 서양의 것으로 재편하는 데 한 몫을 합니다.*

하지만 문제가 생긴 다음에 해결하는 재건의 전략은 문제를 일으키는 현실이 계속 작동하는 상황에서 점점 가진 자의 것으로 변모했습니다. 기술은 점차 고도화되고 그 비용은 상승하여 정작 그 과정에서 신체가 망가져 간 이들을 돕기는 어렵게 되었습니다. 의료 비용을 낮추면 되지 않느냐고 생각할지도 모르겠습니다만, 그것은 의료인의 노동을 무시하는 일이 됩니다. 대학병원 수련의가, '펠로fellow'로 불리는 임상 강사가, 간호사가 이미 심각한 고강도의 노동에 시달리고 있는 한국에서 의료 비용을 낮추려면 또 누군가의 희생과 고통을 담보로 해야 합니다. 이미 단일 국가 보험이 의료비 보조를 담당하고 있는 상황에서 재원이 나올 구석이 없어 담배세 등으로 마련한 건강증진기금으로 이런저런 보건 사업을 진행하는 터라, 의료 비용의 국가 보조에는 한계가 있습니다.

이제 우리는 거꾸로 접근하는 방법, 즉 예방에 집중해야 한다는 목소리를 여기저기에서 듣습니다. 최근 불거진 미래 의학에 관한 이야기는 예방적 접근을 빼놓지 않습니다. 예컨대, 미래 의학을 4P로 정의하곤 하는데, 맞춤의학personalized medicine, 예방의학preventive

---

*   여기에는 외국 원조를 받은 대형 병원의 설립, 정부 시책으로 진행된 가족계획, 기생충 박멸 사업 등의 영향도 무시할 수 없다.

medicine, 예측의학predictive medicine, 참여의학participatory medicine을 그 요소로 꼽습니다.⁴ 미국의 정치가이자 과학자였던 벤저민 프랭클린은 "예방약 1그램은 치료약 1킬로그램의 가치가 있다"고 말한 바 있습니다. 처음부터 일어나지 않도록 관리하는 것은 의학의 오랜 과제지만, 여전히 달성되지 않은 꿈입니다. 산업안전보건법도 예방의 한 전략이라고 생각할 수 있습니다. 그러나 아직 갈 길이 한참 남은 것처럼 보입니다.

그런데 산업 안전과 예방에 관한 인식은 최근에 나타난 것일까요? 국내에서 산업 재해로 질병이 발생할 수 있고, 이를 해결하기 위한 체계적인 접근이 필요하다는 것은 2000년대에 들어와 두드러진 일이라는 걸까요? 아닙니다. 그전에도 예방의학과에서 관련 연구를 여러모로 진행해 왔습니다. 가톨릭대학교는 1962년 산업의학연구소를 설치했고, 성모병원은 1971년 산업재해병원을 개원했습니다.⁵ 이런 분야를 담당하는 직업환경의학과가 처음 산업의학과로 제도화된 것은 1995년이었습니다. 이 과정에는 직업환경의학에 관한 시민 의식의 향상이 절실했습니다. 여기에서 직업과 환경 관련 유해 인자를 다루고 치료하는 직업환경의학이 국내에 필요하다는 것을 알린 것은 학자의 노력보다, 1988년 열다섯살 소년이 수은에 중독되어 사망한 사건이었습니다. 수은과 유기용제 중독으로 사망한 문송면文松勉, 1971~1988이 바로 그 소년의 이름입니다. 그의 죽음은, 이 사회에서 의학이 다룰 수 있고 다뤄야 할 부분이 무엇인지를 바꿔 놓았습니다. 그리고 그 영향은 지금까지도 이어지고 있지요.

최근에는 '문송면'이라는 이름이 거의 언급되지 않습니다. 그래서 우선 문송면의 삶과 그가 사회에 남긴 유산을 간략하게 살펴보려 합니다. 그가 불러일으킨 노동자 건강을 향한 투쟁은 오늘날에도 면면히 이어지고 있습니다. 이 글에서는 한 걸음 더 나아가 질문을 하나 던져보고자 합니다. '우리에게 건강이란 무엇인가'라는 물음입니다. '건강'이라는 개념을 정의하는 것은 생각보다 무척 어렵습니다. 짧은 글에서 마무리하기에는 벅찬 주제이기에 여기에서 묻고자 하는 것은 건강을 대하는 태도입니다. 건강은 교환 가능한 재화일까요? 아니면 마땅히 누려야 할 기본권일까요? 개인과 사회는 건강을 둘러싸고 어떻게 만나야 할까요?

17살 소년이 수은 중독으로 사망하다

문송면은 1971년 충청남도 서산에서 태어나 1987년 12월 5일 서울 영등포에 있는 협성계공에 입사했습니다. 이 회사는 압력계와 온도계를 생산하고 있었습니다. 문송면은 일을 하면서 야간고등학교를 다녔습니다. 넉넉하지 않은 가정 형편에 교육비를 감당할 수 없었기에 어쩔 수 없는 선택이었습니다.[6] 그는 처음에는 압력계에 페인트칠을 하고 '신나thinner'로 닦아내는 일을 보조했고, 이후 온도계에 수은을 주입하는 일을 맡았습니다.

지금은 수은의 위해성이 잘 알려져 있지만, 당시만 해도 이런 내용을 아는 사람은 별로 없었습니다. 1980년대 후반이면 그렇게 이전도 아닌데 말이죠. 유엔환경계획에서 수은 유해성을 줄이기 위한 미나마타 협약을 마련한 것이 2009년이고, 우리 정부는 2014년에 협약에 참여합니다.[7] 수은은 온도계에 흔히 사용되고 전도체로도 활용되지만, 높은 독성으로 이제는 점차 사용을 중단하고 있습니다. 1956년 일본 구마모토현 미나마타에서 수은이 포함된 조개와 어류를 먹은 주민이 집단으로 수은 중독 증상을 보이면서 큰 논쟁이 됐던 미나마타병은 2001년까지 공식적으로 2265명의 환자가 확인되었는데, 화학 공장에서 무단으로 방류한 수은이 그 원인이었습니다.[8] 수은의 위험성은 이후 많이 알려졌지만 아직도 다양한 용도로 사용되고 있으며, 그 때문에 우리 국민의 체내 수은 농도는 높은 편이라고 합니다.[9] 이제는 많은 곳에서 수은을 조심해야 한다는 이야기를 찾아볼 수 있습니다. 삼십여 년 전 수은을 주의해야 한다는 인식이 지금만큼 퍼져 있었다면 문송면이 죽는 일은 벌어지지 않았을지도 모르겠습니다.

수은 주입 일을 한 지 한 달 정도 지나자 문송면은 감기 기운이 떨어지지 않는다는 말을 했다고 합니다. 중학교 졸업식에 참석하려고 2월에 잠시 내려온 그는 몸이 "저리고 아프다"고 했으며, 며칠 뒤 설날에는 발작을 일으켰습니다.[6] 고려대 구로병원에서 진단을 내리지 못하자 가족들은 서울대 병원으로 문송면을 옮겼습니다. 가톨릭의대 산업의학연구소에 의뢰한 혈액과 머리카락 표본 검사에서는 수은과 구리가 검출되었습니다. 그제야 중금속 중독에 의한 질병이라는 것을 알게 된 것입니다.

가족은 산재 신청을 했으나 노동부와 회사는 제대로 처리하지 않았습니다. 1988년 5월 11일《동아일보》가 「온도계 工場 근무 15세 소년 두 달 만에 水銀 중독」이라는 기사를 싣자 비로소 이 문제는 세상에 알려지게 되었습니다. 많은 시민과 전문가가 목소리를 높였고, 문송면은 1988년 6월 20일에 산재 인정을 받습니다. 하지만 상태가 급격히 나빠지면서 며칠 지나지 않은 7월 2일 그는 사망하고 맙니다.

문송면의 이야기는 1988년 11월에 방영된 KBS의 논픽션 드라마 〈송면이의 서울행〉를 통해 많은 사람에게 알려졌습니다.[10] 이미 경기도 남양주시에 있던 원진레이온에서 이황화탄소 중독으로 많은 노동자가 피해를 보았으나 밖에서 도움을 받지 못하고 있었는데, 문송면의 죽음으로 많은 사람들이 직업병에 의한 피해를 알게 되었습니다.[11] 이는 원진 직업병 관리재단과 재단 부설 녹색병원의 설립으로 이어졌습니다. 또, 여러 예비 의료인이 공중보건 의료에 눈을 뜨는 계기가 되었습니다.[12]

개인과 사회, 생명과 건강의 줄다리기

이 사건을 다시 떠올려 보는 이유는 앞서 언급한 것처럼 우리 사회가 건강을 어떻게 바라보는지 한번 생각해 보기 위해서입니다. 2018년 헌법 개정 논의가 한창 뜨거울 때 건강권을 보장해야 한다는 목소리가 있었습니다. 현행 헌법 36조 3항은 보건에 관해 국가의 보호를 받는 것만 규정하고 있습니다. 그런데 당시 나온 건강권이라는 개념은 기존 헌법의 보건상 보호보다 더 포괄적인 주장으로, 모든 국민이 건강하게 살 권리를 가진다고 말합니다. 이 부분을 조금 더 살펴보고자 합니다. 보건에 관해 국가가 보호하는 것과 건강하게 살 권리의 차이는 무엇일까요? 이것이 관념적인 논의를 벗어나기 위해서는 구체적인 사례를 통해 접근해 볼 필요가 있습니다. 문송면 사건이 그 한 예가 될 수 있습니다.

공장에서 일하다 수은에 중독된 누군가의 보건을 국가가 보호한다면, 국가는 중독된 자를 치료하기 위한 의료 서비스를 제공하고 그가 서비스를 받을 때 차별받지 아니하며, 비용 등의 문제로 치료를 중단하는 일이 없도록 해야 합니다. 이를 달성하기 위한 수단이 현재의 의료보험입니다. 의료보험이 비용을 보장하고 병원이 환자 치료를 거부하지 못하도록 한다면 수은에 중독된 환자는 치료를 받을 권리를 충분히 누리는 셈입니다. 더하여, 국가는 이런 문제가 발생하지 않도록 감독할 책임이 있습니다. 물론 사고의 일차적 책임은 당연히 기업에 있습니다.

반면, 헌법이 건강하게 살 권리를 보장하는 국가에서 산업 재해로 수은에 중독된 환자가 발생한다면, 그것은 기본적으로 국가가 자신의 일을 제대로 하지 못한 것입니다. 국가는 산업 재해로 수은 중독이 발생할 수 있다는 것을 인지한 이상, 이 작업장에서 수은 중독이 발생하지 않도록 만전을 기했어야 합니다. 만약 조금이라도 문제가 발생했거나 발생할 조짐이 보인다면 국가는 공장 운영을 제한해야 했습니다. 실제로 문송면 사건에서 수은에 중독된 사람은 문송면 혼자만이 아니었습니다.

누군가는 그렇게까지 하는 것은 회사 경영원을 위협한다고 생각할 수도 있고, 누군가는 당연한 조건이라고 볼 수도 있습니다. 과연 우리 사회에서 건강은 무엇이며 어디까지 보장되어야 할까요? 건강은 당연히 누려야 할 권리이기 때문에 다른 모든 것에 우선해야 할까요? 그것은 개인의 자유까지 제한할 수 있을까요?

이야기를 더 진행하기 전에 먼저 '건강'이란 무엇인지 정의할 필요가 있습니다. 내가 건강하다는 말은 어떤 의미일까요? 일반적으로는 질병이 없는 상태라고 말하지만, 이러면 건강의 의미가 너무 넓어집니다. 예컨대, 바이러스를 지니고 있어 다른 사람을 감염시킬 수 있지만, 본인에겐 증세가 나타나지 않는 무증상 감염자는 건강하다고 해야 할까요?

1948년 세계보건기구WHO는 건강을 "단순히 질병이 없거나 허약하지 않은 상태가 아니라 신체·정신·사회적으로 완전히 웰빙한 상태"로 규정합니다. 이런 정의는 타당해 보이지만, 여러 문제를 내포하고 있습니다. 아무런 질병이 없는 사람, 신체와 정신은 물론 사회적으로 완전한 사람은 과연 얼마나 될까요? 더구나 이런 상태를 달성하는 것이 보건의료의 목표가 된다면, 정부는 개인의 삶을 완전히 통제해야만 합니다. 개인의 완전한 신체·정신·사회적 웰빙은 건강을 위해 모든 것이 짜여져 있을 때만 가능하니까요.

세계보건기구의 정의를 문제 삼으며, 1975년 크리스토퍼 부어스는 인간 종의 생물학적 평균을 건강이라 부르자고 주장합니다. 이런 정의는 평균을 기준으로 삼던 시대적 풍토와 맞물려 있습니다. 아프거나 장애가 있는 사람과 보통을 뛰어넘는 사람의 중간 어딘가가 건강이라는 그의 생각은 얼핏 볼 때 그럴듯한 설명 같습니다. 하지만 자세히 살펴보면 그의 설명도 그리 적당하진 않은데, 이를테면 어린이와 노인의 건강을 정의할 수 없다는 점, 키나 체중, 시력도 그렇지만 여러 기능에서 평균을 벗어나 있어도 건강한 사람이 많다는 점, 소수에게만 나타나는 유전적 특징은 모두 질병으로 분류된다는 점 등의 문제를 지니고 있습니다. 하나 더, 부어스의 생각은 개인에게 개입할 수 밖에 없는 세계보건기구의 후견주의적paternalistic 입장을 부정합니다. 또한 건강은 생물학적 관점에서 정의되어야 하지, 건강이 정신적이나 사회적 가치 판단이 들어간 규범이 되어선 안 된다고 말합니다.

세계보건기구의 이상적 건강관은 오래됐지만 여전히 의학 안에서 작동하고 있습니다. 질병이 없는 상태라는 매력, 의학이 신체를 넘어 정신과 사회까지 관여해야 한다는 확장성과 포괄성은 여전히 세계보건기구의 건강 정의를 들여다보게 하는 요소입니다. 이를 위해 국가는 앞서 말한 건강권을 필수적으로 보장해야 하고, 이를 위해 정부는 개인의 삶에 깊숙이 관여할 수 있는 충분한 동기를 지니게 됩니다. 예컨대, 건강권을 위해 정부는 개인의 취향을 제한할 필요가 있습니다. 손쉬운 예로, 이런 맥락에서라면 담배와 술을 제한하는 것은 당연한 일이 됩니다.

한편, 크리스토퍼 부어스의 생물학적 관점에서는 국가가 건강에 개입하는 것이 적절하지 않습니다. 건강은 생물학적인 양으로 계산되는 것이므로, 건강권을 말하는 것은 부어스의 관점에선 말이 안 됩니다. 국가가 보건의료를 확립하여 개인이 충분한 의료 서비스를 받을 수 있도록 도울 필요는 있습니다. 하지만 부어스의 입장에서는 국가가 앞장서서 어떤 건강을 달성하겠다는 것은 어떤 물질의 조성이 평균에 미치지 못하므로 인간이 개입하여 평균이 되도록 만들겠다는 생각과 다르지 않습니다. 평균을 벗어나는 것 또한 자연스러운 일인데, 이를 억지로 바꾸겠다는 생각은 위험해 보이기까지 하지요.

두 생각에는 나름의 장단점이 있습니다. 세계보건기구의 이상적 접근은 모두에게 이상적인 건강을 찾아주기 위한 노력입니다. 그러나 건강을 부여하는 것은 생각보다 개인의 삶에 깊이 개입해야 가능한 일이며, 이것은 개인의 자율성을 해치지 않고는 불가능합니다. 문송면의 경우라면, 건강이 무엇보다 중요하므로 대체재를 찾기 전이라도 일정 기간 수은 사용을 전적으로 금지해야 합니다. 그에 반해 부어스의 생물학적 접근은 의학적 접근을 모두 생물학의 언어로 바꾸고자 하는 의지의 표명이기도 합니다. 생물학 더 나아가 과학은 가치를 언급하지 않는다는 것이 일반적인 생각입니다. 그래서 개인의 건강에 누군가 개입하는 것은 잘못입니다. 문송면 사건에서, 기업이 제대로 안전장치를 하지 않은 것이나 보상하지 않는 것에 국가가 개입할지언정, 수은 사용에 관해 국가가 결정한다든지 하는 것은 선을 넘는 일이 된다는 것입니다.

우리는 오랫동안 이 두 생각 중 한쪽만을 받아들이고 다른 한쪽을 배척하며 살아왔습니다. 이것은 정치적인 틀 안에서 작동하며 상대편을 비방하는 논거가 되곤 했습니다. 한쪽은 국가가 책임을 방기한다고 보았고, 다른 쪽은 개인의 자유를 맹신한다고 보았습니다. 그러나 건강을 다룰 때 두 견해는 모두 필요합니다. 건강은 분명 개인의 자율성을 빼놓고 생각할 수 없습니다. 많은 질병은 개인의 습관과 생활에서 기인하며, 위험한 활동을 하는 사람에게 질병은 더 많이 생길 수밖에 없습니다. 하지만 다시 건강은 사회의 개입을 빼놓고 생각할 수도 없습니다. 사회·경제적 요인은 건강에 큰 영향을 끼치며, 사회가 보건의료 제도를 결정하는 방식에 따라 사회를 구성하는 개인의 건강은 상당한 차이를 보이게 됩니다. 즉, 개인의 자율성과 사회의 개입은 건강을 말할 때 빼놓을 수 없는 양쪽 날개와 같은 것이며, 한쪽이 다른 한쪽에 비해 더 중요하거나 긴급한 것은 아닙니다.

2011년 마크텔드 후버와 동료들은 새로운 건강 정의를 제시합니다. "외부의 변화에 적응하고 자기 조절을 할 수 있는 능력"이 그가 내놓은 정의입니다. 이 개념에 따른다면 질병의 부재나 종種적 평균 대신 한 개인이 당면한 변화에 어떻게 대응할 수 있는지가 문제가 됩니다. 건강을 적응과 자기 조절 능력으로 보는 것은, 개인의 능력을 강조하면서 한편으로는 환경의 영향 또한 놓치지 않겠다는 의미입니다. 의외로 우리는 최근에서야 개인과 사회가 어떻게 건강을 놓고 상호작용을 할지 생각하기 시작했습니다. 이어서 이 상호작용에 관한 접근을 보여줄 두 사례를 살펴보고자 합니다.

감염병,
혐오와 배제의 역학

_ 베를린 환자와 런던 환자

〈오션스 일레븐〉으로 유명한 영화감독 스티븐 소더버그는 2011년 〈컨테이젼〉을 찍습니다. 전 세계를 덮친 치명적인 감염병을 다룬 이 영화의 마지막 장면은 이 질병이 어떻게 시작됐는지를 보여줍니다. 동남아의 어느 지역에 숲의 나무를 밀어 버리는 중장비가 대거 들어갑니다. 살던 곳에서 내쫓긴 박쥐는 바나나를 먹으며 멀리 떨어진 돼지 사육장까지 날아가고, 박쥐가 먹던 바나나가 돼지 우리에 떨어지면서 돼지 몸속으로 들어갑니다. 돼지는 도축되어 고급 레스토랑에 공급되고 요리사는 돼지를 손질하던 중 손님이 인사하고 싶다는 말을 듣고 옷에 손을 대충 훔치고는 홀로

나가지요. 요리사는 손님과 손을 잡고 사진을 찍습니다. 감염병에 걸려 처음 죽은 환자가 바로 이 손님이었고, 영화는 마지막에 "감염 1일째"라는 자막을 넣어 질병의 진원지를 명확히 합니다. 그 병은 동물로부터 인간에게 옮겨질 수 있는 인수공통감염병人獸共通感染病, zoonosis이었습니다.

새에게서 인간으로 옮겨진다는 조류인플루엔자나 사스도 여기 속하지만, 코로나19 탓에 인수공통감염병은 모두에게 익숙한 단어가 되었습니다. 국내에는 큰 영향이 없었지만, 아프리카에서 큰 위협이었던 에볼라 바이러스도 여기에 속하지요. 2010년대 들어 인수공통감염병을 다룬 국내 영화나 소설도 몇몇 있었습니다. 최근에 인기를 끌고 있는 좀비 영화나 드라마에서 등장인물의 생존(또는 감염의 회피)에서 중요한 요소로 다뤄지는 것 중 하나는 좀비 감염이 짐승을 통해서도 전달되는가 하는 것이죠.

인수공통감염병은 인류에 큰 영향을 미치곤 했습니다. 14세기 유럽의 흑사병이 대표적인 인수공통감염병이었고, 지금 세계는 코로나19라는 새로운 도전 앞에서 고전하고 있지요. 20세기 후반 인류에게 가장 큰 영향을 미쳤던 인수공통감염병도 있습니다. 후천성면역결핍증후군Acquired Immune Deficiency Syndrome, AIDS, 즉 에이즈입니다.

전 세계에서 인체면역결핍바이러스Human Immunodeficiency Virus, HIV에 감염된 사람은 2019년 기준 3800만 명입니다.[1] 2019년에만 69만 명이, 1981년 이래 2019년까지 3270만 명이 에이즈 관련 질병으로 사망했다고 추산하고 있습니다. 왜 1981년이냐 하면, 1981년 6월 5일에 특이한 증례 다섯 개가 미국 보건복지부가 발간하는 『이환율 및 사망률 주간 보고Morbidity and Mortality Weekly Report』에 최초로 실린 것이 에이즈의 시작이었기 때문입니다. 환자 다섯 명이 주폐포자충住肺胞子蟲, Pneumocystis carinii에 의한 폐렴을 앓는다는 보고가 들어옵니다. 이 주폐포자충 폐렴에 걸리는 사람은 보통 면역계에 문제가 발생한 유아나 노인입니다. 문제는 폐렴에 걸린 환자 다섯 명이 앞날이 창창한 젊은이였다는 것입니다. 사례를 보고한 연구진은 그들이 모두 '활동적인 동성애자'라는 점에 주목했습니다. 에이즈가 초기에 '동성애자 연관 면역 결핍증gay-related immune deficiency'이라고 불리게 된 이유가 여기에 있습니다.

에이즈가 오랜 설왕설래를 넘어 진짜 질병으로 확정되는 과정, 그리고 그 사회문화적 영향을 둘러싼 뒷이야기도 무척 흥미롭습니다. 하지만 이번에는 에이즈의 치료에 관해 살펴보려 합니다. 한때 중세 흑사병을 능가하는 사상 최악의 전염병이 될 것이라던 에이즈가 이제는 완치는 불가능하더라도 관리하면서 살아갈 수 있는 만성 질병이 되었습니다. 심지어 완치된 사례까지 나오면서 이제 치료 또한 불가능한 것은 아니라고 말해지고 있습니다. 두 가지 완치 사례, 2007년 '베를린 환자'라는 별명을 얻은 티머시 브라운Timothy Ray Brown, 1966~ 과 2019년 '런던 환자'라 불린 애덤 카스티에요Adam Castillejo, 1979~ 를 통해 에이즈의 치료사를 돌아보고자 합니다.

에이즈 치료는 가능한가

최초의 에이즈 치료제는 미국의 FDA가 1987년에 허가한 아지도티미딘이었습니다. 이 약은 원래 항암제로 개발되었지만, 암에는 별로 효과를 보이지 않는 데다 부작용이 심해서 치료에 사용하지 못했습니다.

1960년대에 암을 연구하던 학자들은 조류에서 발생하는 암은 거의 모두 레트로바이러스에 의해 발생한다는 것을 발견하게 됩니다. 레트로바이러스는 DNA가 RNA로 복제되어 나오는 과정을 거꾸로 진행하는 특이한 바이러스입니다. 이 바이러스는 RNA와 역전사효소를 세포 안으로 집어넣는데, 이때 역전사효소는 RNA를 다시 DNA로 복제해서 세포핵 안에 집어넣습니다. 바이러스 DNA를 핵 안에 품은 세포는 이제 바이러스 증식에 필요한 단백질을 만들어내게 됩니다. 이런 레트로바이러스는 무기 공장을 점유한 적의 스파이에 비유할 수 있습니다. 상대편 공장에서 무기를 만들어 자기 나라를 위해 사용하는 스파이처럼, 레트로바이러스는 세포 소기관들을 자신의 증식을 위해 활용하고, 세포는 결국 바이러스만 열심히 만들다 죽게 됩니다.

아지도티미딘은 DNA 구성 성분 중 하나인 티미딘 유사체입니다. 이 아지도티미딘은 세포 안으로 들어간 역전사효소가 RNA를 바탕으로 DNA를 만드는 과정을 방해합니다. 티미딘 대신 아지도티미딘이 끼어 들어가면서 역전사효소가 RNA에서 DNA를 만들지 못하게 되고, 결국 레트로바이러스는 빠르게 번식을 할 수가 없게 됩니다.

당시 인체에서 암을 일으키는 레트로바이러스는 발견되지 않은 상태였습니다. 하지만 DNA 합성을 방해하는 약물이 항바이러스와 항암 효과가 있다는 결과가 보고되었습니다. 이 과정에서 개발된 것이 아지도티미딘이었습니다. 그러나 기대했던 항암 효과는 별로 없었고, 치료제는 처참히 실패합니다. 오히려 아지도티미딘의 기회는 HIV를 대상으로 하면서 찾아옵니다.

HIV 또한 레트로바이러스입니다. HIV는 인간의 면역 세포를 감염시킵니다. 면역 세포는 박테리아나 바이러스와 같이 인체를 침범한 외부 물질을 공격하는 역할을 합니다. 그런데 HIV는 이런 인체의 방어 체계를 공격 대상, 혹은 자신을 증식시키는 공장으로 삼습니다. HIV에 감염된 환자의 몸에서 HIV의 수가 늘어나면 면역 세포 수는 감소하고, 환자는 평소라면 이겨낼 수 있던 감기와 같은 다른 질병을 이기지 못해 사망하게 됩니다.

아지도티미딘은 레트로바이러스인 HIV가 DNA를 합성하는 과정을 방해할 수 있었고, 이는 곧 실험실에서 증명되었습니다. 에이즈 치료제가 시급했기 때문에 에이즈 환자를 대상으로 한 이중맹검 무작위 대조시험*이 곧바로 진행되었습니다. 결국 효과가 확인된 아지도티미딘은 에이즈 치료제로 허가를 받게 됩니다.

여기까지는 행복한 이야기지만 이게 전부는 아닙니다. 먼저 말씀드린 것처럼 아지도티미딘은 부작용이 심했습니다. 구토, 두통은 물론이고 장기간 복용하면 빈혈, 간 독성, 심근병증을 일으킬 수 있기에, 안 그래도 투약 초기에 다른 치료 방법이 없어 몸 상태가 좋지 않았던 에이즈 환자를 더욱 고통스럽게 만들었습니다. 하지만 더 큰 문제는 HIV를 포함한 레트로바이러스의 변이가 무척 빠르다는 점이었습니다. 간단히 말하면 공격을 피하는 방법을 재빨리 개발한다는 뜻입니다. HIV는 아지도티미딘의 방해를 피해 역전사효소를 작동시키는 방법을 빠르게 찾아냈습니다. 따라서 아지도티미딘을 사용한 초기 에이즈 환자들은 큰 도움을 받지 못하고 죽어갈 수밖에 없었습니다.

다행히 다른 역전사효소 억제제와 레트로바이러스에 효과가 있는 약물이 속속 개발되었습니다. '칵테일 요법', 즉 비슷한 효과를 내는 약제를 동시에 투약하여 그 효과를 배가하는 방법을 사용하게 되면서 에이즈는 관리 가능한 질병이 되었습니다. HIV를 완전히 없앨 수는 없지만, 신체에 문제가 생기는 수준까지 증식하지 않

---

*   (앞쪽) 어떤 약이 진짜로 환자에게 효과가 있는지를 확인하는 방법에는 여러 가지가 있는데, 그중 가장 확실한 방법이 이중맹검 무작위 대조시험이다. 환자를 무작위로 두 집단으로 나눈 다음, 같은 조건에서 한쪽에는 검증하려는 치료제를, 다른 쪽에는 가짜 약placebo을 투여하고 결과를 관찰한다. 이때 약물을 투여하는 의료진이 지금 투여하는 약물이 치료제인지 가짜 약인지 알고 있다면, 약물의 효과를 높이거나 줄이려고 일부러 다른 행동을 취할 수 있으므로, 의료진 또한 환자에게 주는 약물이 무엇인지 모르게 한다. 의료진과 환자가 약물을 모르기에 이중맹검double blind, 두 집단을 무작위로 나누어 다른 조건을 통제하기에 무작위대조시험randomized controlled trial이라고 부른다.

도록 억제할 수 있게 된 것입니다. 지속해서 투약하면 HIV 전파도 막을 수 있습니다. 즉, 인류는 HIV를 상대할 방법을 손에 넣은 것입니다. 하지만 세계 3800만 명의 에이즈 환자 중 치료제를 공급받고 있는 환자는 2600만 명 정도로 추산됩니다. 아직 3분의 1 가까운 환자가 약의 혜택을 누리고 있지 못한 안타까운 상황입니다.

백혈병이 에이즈를 치료하다

1995년 베를린에서 에이즈 진단을 받은 대학생이 한 명 있었습니다.[2] 이 학생 또한 항레트로바이러스제제를 지속해서 투약했고 이후에는 정상적인 삶을 살아가리라 생각했습니다. 10년 뒤인 2005년, 몸 상태가 나빠진 것을 안 그는 병원에 갔고 급성골수성 백혈병이라는 진단을 받게 됩니다.

혈액 세포 중의 하나인 백혈구가 이상 증식하는 백혈병을 치료하기 위해 여러 방법을 시도했는데도 치료가 잘 안 되면 조혈모세포 이식을 하곤 합니다. 조혈모세포 이식이란 화학 요법이나 방사선 요법으로 환자의 골수를 파괴한 뒤, 새로운 골수를 공여자로부터 받아 이식하는 치료법입니다. 골수에서 혈액 세포가 만들어지기 때문에, 새로운 골수를 이식하면 환자에게서 백혈병이 사라지게 됩니다.

이 환자 또한 골수 이식을 받기 위해 조직적합성 검사를 진행했습니다. 이때 환자를 담당하던 게로 휘터는 실험적인 치료를 제안합니다. HIV는 면역 세포인 CD4+ 보조T 세포Helper T cell로 들어가기 위해 CCR5 수용체를 활용하는데, 유럽인 중에는 이 CCR5 수용체를 만드는 DNA에 변이가 있는 사람들이 있습니다. 이 변이를 CCR5-Δ32라고 부릅니다. DNA의 CCR5 영역에 32개의 유전자가 빠져 있어서, 최종적으로 만들어지는 CCR5 수용체가 정상인의 수용체 단백질과 다르게 생겼습니다. HIV는 이런 모양의 CCR5 수용체를 활용하지 못합니다. 즉, CCR5-Δ32 변이가 있는 사람들의 면역 세포를 HIV가 공격하지 못하는 것입니다.

휘터의 아이디어는 간단했습니다. 어차피 골수를 이식할 거라면, CCR5-Δ32 유전자를 가지고 있는 공여자로부터 골수를 이식하면 어떨까? 백혈병 치료를 진행하면서 동시에 에이즈를 치료할 수도 있겠다는 생각을 한 것이죠. 어떤 사람의 골수 세포에서 왔는지는 백혈병 치료에 큰 차이가 없기 때문에 휘터는 시도해볼 만하다고 생각했습니다. 환자는 당장 이식에 동의하지는 않았지만, 상태가 악화하자 이식을 결정합니다. 2007년 2월 6일 환자는 CCR5-Δ32 변이가 있는 공여자로부터 골수 이식을 받습니다. 동시에 환자는 항레트로바이러스제 투약도 중단했습니다. 이후 3개월 동안 환자에게서 HIV는 검출되지 않았습니다. 그런데 성공이라고 생각한 순간, 백혈병이 재발합니다.

2008년 2월 환자는 같은 공여자로부터 다시 골수 이식을 받습니다. 환자는 회복했고, 이후 백혈병은 재발하지 않았습니다. 더 중요한 것은, 그에게서 HIV가 검출되지 않았다는 것입니다. 에이즈 첫 완치자인 '베를린 환자', 티머시 브라운은 이후 에이즈 치료를 위한 재단을 이끌고 있습니다.

이제 에이즈는 완치가 된 것일까요? 한동안 두 가지 점에서 사람들은 부정적인 답을 내놓았습니다. 첫째, 약으로도 충분히 조절 가능한 HIV를 치료하기 위해 골수를 파괴하고 이식을 받는다는 것은 말 그대로 '빈대 잡으려고 초가삼간 다 태우는' 격일 수 있다는 것입니다. 게다가 치료 시간과 비용도 너무 많이 듭니다. 둘째, 티머시 브라운은 성공적으로 치료가 됐지만, 이게 재현 가능하다는 보장이 없었습니다. 브라운이 왜 에이즈 완치가 되었는지에 대해서도 논의가 꽤 있었습니다. 그가 완치된 이유는 세 가지 요인이 겹쳤기 때문이라고 합니다.[*] 첫째, 화학요법, 면역억제제, 방사선 요법을 통해 몸의 골수를 완전히 파괴해 HIV에 감염된 면역 세포를 제거했고, 둘째, 공여받은 골수에 CCR5-Δ32 변이가 있어 추가 감염이 진행되지 않았으며, 셋째, 이식편대숙주병graft-versus-host disease, 즉 이식한 면역 세포가 피이식자의 세포를 공격하는 질병이 발생해 일부 남아 있던 HIV 감염 면역 세포가 모두 파괴되었습니다. 이런 세 요인이 모두 겹쳐 발생한 행운이라는 것이 중론이었습니다. 따라서 골수 이식만, 또는 면역 세포 파괴만 해서는 안 된다고 생각했고, 더구나 사람을 대상으로 이런 과정을 실험해본다는 것은 불가능했지요.

12년이 지난 2019년 3월 《네이처》의 한 논문은 두 번째 에이즈 완치 사례가 나왔다고 발표했습니다.[5] '런던 환자', 애덤 카스티에요는 혈액암의 일종인 호지킨 림프종에 걸려 CCR5-Δ32 변이가 있는 공여자로부터 골수 이식을 받았으며, 약한 이식편대숙주병을 경험했습니다. 이식 16개월 후에 항레트로바이러스제를 끊었고, 이후 HIV는 검출되지 않았습니다. 이 환자 사례가 증명한 것은 두 가지입니다. 우선, '베를린 환자'의 사례는 재현 가능하다는 것입니다. 이제 인류는 에이즈를 치료할 방법이 있다는 것을 확인했습니다. 다음으로는, '베를린 환자'에게 적용했던 완전한 골수 파괴가 꼭 필요하지는 않다는 것입니다. 카스티에요는 상대적으로 약한 이식 전처치를 받았음에도 에이즈에서 완치되었습니다. 그렇다면 에이즈 치료에서 가장 중요한 것은 CCR5-Δ32 변이라는 게 될 겁니다. 물론 다른 요인을 완전히 배제할 수는 없지만요. 이 사례를 보면서 여러 가지 생각이 듭니다. 에이즈 완치라니, 그야말로 격세지감입니다.

에이즈에 걸렸다는 말을 하기가 너무 무섭다

에이즈 치료에 관한 이야기는 의과학의 발전에 기대를 잔뜩 품게 합니다. 2000년대 초반에 정복 불가능할 것으로 여겼던 대표적인 질병 두 가지가 암과 에이즈였습니다. 면역항암제는 일부 암 환자의 생존율을 엄청나게 높였습니다. 물론 아직 일부이고 약이 모두에게 듣는 것도 아니지만, 이전과는 정말 다르지요. 에이즈도 어찌 됐건 골수 이식으로 치료가 가능은 하게 되었습니다. 의과학이 발전하고 있는 것은 정말 놀랍습니다.

그렇다면 국내의 에이즈 감염 실태와 인식은 어떨까요? 몇 가지 자료를 살펴보겠습니다. 우선 국가통계포털을 참조하여 국내 에이즈 감염자 수와 감염 경로를 알아보겠습니다.[6, 7] 2019년 기준 생존하고 있는 국내 에이즈 감염자 수는 1만 3857명입니다. 2017년 1만 2090명, 2018년 1만 2991명으로 해마다 약 900명씩 증가하고 있습니다. 이중 남성이 1만 2926명(93퍼센트)이고, 여성은 931명(7퍼센트)입니다.

우리나라의 신규 감염자 수는 해마다 1000명 안팎인데, 최근에는 감소세를 보이고 있습니다. 외국도 마찬가지입니다. 2011년에서 2015년까지 연간 신규 감염자 수는 일본이 1529명에서 1434명으로, 미국은 4만 4805명에서 4만 40명으로 감소했습니다.[8] 전 세계 기준으로 봐도 줄어들고 있습니다. 2010년 190만 명이었던 신규 감염자 수는 2016년 170만 명으로 감소했습니다.

그렇다면 감염은 어떤 경로로 이뤄지고 있는 걸까요? 2017년에 감염된 1008명 중 성접촉으로 감염된 것이 752명, 무응답이 256명입니다. 성접촉으로 감염된 경우 중 이성 간 성접촉 52퍼센트(394명), 동성 간 성접촉이 48퍼센트(358명)입니다. 이 역학 조사의 경우 보건소 담당 연구원이 면담을 통해 얻은 것으로, 동성 간 성접촉으로 감염되었을 경우 동성애에 대한 부정적인 인식 때문에 제

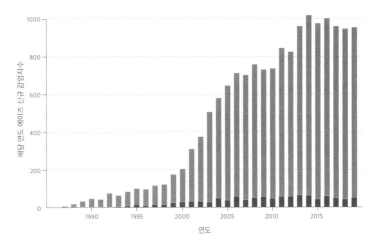

■ 남성 ■ 여성

국내 에이즈 신규 감염자 수는 2014년 최고치를 기록하고 그 이후로는 약간 감소하거나 비슷한 수치를 유지하고 있다.

대로 응답하지 않았을 가능성이 크다고 합니다.[10] 2018년에 발표된 연구[11]는 면담에서 오답을 줄이기 위해 병원 주치의가 환자에게 문진하는 방식으로 1474명을 대상으로 감염 경로를 조사했습니다. 그 결과 남성의 경우 63.5퍼센트(875명), 여성의 경우 11.3퍼센트(11명)가 동성 및 양성 간 성접촉으로 감염되었다고 응답했습니다. 특히 신규 감염은 20대 남성(18~29세)에서 두드러지고 있습니다.

이런 상황은 에이즈 감염에 대한 인식 부족에서 나왔다고 볼 수 있습니다. 앞서 소개한 연구에서는 동성 간 성접촉에 의한 감염 증가를 우려하며 안전하지 않은 성행위가 이뤄질 가능성이 크다는 점을 문제 삼았습니다. 2018년 질병관리본부가 발표한 HIV/AIDS 관리지침은 대국민 예방 홍보 활동과 집단별 예방 교육 활동을 정책 기본 방향의 최우선으로 두고 있습니다.[12] 한편, 2017년 용인과 부산에서 에이즈 확진 판정을 받은 여성이 성매매를 했다고 하여 떠들썩했던 적이 있었습니다.[13] 하지만 이들은 항레트로바이러스제제를 복용하고 있었기에 다른 사람을 감염시킬 가능성은 거의 없었습니다. 오히려 우리 사회가 가진 에이즈에 대한 공포심을 확인시켰을 뿐입니다.

지금 필요한 것은 적극적인 대응과 빠른 투약이지, 질병에 대한 두려움을 느끼고 이를 공격하는 일이 아닙니다. 사람들이 가진 공포심이 이를 터부시하고 죄악시하는 것이 오히려 상황을 악화시킬 수 있다는 것이죠. 2016년 국가인권위원회에서 발표한 HIV/AIDS 감염인 의료 차별 실태 조사 자료를 보면, 76.2퍼센트의 응답자가 "다른 질병으로 병원 방문 시 HIV 감염인임을 밝히기 어려움"에 매우/대체로 그렇다고 답했습니다.[14] 감염자들은 "감염 사실이 알려질 걱정", "건강 악화에 대한 불안감", "경제적 어려움" 등을 감염 이후 겪는 어려움으로 토로했지요. 앞서 살폈던 이야기와 국내 현실은 사뭇 다릅니다. 항레트로바이러스제제를 먹는 것만으로는 '치료'되지 않는 문화적·사회적 문제는 아무도 손대지 않아 점차 악화되고 있습니다.

내 옆의 에이즈 환자, 어떻게 대할까

이런 상황에서 가장 많은 공격을 받는 사람들은 여전히 동성애자입니다. 2017년 청소년 에이즈 예방을 목표로 개최된 '디셈버퍼스트'라는 행사를 다룬 한 기사의 제목은 「청소년 에이즈 확산⋯동성애 주된 이유 맞다」였습니다.[15] 행사에 참가한 모 정치인은 동성애가 문제라고 말하면서도 "동성애자의 인권을 침해하는 것이 아니다"라고 주장했습니다. 역학적으로 볼 때 동성 간 성접촉이 에이즈 감염의 최대 경로인 것은 맞습니다. 그러나 에이즈 감염의 최대 경로가 동성애라는 사실만으로 동성애를 무조건 막아야 할까요?

사실, 에이즈 치료, 더 나아가 성 소수자에 대한 의학적 관점은 성 소수자의 삶과 밀접하게 연관되어 있습니다. '익명의 의사' 존 프라이어의 이야기에서 살핀 적이 있지만, 동성애는 과거 죄악이었다가 19세기 말 질병이 되었습니다. 이전 죄인으로 목숨을 잃던 성 소수자들은 질병 분류를 환영했지만, 이후 질병이라는 분류가 자신들을 더 큰 굴레로 옭아맨다는 것을 알게 됩니다. 정신질환으로 분류되어 강제적인 교정 치료를 받게 된 성 소수자들은 자신을 지키기 위해 의학적 관점과 결별했습니다.

하지만 에이즈의 창궐은 동성애자를 다시 의학 안으로 들어올 수밖에 없게 만들었습니다. 한때 '동성애자의 일은 동성애자가 결정한다'고 외치던 그들이 에이즈를 피해 의학의 우산 속으로 다시 들어왔던 겁니다. 비슷한 시기에 정신질환에 대한 의학적 치료도 활발해지기 시작합니다. 1990년과 2003년 사이 정신질환 진단 건수는 비슷하지만, 치료 수는 두 배 이상 증가했다는 보고[16]가 그 방증입니다. 소위 '대화 치료'를 내세우는 정신분석적 접근이 쇠퇴하고 약을 통해 정신질환을 치료하는 정신약학이 다시 주목받던 중 동성애의 원인을 규명하려는 연구 또한 힘을 얻지요. 신경과학적 접근이나 유전학적 접근이 그 예입니다. 의학 속으로 다시 들어온 동성애자와 정신질환에 대한 약리적 접근의 확대, 정신 상태에 대한 생물학적 접근의 확대는 동성애의 치료를 다시 불러오는 결과를 낳습니다.

이를테면 1974년 『정신질환의 진단 및 통계편람』 제3판(DSM-III)에서 동성애를 '삭제'하는 데 크게 이바지한 로버트 스피처는 2003년 「일부 남성과 여성 동성애자는 성적 지향을 바꿀 수 있을까」라는 제목의 논문을 발표합니다.[17] 논문에서 스피처는 인터뷰를 통해 동기가 확실한 동성애자 일부는 교정 치료를 받고 이성애로 성적 지향을 바꾸었다는 것을 확인했다고 주장합니다. 이 논문은 큰 파장을 불러왔습니다. 무엇보다, 동성애를 정신질환 분류에서 뺀 일등 공신인 스피처가 한 연구였다는 점이 큰 충격을 불러왔습니다. 이후 논문은 표본 수집 방법과 측정 분류에 문제가 있다는 비판을 받았고, 스피처 본인도 이 논문을 철회하려고 시도합니다.[18] 논문의 내용은 당시 여러 각도에서 이뤄졌던 '동성애 치료'를 위한 접근 중 하나에 대한 것이었습니다. 치료의 효과를 증명하진 못했지만, '치료'를 위한 시도가 다양하게 이루어졌다는 것을 방증하는 예시로 남았습니다.

이미 한번 동성애를 치료할 필요도 없고, 치료할 수도 없다고 선언했던 의학의 노선 변경은 그 배경에 있는 생각을 점검해 볼 필요가 있습니다. 처음에는 그것이 질병이기 때문이었다면, 이번에는 에이즈의 전파를 막기 위한 방책이었던 것이라는 생각을 지우기 어렵습니다. 사람들을 위태롭게 하는 위험한 질병, 치료제를 찾을 수 없는 현대의 흑사병에 맞서려면, 그 병을 전파한다고 여겨지는 동성애를 근절할 필요가 있다는 식으로요.

베를린 환자에 이어 런던 환자가 등장하면서, 우리는 이제 에이즈를 만성질환으로 관리하던 시기를 넘어 에이즈 완치의 시대로 들어가는 초입에 서 있는지도 모르겠습니다. 이런 시대적 흐름 속에서 던져봐야 할 질문이 있습니다. 과연 치료는 누구를 위한 것일까요? 당연히 치료는 환자를 위한 것이라고 모두들 말할 것입니다. 하지만 치료는 환자를 살리는 활동인 동시에 사회를 보호하기 위해서 이뤄지고 있는 것이기도 할 겁니다. 에이즈의 공포가 사회를 뒤덮던 1990년대, 동성애 치료 담론이 대두했던 것이 불치의 병 에이즈가 전파하는 경로를 차단하려는 시도였다면 동성애의 치료는 동성애자를 위한 것만은 아니었던 것 같습니다. 그리고 우리나라의 상황에서 확인한 것처럼, 에이즈가 만성질환이라는 인식은 여전히 서구의 것일 뿐이지요.

사실 우리는 많은 환자들의 질병을 적절히 조절하고 유지할 수 있게 되었다는 발표보다, 개별 환자가 완치되었다는 뉴스에 더 기뼈합니다. 우리는 두 명의 에이즈 환자가 값비싼 노력을 통해 질병을 완치할 수 있었다는 소식을 반겼습니다. 물론 이런 성과는 의과학의 발전에 희망을 심어줍니다. 하지만 우리가 그 이야기에서 어떤 안도를 느낀다면, 그것은 우리 마음속에 들어 있는 작은 목소리 때문이기도 할 겁니다. 질병으로부터 사회를, 더 거칠게 말하면 환자로부터 사회를, 우리를 보호해야 한다는 목소리 말입니다.

자신을 지켜야 한다는 생각에서 완전히 자유로울 수는 없을 겁니다. 아니, 그것은 누군가가 생존하기 위한 필수조건이기에 자유로워져서는 안 될 것이기도 하지요. 하지만 자신을 지키려는 행동이 남의 삶을 담보로 하게 될 경우가 있습니다. 자신의 자유를 지키려는 행동이 남의 자유를 침해하는 경우가 간혹 있지요. 어느 한쪽의 편을 들어야 한다고 생각하는 것은 아닙니다. 무조건 남을 위해 살 수만은 없으니까요. 그러나 여기에서 어떤 긴장이 일어나고 있다면, 나와 타인의 경계가 충돌하고 있다면, 여기에서 어떤 선택을 내릴 것인가에 관해서는 무척 지혜로워야 할 겁니다. 이런 상황에서 조금 더 환자를 위한 치료가 될 수 있기를, 그리하여 이런 논의와 발전이, 비록 모든 문제를 다 해결하지는 못할지라도, 이전보다 좀 더 환자에게 나은 상황을 만들 수 있는 모습을 상상해보는 것은 다른 미래로 나아가기 위한 출발점이 될 겁니다.

피 한 방울로 다 된다는
의료 마케팅

_ 엘리자베스 홈스

2015년 미국 최고의 유니콘 기업*으로 떠오르며 시장 가치 90억 달러로 평가받던 스타트업, '테라노스Theranos'. 이 회사가 주목을 받고 투자금을 끌어모으는 데에는 스탠퍼드 대학교를 중퇴하고 발명을 통해 자수성가했다는 최고경영자 엘리자베스 홈스 Elizabeth Anne Holmes, 1984~ 가 결정적인 역할을 했습니다. 그는 피 한 방울로 수백 가지 질병을 검사할 수 있는 진단 기기를 만들 거라 호

---

* 기업 가치 10억 달러 이상으로 평가받는 스타트업 회사.

언장담했고, 스티브 잡스를 흉내 낸 것이 분명한 검은 터틀넥 스웨터, 상대방을 바라볼 때면 절대 깜빡이지 않는 눈과 중성적인 목소리로 투자자를 사로잡았습니다. 그러다 《월스트리트 저널》의 기자 존 캐리루가 2015년 10월 15일 특종을 터트립니다. 테라노스가 진단할 수 있다고 주장한 질병 중 단 4개만 그들이 개발한 '에디슨Edison'으로 진단할 수 있고, 나머지는 기존의 검사기를 통해 결과를 확인하고 있었는데, 심지어 그 결과마저도 미심쩍다는 것이었습니다.

홈스는 그동안 확보한 정치력과 자금을 동원하여 캐리루와 내부 고발자, 전·현직 직원을 압박합니다. 하지만 결국 캐리루는 후속 보도에 성공하고, 테라노스라는 거대한 거짓말은 무너지게 됩니다. 테라노스는 FDA 등 관련 기관이 진행하는 심사를 통과하지 못했고, 홈스는 최고경영자 직함을 내려놓고 향후 십 년간 상장 회사 임원이나 이사로 재직할 수 없게 되었습니다. 이 모든 과정을 담은 책 『배드 블러드』는 웬만한 스릴러 못지않은 긴장감과 공포를 선사합니다.¹ 홈스가 거물 투자자들을 속여 넘긴 과정을 보면 어떤 면에선 감탄스럽기도 합니다. 미국 국무장관과 재무부 장관을 역임한 조지 슐츠, 마찬가지로 국무장관을 역임했으며 외교관으로 유명한 헨리 키신저, 전 국방부 장관인 제임스 매티스 등 유명 정치인을 이사진으로 들이고 투자를 받았으며, 심지어 폭로 기사를 쓰고 있던 《월스트리트 저널》의 소유주인 언론 재벌 루퍼트 머독으로부터까지 투자를 받았으니까요.

캐리루는 테라노스가 폐업하게 된 이유를 잘못된 기업 문화와 당시 미국에 불던 스타트업 투자 광풍에서 찾았습니다. 이걸 끼워 맞춘 게 홈스의 천재적인 사기술, 또는 엄청난 자기 홍보 역량이라고 본 겁니다. 캐리루가 책에서 제시한 진단에 저는 전적으로 동의합니다. 더불어 그 진단에 하나 더 얹고 싶은 게 있습니다. 사람들은 왜 홈스를, 테라노스를 믿었을까요? 젊고 예쁜 홈스의 외모에 속아서? 하지만 무언가를 믿게 되는 과정은 단방향이 아닙니다. 믿음을 주는 대상에 대해 믿으려고 하는 마음이 결합해야 믿음은 탄생합니다.

심리학은 믿음이 만들어지는 과정에서 확증편향을 말합니다. 확증편향이란 이미 결론을 정해놓고 그에 맞춰 정보를 취사선택하는 경향성을 말하지요. 소위 '보고 싶은 것만 보고 듣고 싶은 것만 듣는다'라는 사람의 마음. 어쩌면 홈스는 이 부분을 잘 건드렸던 것은 아닐까요? 2000년대에 본 여러 기술적 발전처럼, 새로운 기술이 인류 건강을 급진적으로 증진하리라는 믿음 말입니다. 신체라는 기계에서 고장 난 부분을 고치면 건강해질 것이라는 생각을 축약한 것이 테라노스가 주장한 피 한 방울로 질병 수백 가지를 진단한다 아니었을까요.

미리 결론부터 말씀드렸네요. 이번 글에서는 엘리자베스 홈스의 이야기와 테라노스 사태를 정리하고, 이 사건이 조명하고 있는 우리 마음속 생각 한구석을 살펴보려 합니다.

바이오산업의 애플이 되고 싶었다

　엘리자베스 홈스의 가문은 과거에는 명망 있고 부유했지만, 홈스의 할아버지 대에 영락했다고 합니다. 자신의 노력으로 어느 정도 기반을 닦은 아버지 밑에서 태어난 홈스는 어렸을 때부터 꿈이 많았습니다. 스탠퍼드 대학교에 진학한 그는 공과대학 부학장 채닝 로버트슨의 강의를 들으며 질병 진단과 치료를 동시에 할 수 있는 팔 패치patch 관련 특허를 냅니다. 로버트슨은 홈스가 여러 분야를 끌어들여 묶어내는 발상에 감탄했고, 대학원생 셔낙 로이를 붙여 창업을 돕도록 합니다. 그렇게 스타트업 리얼타임 큐어스Real-Time Cures가 출범했습니다. 이후 홈스는 치료therapy의 thera-와 진단diagnosis의 -nos-를 결합하여 사명을 테라노스로 변경하지요.

　테라노스는 초기에는 가족 인맥을 통해 투자를 받았습니다. 패치를 개발하는 것은 쉽지 않았습니다. 특허를 내는 것과 실제 제품으로 완성하는 것 사이에는 엄청난 간극이 있으니까요. 결국 테라노스는 패치를 포기하고 휴대용 검사 장치를 개발하는 쪽으로 선회합니다. 홈스는 손가락을 찔러 얻은 소량의 혈액으로 다양한 검사를 하고 싶었습니다. 기기가 개발되어 집집마다 하나씩 구입할 수 있게 되면 사람들이 언제라도 자신의 피로 수많은 검사를 할 수 있을 거라 본 것입니다. 그들은 '테라노스 1.0'이라는 시제품을 완성하고 이를 바탕으로 상용화 제품인 '에디슨'을 만들려고 시도합니다.

문제는 여기서 발생합니다. 홈스는 '손가락을 찔러 소량의 혈액을 얻는다'라는 방법을 절대 포기하지 않았습니다. 여러 가지 검사를 수행하려면 그에 맞게 상당한 양의 혈액 시료가 필요한데 채취한 피의 양이 너무 적었습니다. 소량의 혈액으로 어떻게든 결과를 얻으려고 무리하게 여러 시도를 해보았지만, 결과가 안정적으로 나오지 않아 실패를 거듭합니다. 다양한 검사를 수행하려고 혈액을 희석해 염료를 섞는 과정에서 전체 검사를 불안정하게 만드는 요인이 늘어났던 겁니다.

　　여기에 『배드 블러드』가 테라노스의 최대 실패 요인으로 꼽고 있는 소통 부재가 더해집니다. 다른 기업에서 자신의 아이디어를 훔쳐 갈 거라고 의심했던 홈스는 과도하게 보안에 집착했습니다. 업무 부서 간에 소통은 허용되지 않았고, 모든 결과는 홈스에게만 보고되었지요. 협업을 통해 빠르게 혁신을 이뤄나가는 모습은 테라노스에서 볼 수 없었습니다. 오히려 홈스에게 문제를 제기하는 직원들은 바로 퇴사 처리되기 일쑤였죠.

　　상황은 여러 면에서 점차 나빠집니다. 테라노스 초기에 운영이나 개발에 뛰어들었던 이름난 인재들은 쫓겨나거나 이직했고, 이후 운영책임자COO로 들어온 라메쉬 발와니는 2000년대 초 닷컴 버블에서 우연히 큰돈을 번 사람으로 홈스의 연인이었지만 이 사실을 아무에게도 밝히지 않았다고 합니다. 홈스와 발와니는 기업 운영을 파탄 지경까지 몰고 갑니다. 한편, 잡스가 사망하고 자서전이 인기를 끌자, 홈스는 잡스를 흉내 내기 시작합니다. 검은색 터틀넥 스웨터를 입은 홈스는 테라노스의 에디슨이 애플의 아이폰처럼 매력적인 디자인과 사용자 친화적인 인터페이스를 탑재하길 기대하며 애플에서 일했던 사람들을 영입했습니다. 심지어 애플 광고를 찍었던 광고 기획사에 테라노스의 광고와 홈페이지 디자인을 맡기기도 합니다.

이런 전략이 성공적이었다는 것은 아이러니입니다. 내부에도 사업 전모를 파악하는 사람이 없었고 외부에도 그 내용이 제대로 드러나지 않은 채, 홈스의 매력에 끌린 사람들이 테라노스에 투자를 결심하게 된 것입니다. 그 과정에서 테라노스가 지닌 기술력에 문제를 제기한 사람이 여럿 있었지만, 홈스가 운이 좋기도 했고 인맥을 동원해 문제 제기를 잘 회피하기도 하여 어물쩍 넘어갑니다.

결국 테라노스는 제품이 약속했던 검사를 제대로 제공하지도 못하는 것은 물론이고 최소한의 안정성도 확보하지 않은 상태에서 슈퍼마켓 체인 세이프웨이Safeway와 약국 체인 월그린Walgreen에 자신의 제품을 배치하여 혈액 검사를 시작합니다. 손가락 끝에서 혈액을 채취하는 것으론 검사를 다 할 수 없었기 때문에 정맥에서 추가로 혈액을 채취해야 했습니다. 더 가관인 것은 테라노스가 자체 개발한 제품으로는 검사할 수 있는 항목이 매우 제한적이어서 나머지 검사는 지멘스의 혈액 검사기를 사용하여 진행했다는 것입니다. 그런 데다 일인당 채취한 혈액량까지 충분치 않아 혈액을 희석하여 에디슨과 지멘스 검사기에 넣었는데, 검사에 필요한 혈액 성분이 충분하지 않아 검사 결과는 들쭉날쭉하기까지 했습니다.

돌아보면 이런 문제가 밝혀지지 않고 회사가 십 년 넘게 유지되었다는 것이 신기할 정도입니다. 퇴직자의 자료를 하나도 남김없이 압수하고 초대형 법률 사무소를 끌어들여 고소를 무기로 회유하고 위협했기에 가능했을 거라는 생각도 듭니다. 그러나 이런 사기가 영원할 수는 없지요. 캐리루의 보도를 시발로 테라노스가 끌고 가던 거짓은 모조리 밝혀지고 그들이 헛되게 선전한 기술은 신기루처럼 사라집니다.

이런 결과가 나온 것은 무엇보다 테라노스를 지배했던 대화 부재와 소통 불능의 문화였지요. 투자자 중 사업을 제대로 알고 있는 사람은 없었고, 심지어 제품을 받기로 한 회사들 또한 자신들이 응당 해야 할 조사를 빠뜨리거나 문제를 제기하는 내부 목소리를 무시했습니다. 테라노스는 제대로 된 기업 구조를 갖추지 못한 채 처음부터 끝까지 홈스의 사기업으로 남았던 셈입니다. 더구나 홈스 본인이 의료기술 및 규제에 대한 이해가 충분하지 못한 채로 사업에 뛰어들었습니다. 의료기술과 장비에 대한 규제가 이토록 복잡한 것은, 현대 의학의 발전 과정에서 여러 사람이 저지른 악행을 어떻게든 막아보기 위한 노력의 결과물이고, 이를 회피할 수 있다고 생각한 테라노스가 성공하지 못한 것은 어찌 보면 당연한 결과입니다.

홈스가 '차세대 잡스'라 불릴 수 있었던 이유

이런 엉망진창의 상황에서도 홈스가 엄청난 투자를 받고 온 갖 언론이 주목한 데에는 홈스라는 사람 자체가 좋은 이야깃거리 였기 때문인 측면도 있습니다. 그는 명문인 스탠퍼드 대학교 중퇴 를 주저 없이 선택했는데, 이것은 하버드 대학교를 중퇴한 빌 게이 츠, 마찬가지로 대학을 중퇴한 스티브 잡스와 홈스 사이 연결고리 를 만드는 주요한 역할을 했습니다. 홈스가 왜 매우 적은 양의 혈 액 채취에 그렇게 집착했는지에도 설득력 있는 서사가 붙었습니다. 홈스 자신이 바늘 공포증이 있었기에 이런 기술을 생각해 내게 되 었다는 것. 이런 집착은 결국에는 테라노스가 제대로 된 장비를 개발할 가능성을 가로막는 장벽이 되지만, 처음에는 홈스의 성공 을 이끄는 견인차 구실을 하기도 했지요.

더구나 높은 의료 비용이 항상 사회 문제로 제기되는 미국에서, 언제나 저렴하게 혈액 검사를, 그것도 한 번에 여러 검사를 할 수 있다는 것은 누가 들어도 박수를 보낼 만한 목표였습니다. 안타까 운 점은 여러 검사를 단 한 번에 하는 것은 가능하지 않았다는 것 이었지요. 하지만 홈스가 내세운 목표 자체는 선했고, 언론 매체는 그런 목표를 꿈꾸는 여성 혁신가 홈스를 별다른 검증없이 글, 사 진, 영상으로 담아내도 별 문제될 게 없다고 생각했습니다.

하지만 이것만으로는 왜 홈스였는지, 왜 테라노스였는지를 설 명하기 조금 어려운 부분이 있습니다. 2007년 아이폰의 성공과

2008년 세계 금융 위기 이후 수많은 스타트업이 생겨나 투자를 받았고 그중엔 우리에게도 친숙한 차량 공유 서비스 우버나 음악 스트리밍 서비스 스포티파이 등도 있습니다. 그런데 테라노스는 이런 스타트업 중에서 어떻게 두각을 나타낼 수 있었고, 홈스는 어떻게 '세계에서 가장 부유한 자수성가 여성'으로까지 꼽힐 수 있었을까요? 다른 스타트업보다 테라노스의 기술이 매력적이었던 이유는 도대체 무엇일까요?

저는 홈스의 주장과 테라노스의 기술이 투자자와 사람들 마음 한구석을 건드렸다고 생각합니다. 어떤 마음일까요? 몸을 자동차와 같이 바라보려는 마음이라고 말씀드릴 수 있겠네요. 기계처럼 간단한 검사만으로 고장난 부위를 찾아낼 수 있고, 수리와 교체만 하면 원래의 건강한 몸으로 되돌릴 수 있다는 생각. 그래서 기술이 더더욱 발달하면 건강해지는 것은 점점 더 쉬운 일이 될거라는 마음 또는 믿음 말입니다.

건강을 측정할 수 있다는 믿음

이런 생각을 의학의 '생의학적 패러다임biomedical paradigm'이라고 부릅니다. 하버드 대학의 사회역학자 낸시 크리거 교수가 정리한 바에 따르면 생의학적 패러다임에는 다음 세 가지 특징이 있습니다.[3] 첫째, 질병과 질병의 원인은 생물학적·화학적·물리적 현상에 국한합니다. 둘째, 실험실 연구와 기술을 강조하여 실험 패러다임을 통해 검증할 수 없는 질문은 제외합니다. 셋째, 철학적 혹은 방법론적 입장은 환원주의를 견지합니다.

먼저 질병과 질병의 원인을 생물학적·화학적·물리적 현상에서 찾는 것은 얼핏 보면 당연해 보입니다. 질병은 당연히 생물학적 현상이고, 그것은 물리적·화학적 작용에 의한 것이니까요. 분명 많은 질병이 이런 기준을 만족하지만, 그렇지 않은 질병도 있습니다. 정신질환이 대표적입니다. 물론 언젠가는 모든 정신질환을 물리학이나 생물학, 화학의 언어로 나타낼 날이 올지도 모르겠습니다. 그러나 현재 정신질환은 생물학적 층위와 사회문화적 층위가 결합하여 나타나는 병이라고 생각하지 않으면 설명하기 어려운 부분들이 있습니다. 예컨대 외모와 관련한 문제로 생기는 신체이형장애body dysmorphic disorder는 외모에 결함이 없거나 있더라도 사소한 흠일 뿐인데 자기 외모에 큰 결함이 있다며 집착하는 증상을 말합니다. 여기에서 기준은 문화적 요소입니다. 이 집착을 생물학적 차원만으로 설명하기는 어렵습니다.

다음, 실험으로 검증할 수 없는 질문을 무시한다는 것도 무리는 없어 보입니다. 의학적 사실이 실험실에서 확인되어야 하는 것은 누구나 당연하다고 생각하니까요. 하지만 생의학적 패러다임에서는 실험실에서 확인할 수 없거나 확인되지 않는 내용은 그저 확인되지 않는 차원을 넘어 지식으로 받아들이지 않습니다. 이 책 전반에서 다뤘던 의료인의 정체성, 성별이나 사회적 위치의 문제 같은 것은 실험실에서 확인할 수 없지요. 어떤 종류의 앎이긴 한데, 확실성을 부여할 수 있는 내용이 아니라서 무시하는 것이죠.

마지막으로 현상을 부분의 합으로 바라보는 환원주의입니다. 환원주의는 20세기 과학의 특징적인 요소라고 할 수 있습니다. 복잡한 것을 개별 요소로 분해하면 구조나 요소들 간의 인과 관계를 명확하게 밝힐 수 있다는 생각입니다. 환원주의는 물리학으로 모든 학문을 설명할 수 있다는 물리적 환원주의를 그 본령으로 하고, 생물학에서도 생물을 그 구성 요소인 세포나 분자로 설명하려는 방식을 가리킵니다. 환원주의는 분명 그 나름의 힘과 가치를 지니고 있습니다. 복잡한 것을 부분으로 나눠 접근하는 환원의 방식은 20세기 과학의 힘을 극대화시켜 보여준 주요 통로였으니까요. 하지만 방법으로서의 환원과 별개로, 환원을 통해 모든 것을 설명할 수 있다는 믿음인 환원주의는 현재 벽에 부딪히고 있습니다. 개별 요소 사이의 관계를 모두 합하더라도 전체를 설명하지 못하는 무언가가 있다는 생각이 20세기 후반에 주목을 받기 시작했습니다. 카오스 이론과 시스템 이론 등 복잡계와 관련된 논의는 과학에서 환원주의를 넘어설 것을 요구하고 있습니다. 의학에서 관련 예를 찾아보자면, 최근 노인의학에서 중요하게 다뤄지는 노쇠frailty라는 개념을 예로 들 수 있습니다.[5] 노쇠는 여러 만성질환이 복합적으로 작용하여 나타나는 생리적 저하 현상을 말합니다. 이를 각 질병이나 기능 저하만으로 떼어 내 설명하면 노인 환자가 겪는 어려움을 제대로 설명할 수 없습니다. 노인의학이 이런 개념을 다루게 된 것은 이제 환원주의가 한계에 부딪혔다는 직접적인 증거이기도 하고요.

건강을, 의학을 환원주의라는 렌즈로 바라보는 것은 20세기 의학이 인류에게 가져다준 성과를 쉽게 설명할 수 있다는 장점이 있습니다. 무엇보다, 수많은 약물과 장비를 개발하여 인류는 점차 건강한 삶으로 나아가고 있다는 믿음을 확증해 주지요. 현대 의학이 제시하는 수많은 '치료법'은 인체의 특정 부분을 목표로 합니다. 자동차가 고장 났다면 올바르게 작동하지 않는 부분을 수리하면 됩니다. 인체도 마찬가지라고 생각하는 겁니다. 몸이 아프다면, 제대로 작동하지 않는 부분을 수리해 다시 '정상'으로 돌아갈 수 있다.

이게 건강이라면, 홈스가 들고나온 검사기는 그야말로 놀랍습니다. 이제 병원에 힘들여 찾아가지 않아도 됩니다. 심지어 검사에 대한 공포를 상징하는 주사기도 필요하지 않습니다. 손끝만 살짝 찔러도 우리는 수많은 검사를 할 수 있습니다. 검사를 쉽게 할 수 있다면 우리는 질병을 보다 빠르게 발견할 것이고, 신속한 치료는 물론 예방도 가능할 겁니다. 따라서 테라노스의 기계가 도입된다면, 우리는 모두 부담 없이 저렴하게 그리고 빠르게 건강해질 수 있을 겁니다. 그것이 바로 미국의 대형 유통업체 세이프웨이의 최고경영자였던 스티브 버드가 온갖 경고 신호를 무시하고 테라노스에 거금을 투자하게 만든 믿음이었습니다. 사람들이 슈퍼에서 치약과 당근을 사면서 건강도 함께 살 수 있을 거라는 생각에서 말이죠.

하지만 건강은 그렇게 단순하지 않습니다. 그리고 건강은 생물학적 측면을 넘어섭니다. 20세기 말에 나온 여러 연구는 정신적, 사회적 측면이 신체적 건강에도 큰 영향을 미치고 있다는 사실을 발견합니다. 질병은 단지 유전적, 신체적 조건으로만 결정되는 것이 아니라 정신적, 사회적 조건에 의해서도 결정됩니다. 개인이 지닌 생활 습관, 교육, 직업, 거주지역, 문화 모두가 건강을 결정하는 요소이며, 이들은 상호 작용한다는 것이 최근 건강을 연구하는 여러 연구가 내린 결론이지요.

이렇게 건강을 바라보는 것은 복잡합니다. 그렇기에 의료보장만 확대한다고 모든 사람이 건강해지지는 않습니다. 또 의학적 지식에 기초한 예방 전략을 실행하는 것만으로 모든 사람의 질병을 예방할 수 없습니다. 이런 상황에서 테라노스처럼 피 한 방울로 수많은 질병을 검사할 수 있다고 주장하는 것은 마음의 짐을 덜어주는 환상적인 선언일뿐이지요.

우리가 건강을 단순하게 생각할 때마다, 테라노스와 같은 일은 또다시 벌어질 겁니다. 2005년 황우석 사건도 비슷한 궤도 위에 있었습니다. 황우석 박사와 그 팀이 세계를 선도하는 연구를 한다는 것이 팀이 가진 '원천 기술'에 대한 믿음을 부여하는 일이기도 했지만, 무엇보다 황우석 박사가 줄기세포를 통해 모든 병을 치료할 수 있다고 말했던 것이 그를 소위 '영웅'으로 만들지 않았던가요. 논문 조작 보도가 몰고 온 후폭풍은 사람들이 지니고 있던 믿음이 배반당했기 때문일 겁니다.

우린 건강해지기 위해 할 일이 무척 많습니다. 굳이 테라노스의 허황된 신기술이 아니라 할지라도, 사람들의 생활 습관을 분석하고 환경이 미치는 영향을 추적하며, 교육과 직업 등이 건강과 그 불평등에 미치는 영향을 확인하고, 지역사회의 건강 증진 활동에 참여하고 함께 하는 일이 바로 그런 일 가운데 하나입니다. 이런 일도 신기술이 필요하긴 합니다만, 적어도 거짓된 장밋빛 미래를 약속하는 일과는 무관하지요. 건강은 그저 손쉬운 검사 한 번으로 우리 손에 쥐어지지 않습니다. 오히려 지금까지 수많은 분야에서 고민해 온 것들을 건강을 위해 함께 펼쳐나갈 방법을 생각해야 할 때입니다. 그때 필요한 것은, 우리가 어떻게 하면 힘을 합할 수 있을 것인가, 개별 학문이 우리에게 전해준 앎을 어떻게 연결할 것인가에 관한 고민일 겁니다.

마치며

의학이라는 편지

의학은 굉장히 오래된 것처럼 보입니다. 의사, 하면 으레 고대 그리스에서 활동했던 히포크라테스를 떠올립니다. 그렇다면 적어도 2500년은 되었다고 느껴집니다. 그러나 우리가 지금 접하고 있는 의학은 고대 그리스의 것과는 크게 다릅니다. 우리가 한의학을 서양에서 전래한 의학과 완전히 다르다고 느끼는 것처럼, 서양의 고대 의학과 현대 의학은 완전히 다른 세계관을 바탕으로 하고 있어 그 내용도 많이 다릅니다.

그런데 이런 변화는 고대 의학과 현대 의학 사이에만 존재하는 것이 아닙니다. 오히려 중세까지의 의학은 고대 의학과 비슷했습니다. 현대 의학은 18세기 프랑스와 독일에서 촉발된 엄청난 변화가 20세기 미국에서 종합된 것이라고 볼 수 있습니다. 그러니까 현대 의학은 18세기가 지나 비로소 시작된 것으로, 아직 300년 정도 밖에 되지 않는 학문입니다.

그렇다고 고대 의학이 완전히 사라진 것은 아닙니다. 조금 전에 말씀드린 기원전 4세기의 히포크라테스는 여전히 의사란 무엇인 지를 규정하는 데 영향을 미치고 있지요. 2세기 로마의 전설적인 의사 갈레노스나 11세기 페르시아 제국의 이븐 시나와 같은 인물 은 고대 그리스로부터 이어진 치료와 회복을 위한 생각을 다음 세 대에 전달하는 데 엄청난 영향을 미쳤습니다. 이들의 책이 없었다 면 우리는 고대 의학이 무엇인지 알 수 없었을뿐더러, 지금의 의학 을 구성하는 데 훨씬 오랜 시간이 걸렸을 것입니다. 의학이 여기까 지 오는 데엔 밟아야 할 단계들이 있었고, 이들이 놓은 계단 덕분 에 현대 의학이 나타났다고 말하는 것 또한 타당합니다.

의학을 포함한 모든 학문의 전승을 보는 데엔 단절과 연속의 관점 모두가 필요합니다. 그리고 단절과 연속을 만들어내는 것은 누군가가 남긴 기록입니다. 환자의 상태를 기록하고 치료법을 적고 환자와 의료인 사이 벌어진 일들을 정리한 책 말이죠. 이런 책이 없었다면 현대 의학을 향한 도약도, 전통 의학의 면면한 계승도 없 었을 겁니다. 단, 그 책이 어떻게 전달되는지에 따라 결과는 다르 게 나타납니다. 쓴 사람의 의도대로 책이 읽혔다면 그것은 전통의 연속에 이바지합니다. 쓴 사람의 의도와 다르게 책이 읽혔다면 그 지점에서 도약이 발생합니다. 예컨대 19세기 의학자들은 중세까지 잘 전해지던 의학 서적들을 다른 방식으로 읽기 시작한 사람들입니다. 고전에서 제시한 치료 방법을 당연하다고 여기지 않고, 어떻게 치료 효과가 나타났는지, 효과가 없었던 때는 언제인지, 그 뒤에 숨은 원리는 무엇인지 질문하기 시작한 것이니까요.

이런 기록을 편지에 비유해 볼 수 있을 것 같습니다.* 왜냐하면 의학 서적이란 과거의 의료인이 경험과 지식을 누군가에게 전하기 위해서 쓴 것이기 때문입니다. 편지는 목적지에 잘 전달되기도 하지만, 잘못 전달되기도 합니다. 다른 사람에게 전해지기도 하고, 아예 전달되지 못하고 계속 떠돌아다니기도 하죠. 그런데 위에서 말한 생각에 따르면, 이 편지는 잘 전달되기도 해야 하지만, 가끔은 잘못 전달될 필요도 있는 것 같습니다. 전통이 어느 정도 쌓이기 위해서 의학 지식이라는 편지는 잘 전달되어야 합니다. 그러나 어느 순간, 이 편지는 잘못 전달되어야 합니다. 도약을 위해, 현재 모두가 당연하다고, 상식이라고 여기는 것을 넘어서기 위해서 말입니다. 그렇다면 잘 전달되지 않는 편지를 일부러 찾아볼 필요도 있을 것 같습니다. 어떻게 변화할 수 있을지 궁구해보기 위해, 이미 우리 안에 새로움의 실마리가 주어져 있는지 확인하기 위해.

---

* 인문학, 더 나아가 학문 일반이 편지라는 생각은 정신분석학자 자크 라캉에서 연유하며, 이를 철학자 자크 데리다를 경유하여 철학자이자 문화연구자인 페터 슬로터다이크와 사상가이자 작가인 아즈마 히로키가 발전시켰다. 여기에서 전개한 생각은 슬로터다이크의 「인간농장을 위한 규칙: 하이데거의 휴머니즘 서한에 대한 답신」과 아즈마의 『존재론적, 우편적』을 참조했다.

미래를 말하기 위한 작은 노력

코로나19가 세계를 혼란스럽게 하는 지금, 많은 사람이 미래에 관해 이야기합니다. 의학도 마찬가지입니다. 미래 의학에 관한 여러 이야기가 떠다니고 있지만, 이런 이야기는 주로 과학과 기술 발전에 초점을 맞추고 있습니다. 과학과 기술의 발전은 분명 의학을, 그리고 세상을 바꿀 것입니다. 그러나 정작 중요한 것은 과학과 기술이 발전한 세상에서 '인간은 어떤 것을 생각할 것인가, 무엇을 욕망할 것인가, 어디로 나아갈 것인가'하는 질문입니다. 우리는 아마도 지금 어떤 기술이 어떻게 적용될까만 바라보다가 그런 기술이 적용되었을 때 인간은 어떻게 변하는가에 관한 논의를 놓치고 있는지도 모르겠습니다.

여기에 여러 인물들의 편지를 꺼내 드는 것은, 우리 '인간'이 의학의 변화와 함께 달라지는 모습을 함께 고민해보기 위함이기도 합니다. 흔히 4차 산업혁명이라는 표현을 쓰지만, 현재 우리는 당연한 것으로 여겨 왔던 인간 개념이 점차 바뀌고 있는 시대를 살고 있습니다.

애초 학문은 인간의, 인간을 위한, 인간에 의한 것이었고 고대로부터 현대에 이르기까지 이런 생각은 계속 이어져 왔습니다. 그러나 이제 이 가정들은 하나둘 무너지고 있습니다. 인간의 관점으로만 구성되었던 학문은 이제 인공지능을 필두로 한 비인간, 즉 인간과 같은 자율성을 지니지는 않으나 인간과 환경에 영향을 미치고 상호작용을 하는 모든 물질까지 포함할 것을 요청하고 있습니다. 인공지능과 환경의 문제는 인간만을 위한 학문이 더는 지속할 수 없음을 보여주고 있습니다. 브뤼노 라투르*의 행위자-네트워크 이론Actor-Network Theory을 비롯한 최근의 신유물론new materialism은 비인간 행위자들에 주목할 것을 요청하고 있습니다. 우리의 지식은 인간의 머리로만 구성되어 있지 않다는 것이죠. 고대로부터 이어진 편지의 연쇄가 조금씩 끊어지고 있는 시기라고 말할 수도 있을 겁니다. 인간의 지성만을 디딤돌로 삼아 온 학문의 제단이 바닥부터 점차 허물어지고 있는 것이죠.

이것은 의학도 마찬가지입니다. 히포크라테스와 갈레노스로부터 이어진 인간의 의학은 점차 그 한계를 드러내고 있습니다. 현대 생물학의 세포 수준 접근은 분자생물학과 유전학이 제기하는 유기체의 역사에, 또 사회와 보건과학이 던지는 건강의 사회적 결정요인social determinants of health**에 충분한 답을 주지 못하고 있습니다. 4부에서 살펴본 것처럼, 건강이 생물학적 요인으로만 설명되지 않는다는 것은 점점 분명해지고 있지요. 또한 인간을 치료하는 것이 궁극적 목표였던 의학은, 아직 연명의료 중단이나 안락사 같은 반대편 이야기를 받아들이기 버거워하고 있습니다. 환자를 고치는

---

* 프랑스의 인류학자이자 사회학자로, 과학기술학을 개척한 인물 중 하나로 꼽는다.
** 건강이 생물학적 조건뿐만 아니라, 그에 영향을 미치는 문화, 사회, 환경으로 인해 결정된다는 생각을 말한다.

의료인이라는 기존의 도식은 환자의 성장, 사회적 관리 체계의 확충, 감시와 치료를 담당하는 수많은 기계로 인해 경계가 점점 흐릿해지고 있습니다. 여기에서 다시 과거로 돌아가자고 깃발을 흔드는 사람이 자주 보이는 것은 어찌 보면 당연한 일인지도 모르겠습니다.

그러나 과거에서 배송되어 온 편지들은 이미 다른 곳에 전달되고 있습니다. 이것을 끝이라고 생각해 체념하는 대신, 새로움의 가능성으로 사유해 볼 수 있을까요? 그 가능성을 위해, 고이 모아 왔던 사람들의 편지를 대신 배달합니다. 이 책이 다른 의학을 만드는 데 조금이라도 이바지할 수 있기를 소망합니다.

아직도 감염병이 한창인 와중에 모두의 건강을 바라며,

김준혁 올림

1부. 의사는 왜 소통하지 못하는가

의사는 왜 소통에 실패할까 | 이그나츠 제멜바이스

1 남연정. 에디슨 그늘에 가린 빛나는 천재, 테슬라. 한겨레. 2007년 1월 31일. Retrieved from: http://www.hani.co.kr/arti/science/science_general/187688.html.

2 Tempest M. The Electric Rise and Fall of Nikola Tesla. TED [Internet]. 2012. Retrieved from: https://www.ted.com/talks/marco_tempest_the_electric_rise_and_fall_of_nikola_tesla.

3 셔윈 눌랜드. 안혜원 옮김. 세균 이전의 병원체 이론: 이그나츠 젬멜바이스의 수수께끼. 『닥터스: 의학의 일대기』. 살림; 2009.

4 Semmelweis I. *Etiology, Concept and Prophylaxis of Childbed Fever*. Carter KC trans. University of Wisconsin Press. 1983. pp. 87-88.

5 Holmes OW. The Contagiousness of Puerperal Fever. Bartleby.com [Internet]. 〈https://www.bartleby.com/38/5/1.html〉

6 김승섭. 『우리 몸이 세계라면』. 동아시아; 2018.

7   스티븐 스티글러. 조재근 옮김.『통계학의 역사』. 한길사; 2005.

8   Noakes TD, Borresen J, Hew-Butler T, Lambert MI, Jordaan E. Semmelweis and the Aetiology of Puerperal Sepsis 160 Years on: An Historical Review. *Epidemiol Infection.* 2008;136(1):1-9.

의사는 어떻게 만들어지는가 | 윌리엄 할스테드

1   Ock-Joo K. William Steward Halsted in the History of American Surgery. 醫師學 2003;12(1):66-87.

2   Halsted WS. Practical comments on the use and abuse of cocaine; suggested by its invariably successful employment in more than a thousand minor surgical operations. *New York Medical Journal* 1885;43:294-295.

3   Rankin JS. William Stewart Halsted. *Ann Surg* 2006;243:418-425.

4   Harvey AM, McKusick VA. *A Model of Its Kind, Vol. 1: A Centennial History of Medicine at Johns Hopkins.* Baltimore: JHU Press; 1989.

5   Burki TK. William Halsted: surgeon, innovator, addict. *Lancet Gastroenterol Hepatol.* 2018;3(8):534.

6   Wallack MK, Chao L. Resident Work Hours: The Evolution of a Revolution. *Arch Surg.* 2001;136(12):1426-1432.

7   Asch DA, Parker RM. The Libby Zion case: one step forward or two steps backward? *N Engl J Med.* 1998;318:771-775.

8   황병우. 전공의 특별법 1년 지났지만 교수·전공의 시각차 여전. 메디칼타임즈 [Internet]. 2019년 6월 20일. Retrieved from: https://www.medicaltimes.com/Users/News/NewsView.html?ID=1127188.

9   정승규.『인류를 구한 12가지 약 이야기』. 반니; 2019.

10 이지현. 돈벌이 강요받는 의대교수들… 참다못해 의사노조 만든다. 메디칼타임즈 [Internet]. 2020년 1월 20일. Retrieved from: https://www.medicaltimes.com/Users/News/NewsView.html?ID=1127188.

의사의 실력은 누가 평가하는가 | 에이브러햄 플렉스너

1   최성우. [우리말바루기] 개혁 / 혁신. 중앙일보. 2008년 6월 12일. Retrieved from: https://korean.joins.com/news/article/article.asp?total_id=3179157&ctg=.

2   서울대학교 교수학습개발센터. 학내 기관 탐방: 의학교육실. 2005. Retrieved from: http://s-space.snu.ac.kr/bitstream/10371/7965/1/2005_ctl_06_045.pdf.

3   OECD. *Health Reform Meeting the Challenge of Ageing and Multiple Morbidities*. OECD Publishing; 2013.

4   연세대학교 의과대학 의학교육학과.『도전과 혁신-의학교육학과 20년』. 2016.

5   신지영.『언어의 줄다리기: 언어 속 숨은 이데올로기 톺아보기』. 21세기북스; 2018.

6   AAMC, *Medical Schools*. 2013. Retrieved from: https://web.archive.org/web/20130812102623/https://www.aamc.org/about/medicalschools/.

7   황상익. 20세기초 미국 의학교육의 개혁과 〈플렉스너 보고서〉. 의사학. 1994;3(1):1-20.

8   에이브러햄 플렉스너. 김선 옮김.『플렉스너 보고서: 미국과 캐나다의 의학교육』. 한길사; 2005.

9   Carroll KL. Creating the Modern Physician: The Architecture of American Medical Schools in the Era of Medical Education Reform. *JSAH*. 2016;75(1):48-73.

10 윌리엄 바이넘. 박승만 옮김.『서양의학사』. 교유서가; 2017

11 몰리 쿡, 데이비드 어비, 브리지트 오브라이언. 신익균 옮김.『의학교육의 개혁과 미래』. 학지사; 2014

의사는 누구를 먼저 치료할까 | 프레더릭 밴팅

1   존 롤즈. 황경식 옮김.『정의론』. 이학사; 2003.

2   Bliss M. *The Discovery of Insulin*. CA: McClelland & Steward Inc.;

1982.

3 Feudtner C. *Bittersweet: Diabetes, Insulin, and the Transformation of Illness*. The University of North Carolina Press; 2003.

4 Photograph of James Haves ca. 1921. University of Toronto Library [Internet]. Retrieved from: https://insulin.library.utoronto.ca/islandora/object/insulin:P10032.

5 Emanuel E, Schmidt H, Steinmetz A. *Rationing and Resource Allocation in Healthcare: Essential Readings*. Oxford University Press; 2018. p. 104.

6 박원익, 조윤호. 『공정하지 않다: 90년대생들이 정말 원하는 것』. 지와인; 2019.

의사는 남의 아픔을 잘 느낄까 | 윌리엄 카를로스 윌리엄스

1 로버트 프로스트 등. 손혜숙 옮김. 『가지 않은 길: 미국 대표시선』. 창비; 2014.

2 William Carlos Williams. *The Doctor Stories*. New Directions; 1984. p. 120.

3 William Carlos Williams. *The Doctor Stories*. New Directions; 1984. p. 124-125.

4 Carter R. William Carlos Williams (1883-1963): Physician-Writer and "Godfather of Avant-garde Poetry". *Ann Thorac Surg.* 1999;67(5):1512-1517.

5 김준혁. 모든 사람은 거짓말을 한다? 『누구를 어떻게 살릴 것인가』. 문학동네; 2018.

6 버지니아 울프. 지은현 옮김. 『질병에 관하여. 여름밤』. 꾸리에북스; 2019.

7 아서 프랭크. 최은경 옮김. 『몸의 증언』. 갈무리; 2013.

의사는 왜 웃지 않을까 | 패치 아담스

1 Hamson N. The World of Dr. Patch Adams and Gesundheit!

Renaissance Universal [Internet]. Undated. Retrieved from: http://www.ru.org/index.php/health/333-the-world-of-dr-patch-adams-and-gesundheit.

2   Adams P. The Education of Compassion. The Gesundheit! Institute [Internet]. Undated. Retrieved from: http://www.patchadams.org/gesundheit/ideas/education-of-compassion/.

3   Red Noses International. Retrieved from: https://www.rednoses.eu/.

4   Adams P. Patch Adams. The Gesundheit! Institute [Internet]. Undated. Retrieved from: https://www.patchadams.org/patch-adams/.

5   Weisenberg M, Tepper I, Schwarzwald J. Humor as a Cognitive Technique for Increasing Pain Tolerance. *Pain*. 1995;63(2):207-212.

6   Bennett MP, Zeller JM, Rosenberg L, et al. The Effect of Mirthful Laughter on Stress and Natural Killer Cell Activity. *Alter Therapies Health Med*. 2003;9:38-45.

7   McCreaddie M, Wiggins S. The Purpose and Function of Humour in Health, Health Care and Nursing: A Narrative Review. *J Adv Nursing*. 2008;61(6):584-595.

8   Setness PA. Lessons in humanity from corporate America and Patch Adams. *Postgrad Med*. 1999;105(4):23-26.

9   Alexander M, Lenahan P, Pavlov A, eds. *Cinemeducation: A Comprehensive Guide to Using Film in Medical Education*. Oxford: Radcliffe Publishing; 2005.

10 Jones C. *The Smile Revolution in Eighteenth Century Paris*. Oxford: Oxford University Press; 2014.

11 Jones C. *The Smile Revolution in Eighteenth Century Paris*. Oxford: Oxford University Press; 2014. p. 42.

12 제임스 윈브랜트. 김준혁 옮김. 『치의학의 이 저린 역사』. 지만지; 2015.

13 Jones C. *The Smile Revolution in Eighteenth Century Paris*. Oxford: Oxford University Press; 2014. p. 42.

14 Jones C. *The Smile Revolution in Eighteenth Century Paris*. Oxford: Oxford University Press; 2014. p. 54.

15 Jones C. *The Smile Revolution in Eighteenth Century Paris*. Oxford: Oxford University Press; 2014. p. 129.

2부. 누가 '정상'이고, 누가 '표준'인가

남자 의사와 여자 의사는 무엇이 다를까 | 제임스 배리

1 에머 오툴. 박다솜 옮김. 『여자다운 게 어딨어』. 창비; 2016.

2 du Preez HM. Dr James Barry: The Early Years Revealed. *S Afr Med J* 2008;98:52-58d.

3 사라 버튼. 채계병 옮김. 『세상을 바꿀 수 없어 자신을 바꾼 사람들』. 공감; 2000.

4 Hurwitz B, Richardson R. Inspector General James Barry MD: Putting The Woman In Her Place. *BMJ* 1989;298:299-305.

5 Heilmann A. *Neo-/Victorian Biographilia and James Miranda Barry*. Switzerland: Palgrave Macmillan; 2018. p. 65.

아픔에도 성별이 있을까 | 샬럿 퍼킨스 길먼과 사일러스 미첼

1 샬럿 퍼킨스 길먼. 정진영 옮김. 누런 벽지. 『세계 호러 걸작선 2』. 책세상; 2004.

2 손정희, 한우리. 샬롯 퍼킨스 길먼: 사회를 치료하는 여성 작가/의사. 영미연구. 2015;32:99-121.

3 Gilman CP. 'Why I worte The Yellow Wallpaper?' by Charlotte Perkins Gilman. *Adv Psychiatr Treat*. 2011;17(4):265.

4 Thrailkill JF. Doctoring "The Yellow Wallpaper". *ELH*. 2002;69(2):525-566.

5   Stiles A. Go Rest, Young Man. *APA*. 2012;43(1):32.

6   Schuster DG. Personalizing Illness and Modernity: S. Weir Mitchell, Literary Women, and Neurasthenia, 1870-1914. *Bull Hist Med*. 2005;79(4):695-722.

동성애는 정신질환이 아니다 | '익명의 의사' 존 프라이어

1   Yoshino T. 일본의 성소수자는 인구 전체의 7.6%(여론조사). 허핑턴포스트. 2015년 4월 24일. Retrieved from: https://www.huffingtonpost.kr/2015/04/24/story_n_7133620.html.

2   윤일권. 고대 그리스 사회와 신화 속의 동성애. 유럽사회문화. 2010;3:5-27.

3   미셸 푸코. 이규현 옮김. 『성의 역사』 - 1권: 지식의 의지. 나남; 2010.

4   Wahlert L. The Painful Reunion: The Remedicalization of Homosexuality and the Rise of the Queer. *J Bioeth Inq*. 2012; 9(3): 261-75.

5   Anderson-Smith C. The Lasting Legacy of Dr Anonymous. *The Psychologist*. 2018; 31: 84-86.

6   Scasta DL. John E. Fryer, MD, and the Dr. H. Anonymous Episode. *J Gay Lesb Psychot*. 2003;6(4):73-84.

7   Lenzer J. John Fryer. *BMJ*. 2003;326:662.

8   Full Transcription of Fryer's Speech. *Historical Society of Pennsylvania*. Undated. Retrieved from: https://hsp.org/sites/hsp.org/files/dr%20henry%20anonymous%20speech_0.pdf.

9   Clendinen D. Dr. John Fryer, 65, Psychiatrist Who Said in 1972 He Was Gay. *The New York Times*. Mar 5, 2003. Retrieved from: https://www.nytimes.com/2003/03/05/us/dr-john-fryer-65-psychiatrist-who-said-in-1972-he-was-gay.html.

10 Fryer Award. *American Psychiatric Association*. Retrieved from: https://www.psychiatry.org/psychiatrists/awards-leadership-opportunities/awards/fryer-award.

11 Marcus E. *Making Gay History: The Half-Century Fight for Lesbian and Gay Equal Rights* [Electronic edition]. New York: HarperCollins. 2002. p. 179.

12 Carey B. Robert Spitzer, 83, Dies; Psychiatrist Set Rigorous Standards for Diagnosis. *The New York Times.* Dec 26, 2015. Retrieved from: https://www.nytimes.com/2015/12/27/us/robert-spitzer-psychiatrist-who-set-rigorous-standards-for-diagnosis-dies-at-83.html.

나는 병신이다, 병든 몸이다 | 낸시 메이어스

1 Mairs N. On Being a Cripple. *Plain Text.* Univ. of Arizona Press; 1986.

2 신형주. 세계다발성경화증의 날 행사 개최. 메디칼업저버 [Internet]. 2019년 5월 20일 [cited 2019년 12월 24일]. Retrieved from: http://www.monews.co.kr/news/articleView.html?idxno=202666.

3 Grimes W. Nancy Mairs, Who Wrote About Her Mental Illness and Multiple Sclerosis, Dies at 73. *The New York Times* [Internet]. Dec 7, 2016 [cited at Dec 26, 2019]. Retrieved from: https://www.nytimes.com/2016/12/07/books/nancy-mairs-dead-author.html.

4 Engelhardt HT. The Concepts of Health and Disease. In: *Evaluation and Explanation in the Biomedical Sciences.* Springer; 1975. pp. 125-41.

5 Finkelstein V. To Deny or Not to Deny Disability. *Physiotherapy.* 1988;74(12):50-652.

6 허버트 조지 웰스. 최용준 옮김.『눈먼 자들의 나라』. 현대문학; 2014.

7 김도현.『장애학의 도전』. 오월의봄; 2019.

흉터, 호기심, 시선의 폭력 | 마투슈카

1 정일용, 강은영, 양은주 등. 유방절제술을 받은 유방암환자가 경험하는 사회심리적 문제 및 유방재건술에 대한 인식 조사. *Journal of Breast Cancer.* 2011;14(S):S70-76.

2 Rosolowski TA. Woman as Ruin. *American Literary History*. 2000;13(3):544-577.

3 마르셀 프루스트. 김창석 옮김. 『잃어버린 시간을 찾아서』-1권: 스완네 집 쪽으로. 국일미디어; 1998. 11쪽.

4 Garland-Thomson R. Chapter 15. Beholding. Davis LJ ed. *The Disability Studies Reader 3rd ed*. NY: Routledge. 2010. pp. 199-208.

과학이 삶을 억압하는 순간 | 데이비드 라이머

1 South Korea women are fighting to be heard. *The Economist*. Apr 8, 2020 [cited at Apr 21, 2020]. Retrieved from: https://www.economist.com/special-report/2020/04/08/south-korean-women-are-fighting-to-be-heard.

2 Ehrhardt AA. John Money, Ph.D. *J Sex Res* 2007;44(3):223-224.

3 Money J. *Gay, Straight, and In-Between: The Sexology of Erotic Orientation*. New York: Oxford University Press; 1988.

4 Colapinto J. *As Nature Made Him: The Boy Who Was Raised as a Girl*. New York: Harper Perennial; 2013.

5 Witkin R. Hopkins Hospital: a history of sex reassignment. The Johns Hopkins News-Letter [Internet]. May 1, 2014 [cited at Apr 23, 2020]. Retrieved from: https://www.jhunewsletter.com/article/2014/05/hopkins-hospital-a-history-of-sex-reassignment-76004/.

6 Diamond M, Sigmundson HK. Sex Reassignment at Birth: A Long Term Review and Clinical Implications. *Arch Pediatr Adolesc Med* 1997;151(3):298-304.

7 Pitts-Taylor V. *The Brain's Body: Neuroscience and Corporeal Politics*. Duke University Press; 2016.

8 Lips HM. *Sex and Gender: An Introduction, 7th ed*. Waveland Press; 2020.

9 Bradley SJ, Oliver GD, Chernick AB, et al. Experiment of nurture:

ablatio penis at 2 months, sex reassignment at 7 months, and a psychosexual follow-up in young adulthood. *Am Acad Pediatrics.* 1998;102(1):e9.

10 Imperato-McGinley J, Guerrero L, Gautier T, et al. Steroid 5*a* -Reductase Deficiency in Man: An Inherited Form of Male Pseudohermaphroditism. *Science.* 1974;186(4170):1213-1215.

3부. 믿음과 과학, 그 사이

골상학은 유사과학일까, 나쁜 과학일까 | 프란츠 요제프 갈

1 Marshall JC, Gurd JM. Franz Joseph Gall: Genius or Charlatan? *J Neurolinguistics.* 1994;8(4):289-293.

2 Eling P, Finger S. Franz Joseph Gall on the Cerebellum as the Organ for the Reproductive Drive. *Front Neuroanat.* 2019;13:40.

3 이다 신, 나카이 히사오. 이현수 옮김. 『천재의 정신병리-과학적 창조의 비밀』. 전파과학사; 2019.

4 van Wyhe J. The Authority of Human Nature: The "Schädellehre" of Franz Joseph Gall. *Brit J Hist Sci.* 2002;35(1):17-42.

5 아리스토텔레스. 김재홍 옮김. 『관상학』. 길; 2014.

6 Lazar RM, Mohr JP. Revisiting the Contributions of Paul Broca to the Study of Aphasia. *Neuropsychol Rev.* 2011;21:236-239.

7 Simpson D. Phronology and the Neurosciences: Contributions of F. J. Gall and J. G. Spurzheim. *ANZ J Surg.* 2005;75:475-482.

8 Ashok SS. The History of Race in Anthropology: Paul Broca and the Question of Human Hybridity [dissertation on the Internet]. Philadelphia (PA): University of Pennsylvania; 2017.

9 Staum MS. *Labeling People: French Scholars on Society, Race, and*

Empire, 1815-1848. McGill-Queen's University Press; 2003.

10 Lyons SL. *Species, Serpents, Spirits, and Skulls: Science at the Margins in the Victorian Age.* State University of New York Press; 2009.

11 Herrstein RJ, Murray C. *The Bell Curve: Intelligence and Class Structure in American Life.* Free Press; 1994.

강자가 되고 싶은 욕망, 약자를 박멸하는 수단 | 프랜시스 골턴

1 Galton F. *Inquiries into Human Faculty and Its Development.* London, England: Macmillan and Co.; 1883. pp. 24-25.

2 스티븐 스티글러. 조재근 옮김. 영국에서의 혁신적인 발달: 골턴.『통계학의 역사』. 한길사; 2002.

3 Gillham NW. *A Life of Sir Francis Galton.* New York: Oxford University Press; 2000.

4 Senn S. Francis Galton and Regression to the Mean. *Significance.* 2011;8(3):124-126.

5 Galton F. Regression towards Mediocrity in Hereditary Stature. *The Journal of the Anthropological Institute of Great Britain and Ireland.* 1886;15:264-263. pp. 254-255.

6 Wikipedia contributors. Regression toward the Mean. Wikipedia, The Free Encyclopedia [Internet]. Feb 3, 2019. Retrieved from: https://en.wikipedia.org/wiki/Regression_toward_the_mean.

7 스티븐 제이 굴드. 김동광 옮김.『인간에 대한 오해』. 사회평론; 2003.

8 Cornwell J. *Hitler's Scientists: Science, War, and the Devil's Pact.* New York: Viking; 2003.

9 Buck v. Bell, 274 U. S. 200 (1927)

10 Cook M. Buck v Bell, One of the Supreme Court's Worst Mistakes. *BioEdge* [Internet]. Feb 15, 2019. Retrieved from: https://www.bioedge.org/pointedremarks/view/buck-v-bell-one-of-the-

supreme-courts-worst-mistakes/11779/.

11 Caplan AL. What's Morally Wrong with Eugenics? Sloan PR ed. *Controlling Our Destinies: Historical, Philosophical, Ethical, and Theological Perspectives on the Human Genome Project.* Notre Dame: University of Notre Dame Press. 2000. pp. 209-222.

12 김원영. 4장. 잘못된 삶.『실격당한 자들을 위한 변론』. 사계절; 2018.

13 Lippert-Rasmussen K. *Born Free and Equal?* New York: Oxford University Press; 2014.

낳지 않을 권리, 골라 낳을 권리 | 마거릿 생어

1 *Programme of action of the International Conference on Population and Development, Cairo, 1994.* New York (NY): United Nations; 1995.

2 Sanger M. *Woman and the New Race.* New York (NY): Brentanos Publishers; 1992.

3 Wardell D. Margaret Sanger: Birth control's successful Revolutionary. *Am J Public Health.* 1980;70(7):736-742.

4 바버라 에런라이크. 조영 옮김.『건강의 배신』. 서울: 부키; 2019.

5 Cox V. *Margaret Sanger: Rebel for women's rights.* Philadelphia (PA): Chelsea House Publishers; 2005.

6 Eig J. *The Birth of the Pill: How Four Crusaders Reinvented Sex and Launched a Revolution.* New York (NY): W. W. Norton & Company; 2014.

7 Gibson M. One Factor That Kept the Women of 1960 Away From Birth Control Pills: Cost. *Time* [Internet]. Jun 23, 2015. Retrieved from: https://time.com/3929971/enovid-the-pill/.

8 Valenza C. Was Margaret Sanger a Racist? *Fam Plann Perspect.* 1985;17(1):44-46.

9 Sanger A. Eugenics, Race, and Margaret Sanger Revisited: Reproductive Freedom for All? *Hypatia.* 2007;22(2):210-217.

10 O'Brien GV. Margaret Sanger and the Nazis: How Many Degrees of Separation? *Soc Work*. 2013;58(3):285-287.

11 Goldin C, Katz L. The Power of the Pill: Oral Contraceptives and Women's Carrer and Marriage Decisions. *J Pol Econ*. 2002;110(4):730-770.

12 Sanger M. *Margaret Sanger: An Autobiography*. New York (NY): W. W. Norton; 1938.

정신질환자는 통제의 대상인가 | 에밀 크레펠린

1 닐스 비르바우머, 외르크 치틀라우. 오공훈 옮김. 『머리를 비우는 뇌과학: 너무 많은 생각이 당신을 망가뜨린다』 [전자매체본]. 메디치미디어; 2018.

2 지그문트 프로이트. 윤희기, 박찬부 옮김. 『정신분석학의 근본 개념』. 열린책들; 2004.

3 로널드 랭. 신장근 옮김. 『분열된 자기: 온전한 정신과 광기에 대한 연구』. 문예출판사; 2018.

4 Müller U, Fletcher PC, Steinberg H. The origin of pharmacopsychology: Emil Kraepelin's experiments in Leipzig, Dorpat and Heidelberg (1882-1892). *Psychopahrmacology (Berl)*. 2006;184(2):131-8.

5 하지현. 『정신의학의 탄생: 광기를 합리로 바꾼 정신의학사의 결정적 순간』. 해냄; 2016.

6 Hoff P. The Kraepelinian tradition. *Dialogues Clin Neurosci*. 2015;17(1):31-41.

7 Craddock N, Owen MJ. The Kraepelinian dichotomy-going, going… but still not gone. *Br J Psychiatry*. 2010;196(2):92-95.

8 로랑 드 쉬테르. 김성희 옮김. 『마취의 시대: 마취의 역사를 통해 본 자본주의의 두 얼굴』. 루아크; 2019.

9 박한선. 정신의학의 진화적 접근. *J Korean Neuropsychiatr Assoc*. 2014;53(6):347-357.

10 임지연. 1960-1970년대 한국 정신의학 담론 연구-정신위생학에서 현대 정신의학으로. 의사학. 2017;26(2):281-214.

11 김지환. 민변 "조국 정신질환 정책, 정신장애인 혐오·차별 조장". 경향신문 [Internet]. 2019년 8월 28일. Retrieved from: http://news.khan.co.kr/kh_news/khan_art_view.html?art_id=201908281709001.

12 김민호. 조국 공약에 반발··· "정신질환자를 범죄자 취급하고 정책도 재탕". 한국일보 [Internet]. 2019년 8월 22일. Retrieved from: https://www.hankookilbo.com/News/Read/201908211622764305.

정신질환은 사회가 만든다 | 토머스 사즈

1 Chomentowski v. State of N. Y. 50 Misc. 2d 367 (1969).

2 Ropper AH, Burrel BD. *How The Brain Lost Its Mind*. New York: Abery Publishing Group; 2019. pp. 25-28.

3 Szasz TS. Psychiatry, Ethics, and the Criminal Law. *Columbia Law Rev.* 1958;58(2):183-198.

4 Kelly BD, Bracken P, Cavendish H, et al. The Myth of Mental Illness: 50 years after publication: What does it mean today? *Ir J Psychol Med.* 2010;27(1):35-43.

5 U. S. Congress, Senate, Committee on the Judiciary, Subcommittee on Constitutional Rights. *Constitutional Rights of the Mentally Ill: Hearings Before the United States Senate Committee on the Judiciary, Subcommittee on Constitutional Rights, Eighty-Seventh Congress, First Session, Parts 1-2*. Washington, D. C.: U. S. Government Printing Office; 1961.

6 Szasz TS. *The Medicalization of Everyday Life*. New York: Syracuse University Press; 2007.

7 Bracken P, Thomas P. From Szasz to Foucault: On the Role of Critical Psychiatry. *Philo Psychiatr Psychol.* 2010;17(3):219-228.

8 박종익, 전미나. 정신질환에 대한 사회적 편견. *J Korean Neuropsychiatr*

Assoc. 2016;55(4):299-309.

9 박종언. '정신질환자 돌봄' 가족에게만 부담시켜… 적극적 도움 달라. 마인드포스트 [Internet]. 2019년 6월 14일. Retrieved from: http://www.mindpost.co.kr/news/articleView.html?idxno=2276.

10 김경애. 정신질환자 치료는 입원이 유일? '탈원화' 루트는 많다. 메디포뉴스 [Internet]. 2019년 3월 1일. Retrieved from: https://www.medifonews.com/news/article.html?no=144356.

4부. 의료, 개인과 사회의 각축장

감염병 환자의 사생활은 어디까지 보호해야 하는가 | '장티푸스' 메리 맬런

1 재레드 다이아몬드. 김진준 옮김. 『총, 균, 쇠』. 문학사상사; 2005. 107쪽.

2 최은경. [감염병 역사] 인류는 '질병 공동체' ①. 한겨레21 [Internet]. 2020년 5월 31일. Retrieved from: https://news.naver.com/main/read.nhn?mode=LSD&mid=shm&sid1=105&oid=036&aid=0000043239&fbclid=IwAR3luA5D1lEI07O2Lo7—w4ABVHhWRfvMBAPmKh5jVPfNQu92rkBd3WCksA.

3 제1군 전염병(장티푸스). 질병관리본부 [Internet]. 일자 불명. Retrieved from: http://www.cdc.go.kr/CDC/cms/content/mobile/31/49731_view.html.

4 Bouduan CF. Typhoid Fever in New York City Together with a Discussion of the Methods Found Serviceable in Studying its Occurrence. *Am J Pub Health* 1912;2(6):431-447.

5 제이컵 A. 리스. 정탄 옮김. 『세상의 절반은 어떻게 사는가』. 교유서가; 2017.

6 수전 캠벨 바톨레티. 곽명단 옮김. 『위험한 요리사 메리』. 돌베개; 2018.

7 Marineli F, Tsoucalas G, Karamanou M, Androutsos G. Mary Mallon

(1869-1938) and the history of typhoid fever. *Ann Gastroenterol* 2013;26(2):132-134.

8 Guide A Walking Typhoid Factory. *New York Times*. Dec 2, 1910. Retrieved from: https://www.nytimes.com/1910/12/02/archives/guide-a-walking-typhoid-factory-adirondack-woodsman-found-to-be.html.

9 Clarke T. Typhoid Marys gallstones to blame. *Nature*. May 23, 2001. Retrieved from: https://www.nature.com/news/2001/010524/full/news010524-12.html.

나도 모르게 내 몸이 의학 연구 재료로 쓰인다면 | 헨리에타 랙스

1 Stepanenko AA, Dmitrenko VV. HEK293 in cell biology and cancer research: phenotype, karyotype, tumorigenicity, and stress-induced genome-phenotype evolution. *Gene* 2015;569:182-190.

2 박현정. 인보사 '핵심 세포' 처음부터 없었다? 한겨레 [Internet]. 2019년 6월 6일. Retrieved from: http://www.hani.co.kr/arti/society/society_general/896953.html.

3 레베카 스클루트. 김정한, 김정부 옮김. 『헨리에타 랙스의 불멸의 삶』. 파주; 문학동네: 2012.

4 Healthline Editorial Team. The Most Dangerous Epidemics in U.S. History. *Healthline* [Internet]. Sep 29, 2016. Retrieved from: https://www.healthline.com/health/worst-disease-outbreaks-history#1.

5 Gartler SM. Apparent HeLa Cell Contamination of Human Heteroploid Cell Lines. *Nature* 1968;217:750-751.

6 Geraghty RJ, Capes-Davis A, Davis JM, Downward J, Freshney RI, Knezevic I, et al. Guidlines for the use of cell lines in biomedical research. *Br J Cancer* 2014;111(6):1021-1046.

7 The Legacy of Henrietta Lacks. *Johns Hopkins Medicine* [Internet]. Undated. Retrieved from: https://www.hopkinsmedicine.org/

henriettalacks/frequently-asked-questions.html.

8 Faden RR, Kass NE, Goodman SN, Pronovost P, Tunis S, Beauchamp TL. An Ethics Framework for a Learning Health Care System: A Departure from Traditional Research Ethics and Clinical Ethics. *Hastings Cent Rep Spec Rep* 2013;43(1):S16-S27.

폐쇄적 보건의료 정책이 만든 내부 고발자 | 피터 벅스턴과 왕슈핑

1 Reverby SM. *Examining Tuskegee: The Infamous Syphilis Study and Its Legacy.* The University of North Carolina Press; 2009.

2 McLaughlin K. My career as an international blood smuggler. *The Guardian* [Internet]. Sep 27, 2018. Retrieved from: https://www.theguardian.com/society/2018/sep/27/my-career-as-an-international-blood-smuggler.

3 Langer E. Shuping Wang, whistleblower who exposed China's HIV/AIDS crisis, dies at 59. *The Washington Post* [Internet]. Sep 26, 2019. Retrieved from: https://www.washingtonpost.com/local/obituaries/shuping-wang-whistleblower-who-exposed-chinas-hivaids-crisis-dies-at-59/2019/09/25/1dd6c1e2-dfa1-11e9-b199-f638bf2c340f_story.html.

4 Buckley C. Shuping Wang, Who Helped Expose China's Rural AIDS Crisis, Dies at 59. *The New York Times* [Internet]. Sep 30, 2019. Retrieved from: https://www.nytimes.com/2019/09/30/world/asia/shuping-wang-dead.html.

5 익명. '내부의 적'인가, '죽비 소리'인가? 청년의사 [Internet]. Jul 9, 2008. Retrieved from: http://www.docdocdoc.co.kr/news/articleView.html?idxno=61189.

6 최영선. 건보공단, 요양급여 부당청구 신고포상금 3억6천만 원 지급. 의료일보 [Internet]. Aug 23, 2019. Retrieved from: http://www.medicalilbo.com/n_news/news/view.html?no=29496.

7   Weinberg N. The Dark Side of Whistleblowing. *Forbes* [Internet].
     Mar 14, 2005. Retrieved from: https://www.forbes.com/
     forbes/2005/0314/090.html#5cf49ba87fa6.

직업병, 사회가 책임져야 할 개인의 건강 | 문송면

1   김완, 배지현. 떨어져서, 끼여서…올 들어 벌써 58명이 죽었다. 한겨레
     [Internet]. 2020년 2월 12일. Retrieved from: http://www.hani.co.kr/
     arti/society/labor/927991.html.

2   이주연. '위험의 외주화'가 '어쩔 수 없는 일'이라고? 프레시안 [Internet].
     2018년 12월 29일. Retrieved from: https://www.pressian.com/pages/
     articles/223082?no=223082.

3   DiMoia J. *Reconstructing Bodies: Biomedicine, Health, and Nation-
     Building in South Korea Since 1945*. Stanford University Press; 2013.

4   김경철. [김경철의 다가오는 미래의학] 미래의학의 핵심 '4P 의학'. 헬스
     경향. 2019년 3월 13일. Retrieved from: https://www.k-health.com/
     news/articleView.html?idxno=42876.

5   개황. 가톨릭대학교 가톨릭중앙의료원 [Internet]. 일자 미상. Retrieved
     from: https://www.cmc.or.kr/cmc_2017/cmc/6_yeouido/02_hospital/
     hospital_01.htm?main=6&top=2&sub=1.

6   이현정. 꽃다운 나이에 죽은 '문송면'을 아십니까? 오마이뉴스 [Internet].
     2012년 6월 29일. Retrieved from: http://www.ohmynews.com/NWS_
     Web/View/at_pg.aspx?CNTN_CD=A0001750165.

7   오현길. 정부, 수은 사용 감축 '미나마타협약' 서명. 아시아경제 [Internet].
     2014년 9월 25일. Retrieved from: http://view.asiae.co.kr/news/view.
     htm?idxno=2014092507234120049.

8   서울대학교병원. 미나마타병. 서울대학교병원 [Internet]. 일자불명.
     Retrieved from: http://www.snuh.org/health/nMedInfo/nView.
     do?category=DIS&medid=AA000111.

9   질병관리본부. 생활 속의 수은(Hg). 질병관리본부 건강정보 [Internet].

2015년 12월 10일. Retrieved from: http://health.cdc.go.kr/health/
mobileweb/content/group_view.jsp?CID=GW97EDBTRM.

10 이하경. K-1TV『논픽션 드라마… 송면이의 서울행』. 중앙일보. 1988년
11월 28일. Retrieved from: https://news.joins.com/article/2291260.

11 이치열. 15살 소년 '문송면' 군 죽음 알린 건 TV드라마였다. 미디어오늘
[Internet]. 2018년 7월 8일. Retrieved from: http://www.mediatoday.
co.kr/news/articleView.html?idxno=143452.

12 김동수. 문송면과 원진 노동자 산재사망 30주기를 맞는 단상. 오마이뉴스
[Internet]. 2018년 6월 8일. Retrieved from: http://www.ohmynews.
com/NWS_Web/View/at_pg.aspx?CNTN_CD=A0002443193.

감염병, 혐오와 배제의 역학 | 베를린 환자와 런던 환자

1 UNAIDS. Global HIV & AIDS Statistics—2020 Fact Sheet. UNAIDS
[Internet]. Undated. Retrieved from: https://www.unaids.org/en/
resources/fact-sheet.

2 Brown TR. I Am the Berlin Patient: A Personal Reflection. *Aids Res
Hum Retroviruses*. 2015;31(1):2-3.

3 U.S. National Library of Medicine. CCR5. AIDSinfo [Internet].
Undated. Available from: https://aidsinfo.nih.gov/understanding-hiv-
aids/glossary/112/ccr5.

4 Mavigner M, Watkins B, Lawson B, Lee ST, Chahroudi A, Kean L, et al.
Persistence of Virus Reservoirs in ART-Treated SHIV-Infected Rhesus
Macaques after Autologous Hematopoietic Stem Cell Transplant. *PLoS
Pathog*. 2014;10(9):e1004406.

5 Gupta RK, Abdul-Jawad S, McCoy LE, Mok HP, Peppa D, Salgado M,
et al. HIV-1 Remission Following CCR5Δ32/Δ32 Haematopoietic
Stem-cell Transplantation. *Nature*. 2019;568:244-8.

6 통계청. HIV/AIDS신고현황:HIV 생존 감염 내국인 성별 연령 현황.
국가통계포털. 2020년 12월 7일. (https://kosis.kr/statHtml/statHtml.

do?orgId=117&tblId=DT_11785_N011&vw_cd=MT_ZTITLE&list_
id=117_11785&seqNo=&lang_mode=ko&language=kor&obj_var_id=&itm_
id=&conn_path=MT_ZTITLE)

7   통계청. HIV/AIDS신고현황:HIV 감염 내국인 성별 감염경로 현
    황. 국가통계포털. 2020년 12월 7일. (https://kosis.kr/statHtml/
    statHtml.do?orgId=117&tblId=DT_11785_N004&vw_cd=MT_ZTITLE&list_
    id=117_11785&seqNo=&lang_mode=ko&language=kor&obj_var_id=&itm_
    id=&conn_path=MT_ZTITLE)

8   김성모. 한국만 늘어나는 AIDS, 특히 20대 남성이… 조선일보. 2017년
    8월 12일. Retrieved from: http://news.chosun.com/site/data/html_
    dir/2017/08/12/2017081200168.html.

9   정은경. 2017 HIV/AIDS 신고 현황. 질병관리본부 질병예방센터 결핵·에이
    즈관리과. 오송: 질병관리본부; 2018.

10 정병진. 국내 HIV/AIDS 감염인 94.4%가 남성, 왜? 오마이뉴스. 2017년
    11월 4일. Retrieved from: http://www.ohmynews.com/NWS_Web/
    Articleview/article_print.aspx?cntn_cd=A0002373991.

11 김준명, 최준용, 정우용, 성혜, 김신우, 김우주 등. 국내 Human
    Immnodeficiency Virus 감염의 감염 경로: 한국 HIV/AIDS 코호트 연구.
    대한내과학회지. 2018;93(4):379-386.

12 정은경. 2018 HIV/AIDS 관리지침. 질병관리본부 질병예방센터 결핵·에이
    즈관리과. 오송: 질병관리본부; 2017.

13 정종훈. 부산 에이즈 성매매 공포… 알고보니 감염 확률 1%. 중앙
    일보. 2017년 10월 22일. Retrieved from: https://news.joins.com/
    article/22036079.

14 나영정. 감염인(HIV/AIDS) 의료차별 실태조사. 국가인권위원회. 서울: 국가
    인권위원회; 2016.

15 백상현. "청소년 에이즈 확산… 동성애 주된 이유 맞다". 국민일보. 2017년
    12월 2일. Retrieved from: http://news.kmib.co.kr/article/print.
    asp?arcid=0011948475.

16 Kessler RC, Demler O, Frank RG, Olfson M, Pincus HA, Walters EE, et al. Prevalence and Treatment of Mental Disorders, 1990 to 2003. *N Engl J Med.* 2005;352:2515-23.

17 Spitzer RL. Can Some Gay Men and Lesbians Change Their Sexual Orientation? 200 Participants Reporting a Change from Homosexual to Heterosexual Orientation. *Arch Sex Behav.* 2003;32(5):403-17.

18 Arana G. My So-Called Ex-Gay Life. *The American Prospect.* Apr 11, 2012. Retrieved from: https://prospect.org/article/my-so-called-ex-gay-life/.

피 한 방울로 다 된다는 의료 마케팅 | 엘리자베스 홈스

1 존 캐리루. 박아린 옮김. 『배드 블러드』. 서울: 와이즈베리; 2019.

2 Parloff R. This CEO is Out of Blood. *Fortune.* [Internet]. June 12, 2014. Retrieved from: http://fortune.com/2014/06/12/theranos-blood-holmes/.

3 Krieger N. *Epidemiology and the People's Health: Theory and Context.* New York (NY): Oxford University Press; 2011. p. 130.

4 김창오. 노쇠(Frailty). 대한내과학회 추계학술대회. 2015(2):358-361.

5 Ahn AC, Tewari M, Poon C, Phillips RS. The Clinical Applications of a Systems Approach. *PLoS Med.* 2006;3(7):e209.